Speth
(Hrsg.)

Betriebswirtschaftslehre mit Rechnungswesen und Controlling

für das Berufskolleg – Berufliches Gymnasium

Jahrgangsstufe 12

Lösungen nur für Lehrkräfte

ab 6. Auflage 2016
ISBN 978-3-8120-**3576-7**

Merkur
Verlag Rinteln

Hinweis:
Die Lösungsvorschläge für die Übungsaufgaben sind in diesem Lösungsheft rein fachlich orientiert. Auf die verwandten Operatoren in den Übungsaufgaben wird nicht eingegangen, da sie in der Regel zu individuellen Lösungen durch die Schüler führen.

Übungsaufgabe 1

1.

Argumente für ein breites Produktionsprogramm	Argumente gegen ein breites Produktionsprogramm
Durch die Vielzahl von Produkten, Sorten und Qualitäten werden unterschiedliche Kundenbedürfnisse befriedigt. Streut das Risiko bei einem Nachfrageausfall. Senkt die Vertriebskosten, wenn das Programm die gleiche Zielgruppe bedient. Dient der Kapazitätsauslastung bei Nachfrageschwankungen.	Durch die Spezialisierung auf wenige Produkte kommt es zu Kosteneinsparungen. Das Image des „Spezialisten" erhöht die Marktchancen und ermöglicht u. U. Zusatzgewinne. Kundensonderwünsche können berücksichtigt werden. Hoher Produktdifferenzierungsgrad möglich.

2.

Konsequenzen aus einer hohen Fertigungstiefe	Konsequenzen aus einer geringen Fertigungstiefe
– Das erfolgsspezifische Know-how bleibt überwiegend im eigenen Unternehmen. – Hohes Maß an Fixkostenbelastung. – Geringes Maß an Flexibilität in Bezug auf veränderte Marktanforderungen.	– Das erfolgsspezifische Know-how muss mit dem Lieferer geteilt werden. – Defixierung der Kosten, da ein Großteil der Produktionsschritte entfällt. – Hohes Maß an Flexibilität in Bezug auf veränderte Marktanforderungen.

Übungsaufgabe 2

1. **Fertigungsverfahren nach der Häufigkeit der Prozesswiederholung (Fertigungstypen) sind:**

   Einzelfertigung. Von einem Erzeugnis wird nur eine Einheit hergestellt.

   Mehrfachfertigung:
   - **Serienfertigung.** Herstellung eines Produkts in größeren Stückzahlen, jedoch in begrenzten Mengen; die Produkte einer Serie sind gleich.
   - **Massenfertigung.** Herstellung eines Produkts in sehr großen Stückzahlen mit gleichbleibender Fertigungsapparatur.

2. 2.1 Die **optimale Losgröße** ist gegeben, wenn die Summe aus Lagerhaltungskosten und Rüstkosten je Produktionseinheit am niedrigsten ist.

* * * * *

2.2

Losgröße	Auflagenhäufigkeit	Rüstkosten/Jahr in EUR	Durchschn. LB in Stück	Durchschn. LB in EUR	Lagerhaltungskosten in EUR	Gesamtkosten in EUR
1000	18	36000,00	500	7500,00	1875,00	37875,00
2000	9	18000,00	1000	15000,00	3750,00	21750,00
3000	6	12000,00	1500	22500,00	5625,00	17625,00
4000	4,5	9000,00	2000	30000,00	7500,00	16500,00
5000	3,6	7200,00	2500	37500,00	9375,00	16575,00
6000	3	6000,00	3000	45000,00	11250,00	17250,00
7000	2,57	5142,86	3500	52500,00	13125,00	18267,86
8000	2,25	4500,00	4000	60000,00	15000,00	19500,00
9000	2	4000,00	4500	67500,00	16875,00	20875,00
10000	1,8	3600,00	5000	75000,00	18750,00	22350,00

Die optimale Losgröße liegt bei **4000 Stück.**

3. Bei der **Werkstättenfertigung** werden gleichartige Betriebsmittel (Maschinen und Werkzeuge) mit gleichartigen Verrichtungen gruppenweise – in einer Werkstatt – zusammengefasst. Das zu bearbeitende Werkstück muss von Abteilung zu Abteilung transportiert werden.

4. Bei der **Reihenfertigung** sind innerhalb einer Werkstatt die Maschinen und Arbeitsplätze nach dem Flussprinzip, d.h. nach dem Ablauf des Herstellungsprozesses angeordnet.

5. Die **Fließfertigung** stellt insofern eine Weiterentwicklung der Reihenfertigung dar, als die Verrichtungen an aufeinanderfolgenden Arbeitsplätzen zeitlich abgestimmt sind. Dies setzt die Zerlegung von Arbeitsgängen in kleine Einzelschritte voraus, sodass die Werkstücke innerhalb der vorgegebenen Taktzeit bearbeitet werden können.

6. Reihenfertigung und Fließfertigung unterscheiden sich in der Zeitdauer und Vielfältigkeit der Arbeitsgänge. Die Arbeitsplätze sind bei beiden Fertigungsorganisationen in der Reihenfolge der auszuführenden Arbeiten angeordnet. Bei der **Reihenfertigung** ist die Zeitdauer für die Verrichtungen von Arbeitsplatz zu Arbeitsplatz verschieden, bei der **Fließfertigung** entweder gleich oder ein Vielfaches der vorgegebenen Taktzeit (siehe Nr. 5). Die zeitliche Abstimmung der Verrichtungen bei der Fließfertigung wird durch konsequente Arbeitszerlegung in kleine, unselbstständige und gleichförmige Schritte zur Bearbeitung eines Werkstücks erreicht.

7. Je größer die Anzahl gleichartiger Erzeugnisse, desto häufiger wiederholt sich auch die Anzahl gleichartiger Arbeitsabläufe. In zunehmendem Maße lohnt es daher, die Reihenfolge der Bearbeitungsstationen entsprechend dem zunehmend gleichartigen Arbeitsablauf anzuordnen und den Weitertransport zwischen diesen Stationen zu automatisieren. Grafisch ließe sich dieser Zusammenhang wie folgt darstellen:

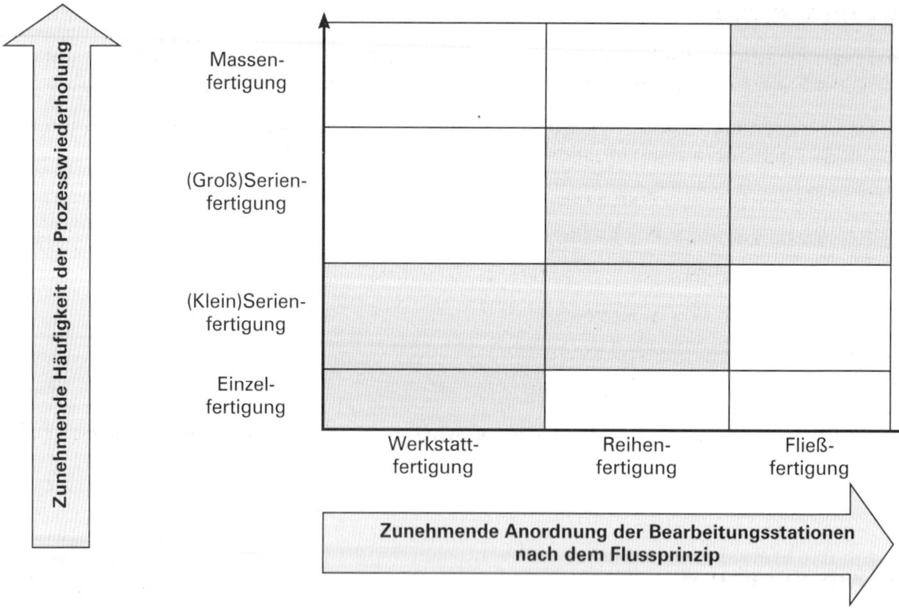

Grau unterlegt zeigt die in der Regel anzutreffenden Kombinationen von Fertigungstypen und Organisation der Fertigung.

8. Mit zunehmender Anordnung der Bearbeitungsstationen im Flussprinzip, desto stärker ist der Automatisierungsgrad des Weitertransports. Dadurch entfallen die Wartezeiten nach der Bearbeitung und die vor der nächsten Bearbeitungsstation. Darüber hinaus ist das Transportsystem zwischen den Stationen leistungsfähiger. Somit verkürzt sich auch die reine Transportzeit. Folge: Alle drei Zeitverkürzungen tragen dazu bei, dass die gesamte Durchlaufzeit durch die Fertigung verkürzt wird.

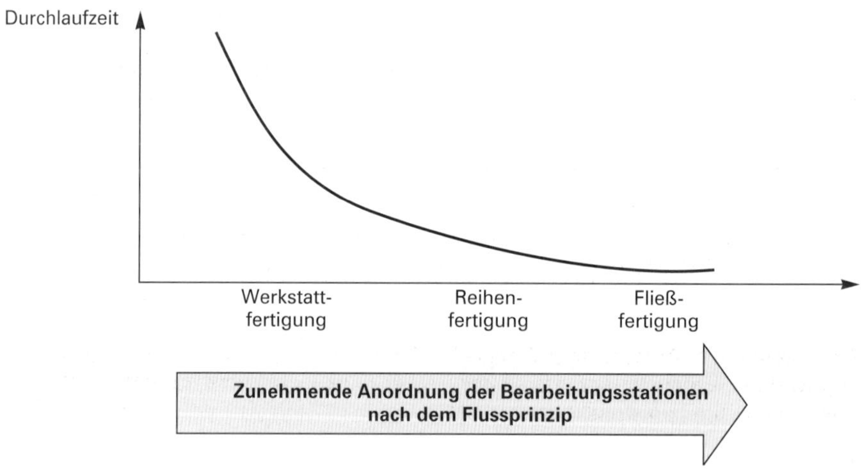

Übungsaufgabe 3

1. Im ersten Textabschnitt handelt es sich um **Fließfertigung,** weil ein bestimmter Takt eingehalten werden muss. (Peter Holzer montiert nur Kotflügel, Willi Bayer montiert Kabelsätze.)

2. Da von Lastwagen und Automobilen größere Stückzahlen in begrenzten Mengen erzeugt werden, handelt es sich in beiden Fällen um **Serienfertigung.**

3.
3.1	Hightech:	Spitzentechnologie.
3.2	Automation:	Produktion erfolgt mithilfe von selbsttätig arbeitenden Maschinen.
3.3	Ergonomisch:	an den Menschen angepasst.
3.4	Futuristisch:	zukünftig.
3.5	Motivation:	Antrieb.
3.6	Statistisch:	zahlenmäßig.

4. Im zweiten Abschnitt wird die **Gruppenarbeit** beschrieben, und zwar die Arbeit auf einer „Fertigungsinsel".

Übungsaufgabe 4

1.

Halle 3

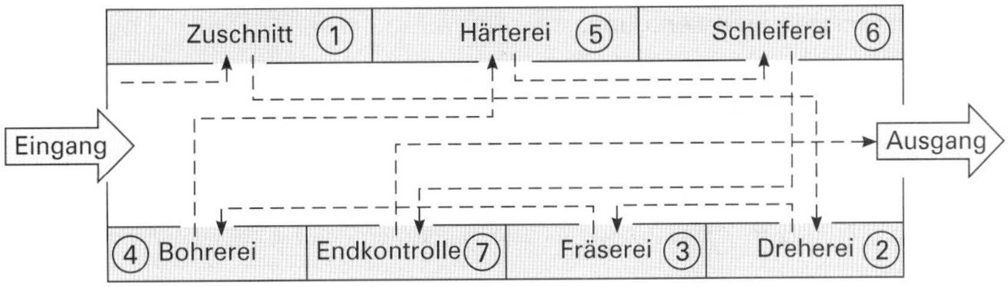

2.

Halle 3

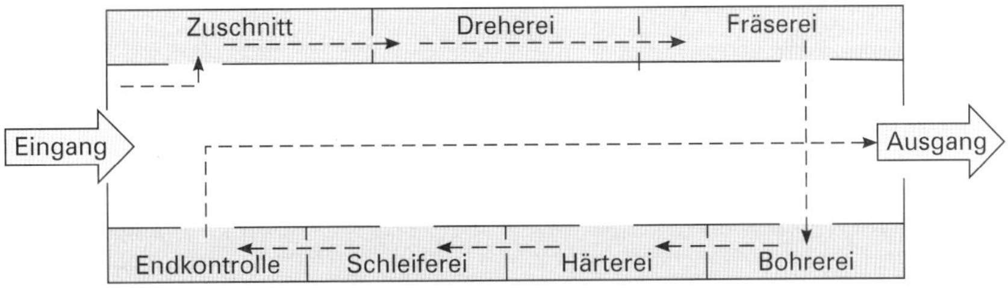

3. Der spezialisierte Ablauf bringt Vorteile für die Herstellung der Spannhülse, aber im Gegenzug wird der Materialfluss für viele andere Teile, die nicht dieser Arbeitsgangfolge gehorchen, wiederum benachteiligt.

Übungsaufgabe 5

1.

Werkstattfertigung	Fließfertigung
▪ Verrichtungszentralisation, d.h., gleichartige Maschinen werden in gesonderten Abteilungen zusammengefasst (z.B. Drehbänke in der Dreherei). ▪ Durch ein flexibles Transportsystem (z.B. Gabelstapler, Flurfördersysteme) werden die Werkstücke von einer Bearbeitungsstation zur nächsten befördert. ▪ Die Werkstattfertigung ist sehr anpassungsfähig gegenüber veränderten Kundenwünschen und damit einem geänderten Fertigungsablauf. ▪ Die räumliche Zusammenfassung gleichartiger Maschinen erleichtert die Ausweichmöglichkeit bei Störungen. ▪ Der Stand des Fertigungsfortschritts der einzelnen Fertigungsaufträge ist schwer durchschaubar. ▪ Durch die Zentralisierung gleichartiger Maschinen erhält man einen guten Überblick über deren Auslastung. ▪ Ein hoher Bestand an Zwischenlagern sichert die Kapazitätsauslastung. ▪ Damit verbunden sind hohe Kapitalbindungskosten. ▪ Qualifizierte Arbeitskräfte sind erforderlich. ▪ Hohes Lohnniveau. ▪ In der Arbeitsvorbereitung entsteht ein hoher Planungsaufwand: – Losgrößenbestimmung, – Reihenfolgeplanung, – Terminplanung, – Maschinenbelegung. ▪ Diese Fertigungsorganisation wird angewandt in der Einzel- und Kleinserienfertigung sowie in der Teilefertigung bei Großserien- und Massenfertigung.	▪ Hierbei handelt es sich um eine konsequente Fortführung der Reihenfertigung. ▪ Zwischen den einzelnen Bearbeitungsstationen besteht ein aufwendiges, starres Transportsystem (Fließband). ▪ Die Arbeitsabläufe sind zeitlich exakt aufeinander abgestimmt (Taktzeit). ▪ Die Zulieferung der Teile erfolgt just in time, somit bestehen keine oder nur sehr geringe Zwischenlager. ▪ Kurze Durchlaufzeiten. ▪ Durch ein hohes Maß an Arbeitszerlegung erfolgt eine weitere Spezialisierung von Mensch und Maschine. ▪ Damit verbunden ist eine geringere Personalqualifikation. ▪ Geringe Flexibilität bei Änderung des Produktionsprogramms. ▪ Das Gesamtsystem wird störanfällig. Der Ausfall einer Bearbeitungseinheit führt zwangsläufig zum Stillstand der ganzen Fertigungslinie. ▪ Um dies zu vermeiden, ist ein hoher Instandhaltungs- und Wartungsaufwand erforderlich.

2. 2.1

Argumente aus der Sicht der Materialwirtschaft	Argumente aus der Sicht der Produktionswirtschaft
Die Position der Materialwirtschaft tendiert in Richtung kleine Losgrößen, weil damit geringere Lagerkosten verbunden sind. Das in der Lagerhaltung gebundene Kapital verringert sich und damit wird Liquidität frei. Die Abhängigkeit von Fremdkapitalgebern (Banken) verringert sich.	Die Position der Produktionswirtschaft tendiert in Richtung große Losgrößen, da auf diese Weise die Umrüstkosten verringert werden. Diese Umrüstkosten müssen als Gemeinkosten auf die Kostenträger zugerechnet werden. Eine Verringerung der Umrüstkosten verringert demnach die Herstellkosten pro Stück.

2.2

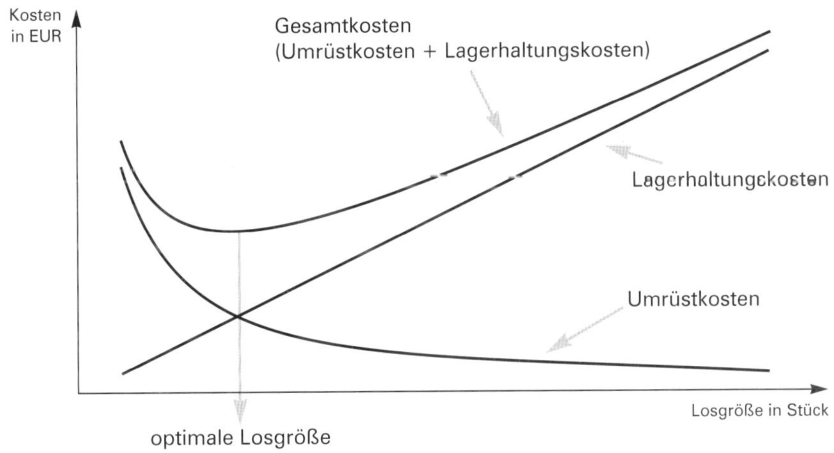

- Die Grafik zeigt den gegensätzlichen Kostenverlauf von Lagerkosten und Umrüstkosten.
- Ziel der Materialwirtschaft ist es, die Lagerkosten zu minimieren. Dieses Ziel kann sie mit möglichst geringen Losgrößen umsetzen.
- Ziel der Produktionswirtschaft ist es, die Umrüstkosten zu minimieren. Dies lässt sich mit großen Losgrößen erreichen.
- Das Optimum ist dort erreicht, wo die Summe der beiden Kosten ihr Minimum erreicht.

2.3 Jahresbedarf in Stück 2 000 EUR
Herstellkosten je Element 150,00 EUR
Umrüstkosten 100,00 EUR
Lagerkostensatz 30,00 %

Losgröße	Auflagenhäufigkeit	Rüstkosten pro Jahr in EUR	Durchschnittl. Lagerbestand in Stück	Durchschnittl. Lagerbestand in EUR	Lagerhaltungskosten in EUR	Gesamtkosten
20	100,00	10 000,00	10	1 500,00	450,00	10 450,00
30	66,67	6 666,67	15	2 250,00	675,00	7 341,67
50	40,00	4 000,00	25	3 750,00	1 125,00	5 125,00
60	33,33	3 333,33	30	4 500,00	1 350,00	4 683,33
80	25,00	2 500,00	40	6 000,00	1 800,00	4 300,00
100	**20,00**	**2 000,00**	**50**	**7 500,00**	**2 250,00**	**4 250,00**
120	16,67	1 666,67	60	9 000,00	2 700,00	4 366,67
150	13,33	1 333,33	75	11 250,00	3 375,00	4 708,33
200	10,00	1 000,00	100	15 000,00	4 500,00	5 500,00
250	8,00	800,00	125	18 750,00	5 625,00	6 425,00
2 000	1,00	100,00	1 000	150 000,00	45 000,00	45 100,00

Die optimale Losgröße beträgt 100 Stück. Bei dieser Menge erreichen die Gesamtkosten ihr Minimum mit 4 250,00 EUR.

Die letzte Zeile zeigt den Fall, dass der komplette Jahresbedarf auf einmal zu Beginn des Jahres produziert wird.

Übungsaufgabe 6

1. **Leitende (dispositive) Arbeit** steht mit der Leitung (Lenkung, Organisation, Planung und Kontrolle) des Betriebs in Zusammenhang. So hat z.B. die Geschäftsleitung die Befugnis, anderen Mitarbeitern des Betriebs Weisungen zu erteilen.

   Ausführende Arbeit (objektbezogene Arbeit) umfasst alle Tätigkeiten, die unmittelbar mit der **Leistungserstellung** (Beschaffung, Fertigung, Produktion), der **Leistungsverwertung** (Verkauf, Absatz) und den **finanziellen Aufgaben** (Funktionen) eines Betriebs zusammenhängen, ohne jedoch anordnender Art zu sein. Überwiegend objektbezogene Arbeitsleistungen im Industriebetrieb werden z.B. von den Monteuren, Sekretärinnen, Einkäufern und Angestellten erbracht.

2. **Subjektive Bedingungen** sind u.a.:
   - angeborene Anlagen,
   - erworbene Kenntnisse,
   - seelischer und körperlicher Gesundheitszustand und
   - Leistungswille.

   Objektive Bedingungen sind u.a.:
   - saubere und richtig temperierte Arbeitsräume und -plätze,
   - zweckmäßige und körpergerechte Arbeitsmittel,
   - gesunder Arbeitsrhythmus und
   - angemessenes Arbeitstempo.

   Soziale Bedingungen sind u.a.:
   - eine gerecht empfundene Entlohnung,
   - Anerkennung bei Vorgesetzten und Kollegen,
   - gutes Verhältnis zu Vorgesetzten und Kollegen,
   - Mitspracherecht und
   - Aufstiegsmöglichkeiten.

   Während die **subjektiven Bedingungen** durch den Arbeitnehmer in den Betrieb eingebracht werden, sind die **objektiven Bedingungen** durch den Arbeitgeber bzw. den Betrieb (Arbeitsorganisation) gegeben. Das menschliche Umfeld (Mitarbeiter, Vorgesetzte) bestimmt die **sozialen Bedingungen** des Arbeitenden.

3. Individuell zu beantworten.

   Mögliche Antwort:

Betriebsklima

Positive Beeinflussung

- Gute Büroausstattung,
- angemessener Führungsstil der Vorgesetzten,
- leistungsgerechte Bezahlung,
- Stellenbesetzung entsprechend der Qualifikation.

Negative Beeinflussung

- Über- bzw. Unterforderung der Mitarbeiter,
- schlechte Arbeitsgeräte,
- fehlende Informationen über Betriebsgeschehnisse,
- fehlende Aufstiegsmöglichkeiten.

4. **Jobrotation**: Arbeitsplatzwechsel (Beispiel: Berufsausbildung).

   Jobenlargement: Arbeitserweiterung (Beispiel: Ein Handlungsreisender verkauft verschiedene Produkte).

   Jobenrichment: Arbeitsbereicherung (Beispiel: Ein Handlungsreisender darf bei Mängelrügen eigenverantwortlich entscheiden).

   Autonome Arbeitsgruppen: Gruppenarbeit (Beispiel: Inselfertigung in der Automobilindustrie).

   Alle genannten Formen der Arbeitsorganisation tragen dazu bei, die Arbeit interessanter zu machen, die Kenntnisse der Mitarbeiter zu erweitern und ihre Fähigkeiten weiterzuentwickeln. Das Selbstbewusstsein und die Arbeitsfreude (Motivation) der Mitarbeiter nimmt zu.

5. Siehe Lehrbuch, S. 41.

Übungsaufgabe 7

1. Die Hauptaufgabe der **Arbeitswertstudien** besteht in der Ermittlung des Schwierigkeitsgrads einer Arbeit, z.B. mittels sog. Arbeitsplatzbewertungsbogen. Die ermittelten „Arbeitswerte" wiederum sind ein wesentlicher Maßstab für die anforderungsabhängige Lohndifferenzierung.

2. Es gibt die summarischen Bewertungsverfahren (Rangfolgeverfahren und Katalogverfahren) und das analytische Bewertungsverfahren. (Zur ausführlicheren Beschreibung dieser Methoden siehe Lehrbuch, S. 44ff. und Antwort zu Frage 3.)

3. In den weitaus meisten Fällen ist die **analytische Arbeitsbewertung** die beste Methode. Bei dieser Bewertungsmethode werden die **objektiven Anforderungen** der Arbeitsplätze wie z.B. Fachkönnen, Anstrengung, Verantwortung und Umwelteinflüsse berücksichtigt. Die zu verrichtenden Arbeiten werden nach verschiedenen Merkmalen (Arbeitsanforderungen) analysiert (aufgegliedert) und bewertet. Hierdurch können – im Vergleich zu dem Rangfolgeverfahren – durch rein subjektive Ansichten geprägte Arbeitsbewertungen vermieden bzw. eingeschränkt werden. Die analytische Arbeitsbewertung hat auch den Vorteil, dass die verschiedenen differenzierten technischen und wirtschaftlichen Arbeitsanforderungen (Arbeitsbedingungen) und deren Entwicklungen (z.B. von der Teilautomation zur Vollautomation) besser erfasst und bewertet werden können, als dies z.B. bei dem mit „Richtbeispielen" arbeitenden Katalogverfahren der Fall ist.

4. Eine objektive **Arbeitsplatzbewertung** setzt voraus, dass der Bewerter über ausreichende Informationen (Daten) über den zu bewertenden Arbeitsplatz verfügt. Diese Informationen wie z.B. die vorausgesetzten beruflichen Erfahrungen, die verlangte Geschicklichkeit, die geistige und körperliche Beanspruchung, die geforderte Verantwortlichkeit für die Maschinen, andere Mitarbeiter sowie die verschiedenen Umwelteinflüsse (Temperaturen, Lärm, Schmutz, Lichtverhältnisse, Unfallgefahren usw.) enthält die sog. **Arbeitsplatzbeschreibung**.

5.

Arbeitsplatzbewertung	
Argumente für ein Mitspracherecht der Arbeitnehmer	**Argumente gegen ein Mitspracherecht der Arbeitnehmer**
– Verwirklichung demokratischer Prinzipien in der Wirtschaft. – Wer bei den Leistungsbeurteilungen und Entlohnungsgrundsätzen zugrunde liegenden Arbeitsplatzbewertungen mitwirken kann, ist eher bereit, auch mehr Verantwortung zu tragen. – Förderung der betrieblichen Zusammenarbeit zwischen den „Bewertern" und den von der Arbeitsplatzbewertung betroffenen Arbeitnehmern. – Aus der Sicht der Arbeitnehmer gerechtere Arbeitsplatzbewertung und damit auch anforderungsgerechtere Lohndifferenzierung. – Eine als gerechter empfundene Arbeitsplatzbewertung erhöht die Leistungsbereitschaft, verringert die Fluktuation der Arbeitnehmer und mindert betriebliche Lohnkonflikte (Konflikt zwischen den Produktionsfaktoren Arbeit und Kapital).	– Eine zu subjektive Arbeitsplatzbewertung und unzureichender Sachverstand führen zu einer falschen Arbeitsplatzbewertung. Überbetonung der subjektiven Arbeitsanforderungen, keine anforderungsgerechte Lohndifferenzierung, zu hohe Löhne und damit Gefährdung der Konkurrenzfähigkeit der Betriebe. – Dem einzelnen Arbeitnehmer fehlt aufgrund der arbeitsteiligen Arbeit das Wissen um die Betriebszusammenhänge und das für die Arbeitsplatzbewertung vorausgesetzte Augenmaß für das Betriebsganze. Erforderliche Neubewertungen der Arbeitsplätze (z. B. bei Einführung arbeitssparender Fertigungsverfahren) werden verhindert bzw. ungerechtfertigt lange verzögert. – Größere Schwerfälligkeit bei der Arbeitsplatzbewertung und Lohnfindung. Eine marktwirtschaftlich orientierte Volkswirtschaft setzt jedoch schnelle Entscheidungen voraus. – Einschränkung der traditionellen Verfügungsrechte über das Privateigentum.

6. Nein, denn die Arbeitsplatzbewertung ist eine „objektive" Bewertung der Anforderungen eines Arbeitsplatzes. Sie sagt nichts darüber aus, was der einzelne Arbeitnehmer an seinem Arbeitsplatz leistet.

7. 7.1 Normalleistung je Stunde $= \frac{60}{4} = 15$ Stück

Normalleistung in 12 Stunden $= 15 \cdot 12 = 180$ Stück

7.2 $$\text{Leistungsgrad} = \frac{\text{Istleistung} \cdot 100}{\text{Normalleistung}}$$

$$= \frac{225 \cdot 100}{180} = 125\,\%$$

8.

Zeitbegriffe	Normalzeit je Werkstück	Normalzeit je Auftrag
1. Rüstgrundzeit + 2. Rüstverteilzeit (10 %)		15,0 Minuten 1,5 Minuten
= 3. Rüstzeit (Vorbereitungszeit, 1. + 2.) + 4. Ausführungsgrundzeit + 5. Ausführungsverteilzeit (5 %)	 12,0 Minuten 0,6 Minuten	16,5 Minuten
= 6. Ausführungszeit (4. + 5.) · 20	12,6 Minuten	252,0 Minuten
Auftragszeit (Vorgabezeit, 3. + 6.)		268,5 Minuten

Übungsaufgabe 8

1. **Notwendigkeit von Arbeitsstudien aus Sicht der Arbeitnehmer:**
   - Sicherung des Arbeitnehmers vor Unfällen;
   - Anpassung des Arbeitsplatzes an den Arbeitnehmer;
   - Verringerung der physischen und psychischen Belastung des Arbeitnehmers;
   - Beitrag zur gerechteren Entlohnung.

2. **Notwendigkeit von Arbeitsstudien aus Sicht des Betriebs:**
   - Einsparung von Kosten;
   - Erhöhung der Leistung der Arbeitnehmer;
   - Steigerung der Produktivität, Wirtschaftlichkeit und Rentabilität;
   - Datengrundlage für Fertigungsterminierung.

3. Die **Arbeitszeitstudien** haben das Ziel, die Normalleistung für einen Arbeitsgang (oder eine Folge davon) zu ermitteln. Sie dienen damit vor allem
   - der **Rationalisierung** (Zeit- und Kosteneinsparung) des Arbeitsablaufs durch die Ermittlung vermeidbarer Stillstandszeiten (Leerzeiten) und optimaler (schnellerer) Arbeitsabläufe und liefern die Datenbasis für die spätere
   - **Terminplanung** und **Terminkontrolle**.
   - Ihre Werte werden benötigt zur **Vorkalkulation** der **Auftragszeit (Vorgabezeit**) sowie
   - als **Maßstab für die Leistungsbemessung** und damit einer leistungsabhängigen Lohndifferenzierung.

4. Das **REFA-System** will bei der Arbeitszeitermittlung (Arbeitszeitmessung) nicht die Maximalleistung der Arbeitnehmer zugrunde legen, sondern die menschliche Leistung, die von den Arbeitnehmern bei ausreichender Eignung und nach der erforderlichen Einarbeitung dauernd ohne Gesundheitsschädigung (Überbeanspruchung) erreicht und erwartet werden kann. Nur diese (durchschnittliche) Normalleistung kann auf die Dauer eingehalten werden und somit zur Erreichung der Ziele der Rationalisierung, Terminplanung, Leistungsbemessung und Zeit-(Vorgabe-)kalkulation beitragen.

5. 5.1 Die Lohnsteigerungsmöglichkeit je Arbeitswertpunkt beträgt 0,32 EUR (10,56 EUR : 33).

   (1) Steigerungsfaktor (f) = $\frac{L_{max} - L_{min}}{A_{max} - A_{min}} = \frac{26{,}56 - 16{,}00}{45 - 12} = \frac{10{,}56}{33} = \underline{\underline{0{,}32 \text{ EUR}}}$ je Arbeitswertpunkt.

   (2) Bei einem Arbeitswert von 0 beträgt somit der Lohnsatz

   $L_0) = L_{min} - A_{min} \cdot f = 16{,}00 \text{ EUR} - 12 \cdot 0{,}32 \text{ EUR} = \underline{\underline{12{,}16 \text{ EUR}}}$

   (3) Die Bruttostundenlöhne betragen:
   - bei einer Arbeitswertpunktzahl von 25:
     $12{,}16 \text{ EUR} + 25 \cdot 0{,}32 \text{ EUR} = \underline{\underline{20{,}16 \text{ EUR}}}$
   - bei einer Arbeitswertpunktzahl von 30:
     $12{,}16 \text{ EUR} + 30 \cdot 0{,}32 \text{ EUR} = \underline{\underline{21{,}76 \text{ EUR}}}$
   - bei einer Arbeitswertpunktzahl von 32:
     $12{,}16 \text{ EUR} + 32 \cdot 0{,}32 \text{ EUR} = \underline{\underline{22{,}40 \text{ EUR}}}$

5.2 **Abhängigkeit zwischen Lohnhöhe und Arbeitswert**

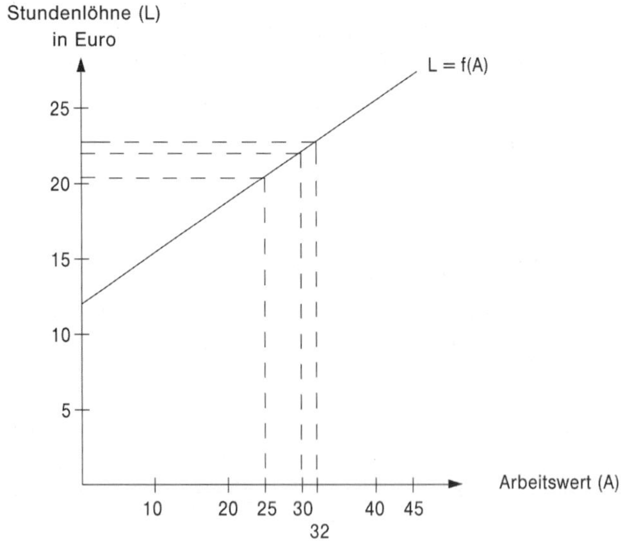

Übungsaufgabe 9

1.

Grundlohn	10,50 EUR
+ 18 % Akkordzuschlag	1,89 EUR
= Akkordrichtsatz	12,39 EUR

2. Stückgeld $= \frac{12{,}39 \text{ EUR}}{8 \text{ Stück}} = 1{,}55 \text{ EUR/Stück}$

3. Bruttolohn je Monat: 1 216 Stück · 1,55 EUR/Stück = 1 884,80 EUR

Übungsaufgabe 10

1.

	Stundenlohn	Akkordlohn
Vorteile	– Einfache Abrechnung. – Kein Zeitdruck/Leistungsdruck für Arbeitnehmer. – Festes Einkommen für Arbeitnehmer.	– Steigerung der Arbeitsleistung. – Genauere Kalkulation, da Lohnkosten pro Stück festliegen.
Nachteile	– Anreiz zu schnellerer Arbeit entfällt. – Die Lohnkosten pro Stück sind schwer kalkulierbar.	– Gefahr des übertriebenen Arbeitseinsatzes. – Evtl. mehr Ausschuss. – Aufwendigere Lohnabrechnungen.

2. Individuell zu beantworten.

Mögliche Antwort:

Wenn eine entsprechende Qualitätssicherung (Kontrolle!) vorgenommen wird, überwiegen hinsichtlich Lieferfristen und Lohnkosten die Vorteile des Akkordlohns.

3. 3.1 Rüstzeit $= 15' + 5' + 10\,\% = \underline{\underline{22 \text{ Min.}}}$

Stückzeit $= 100' : 50 + 10\,\% = \underline{\underline{2{,}2 \text{ Min.}}}$

Auftragszeit $= 22' + 100 \cdot 2{,}2' = \underline{\underline{242 \text{ Min.}}}$

3.2 3.2.1 Bruttolohn = Vorgabezeit je Stück · Stück · Minutenfaktor

$= 12 \cdot 1\,000 \cdot 18 : 60 = \underline{\underline{3600{,}00 \text{ EUR}}}$

3.2.2 $\text{Leistungsgrad} = \frac{\text{Normalzeit} \cdot 100}{\text{Istzeit}} = \frac{12 \cdot 1\,000/60 \cdot 100}{160} = \frac{200 \cdot 100}{160} = \underline{\underline{125\,\%}}$

Effektiver Stundenlohn $= 3600 : 160 = \underline{\underline{22{,}50 \text{ EUR}}}$

4. 4.1 Beim **Prämienlohn** wird zu einem vereinbarten Grundlohn noch eine Zulage (Prämie) für eine besondere Leistung gewährt. Dabei kann es sich um eine quantitative oder qualitative Mehrleistung handeln.

4.2 Bei **Gruppenarbeit** entsteht bei der Bruttolohnberechnung das Zurechenproblem, denn die Mehrleistung ist i. d. R. nicht gleichmäßig auf alle Gruppenmitglieder zurückzuführen. Bei einer nicht von allen Gruppenmitgliedern als gerecht empfundenen Verteilung des Lohns bzw. der Prämie entsteht bei manchen Teammitgliedern Verärgerung, sodass die Motivation abnimmt und sich die Arbeitsleistung verschlechtert.

Übungsaufgabe 11

1. Akkordrichtsatz: 16,20 + 3,24 = 19,44 EUR

Normalleistung je Stunde: $\frac{60}{20} = 3$ Stück/Std.

Stückgeld $= \frac{19{,}44}{3} = 6{,}48$ EUR

6,48 · 24 = 155,52
6,48 · 25 = 162,00
6,48 · 26 = 168,48
6,48 · 27 = 174,96
6,48 · 28 = 181,44
6,48 · 29 = 187,92
6,48 · 30 = 194,40

2. 2.1 Der **Akkordlohn** kommt infrage, weil die Arbeit an der Stanzmaschine
- gleichartig und immer wiederkehrend,
- vorwiegend körperlich,
- das Arbeitsergebnis mengenmäßig messbar ist und
- der Mitarbeiter die Arbeitsgeschwindigkeit beeinflussen kann.

2.2 **Zwei mögliche Nachteile** des Akkordlohns für den Arbeitnehmer:
- Gefahr der Überanstrengung (gesundheitliche Schäden);
- Neid (Missgunst) unter den Arbeitnehmern bei starken Leistungsunterschieden.

2.3

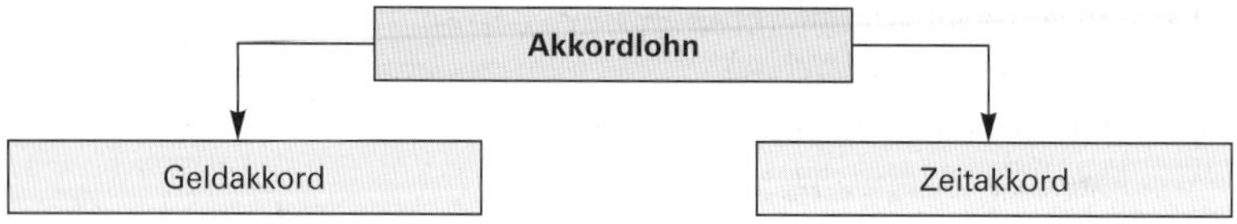

2.4 Der Akkordlohn eignet sich beispielsweise für
- Tätigkeiten eines Drehers und
- Tätigkeiten eines Bodenlegers.

2.5 **Zwei mögliche Vorteile** des Akkordlohns für den Arbeitnehmer:
- Gefühl, gerecht, d. h. der Leistung entsprechend, bezahlt zu werden.
- Bei einfachen Akkordlohnformen kann sich der Arbeitnehmer den Lohn selbst ausrechnen.

2.6 Der Arbeitnehmer erhält jeden Monat einen garantierten **Grundlohn,** der auch bei Minderleistung nicht unterschritten werden darf.

3.

Akkordlohn	Prämienlohn
■ Stücklohn, ■ kein Fixum, ■ wird für mengenmäßige Arbeitsleistung bezahlt.	■ Kann auch Zeitlohn sein, ■ setzt sich aus einem Fixum und zusätzlichem Prämienlohn (z. B. Provision) zusammen, ■ kann auch für qualitativ bessere Arbeitsleistungen bezahlt werden (z. B. weniger Ausschuss).

4. Für die **Fließbandfertigung** eignen sich folgende Lohnformen:
- Zeitlohn,
- Prämienlohn für qualitativ einwandfreie Arbeit; unter bestimmten Voraussetzungen auch
- Gruppenakkord.

Übungsaufgabe 12

1. Der **Erfolgsbeteiligung** der Mitarbeiter liegt die Überlegung zugrunde, dass der Anteil am Gesamtertrag (z. B. Jahresertrag), der dem produktiven Beitrag des Produktionsfaktors Arbeitskraft entspricht, erst am Ende eines Geschäftsjahres ermittelt werden kann, wenn das Betriebsergebnis bekannt ist. Der von allen Faktoren gemeinsam erzielte Ertrag ist theoretisch so auf die Faktoren aufzuteilen, dass jeder Faktor den Anteil am Ertrag erhält, der auf seine Mitwirkung zurückzuführen ist, d. h., die Faktoren sind **entsprechend ihrem produktiven Beitrag** zu „entlohnen".

2. Mit der Erfolgsbeteiligung der Mitarbeiter verfolgt der Arbeitgeber verschiedene Ziele. So möchte er z. B.:
- die Leistung der Mitarbeiter anerkennen,
- die Motivation steigern,
- die Einsatzbereitschaft stärken,
- das Integrationsbewusstsein fördern,
- das Image des Unternehmers steigern,

- die Identifikation mit dem Unternehmen stärken,
- das Betriebsklima verbessern,
- eine Produktivitätssteigerung erreichen,
- eine Qualitätsverbesserung erzielen,
- die Fluktuation senken,
- die Fehlzeiten senken,
- eine Steuerminderung erreichen.

3. – Die Mitarbeiter haben ein Interesse an hohen Erträgen des Unternehmens. Das fördert die Leistungsbereitschaft und schafft allmählich – statt eines Gefühls der Abhängigkeit – das Gefühl einer Partnerschaft.
- Die Mitarbeiter nehmen anteilsmäßig am Zuwachs des Produktivvermögens ihres Unternehmens teil.
- Die Arbeitnehmer erhalten Mitbestimmungsrechte und Gewinnanteile aufgrund der ihnen zuwachsenden Anteilsrechte.
- Das System fördert die Tendenz, Arbeitsplätze in besonders ertragsreichen Unternehmen zu suchen und ertragsschwache Unternehmen zu meiden. Dadurch tritt ein starker Konkurrenz- und Rationalisierungsdruck für weniger leistungsfähige Unternehmen ein.

Übungsaufgabe 13

1. Die **traditionelle Qualitätskontrolle** ist eine Endabnahme **nach Abschluss** des Produktionsprozesses. Fehler können also nur nachträglich entdeckt werden, Fehlerursachen nur nachträglich korrigiert werden. Die Kosten für eine Fehlerbeseitigung und die Ausschusskosten sind meist höher als die Kosten einer vorsorglichen Fehlervermeidung während des Produktionsprozesses. Da eine 100 %ige Kontrolle nachträglich selten möglich ist, wird ein Teil der fehlerhaften Produkte bei der traditionellen Qualitätskontrolle nicht erkannt.

2. – Funktionstüchtigkeit
- Ausstattung
- Zuverlässigkeit, Haltbarkeit
- Sicherheit
- Umweltfreundlichkeit

3. – Die Abläufe und Prozesse werden fundamental hinterfragt, ggf. verbessert, klar definiert und dokumentiert. Damit sind die Abläufe für alle Beteiligten transparent.
- Das Unternehmen verfügt über eine durchdachte Aufbauorganisation mit klaren Aufgabenverteilungen und Befugnissen.
- Die Nachvollziehbarkeit und Rückverfolgbarkeit von Vorgängen ist sichergestellt.
- Das Qualitätsbewusstsein der Mitarbeiter wird geschärft. Aus Betroffenen werden Beteiligte, die sich pro-aktiv um eine kontinuierliche Verbesserung bemühen.
- Die Leistungsfähigkeit der Organisation wird gesteigert.
- Größeres Vertrauen der Kunden.
- Besseres Image am Markt.
- Verringerung der Kosten.
- Die Zertifizierung ist häufig eine Grundvoraussetzung zum Markteintritt, z.B. als Zulieferer der Automobilindustrie.
- Der Nachweis der Zertifizierung erleichtert die Abwehr von Haftungsansprüchen aus der Produkthaftung.

4. 4.1 In dem Textauszug aus dem Prospekt der Freudenberg GmbH weisen folgende Textstellen auf **TQM** hin:
   - die Kundenorientierung und die Kundenzufriedenheit,
   - das Ziel der Nullfehlerqualität und
   - der Hinweis auf ständige Verbesserungen.

   4.2 Unter **TQM (Total Quality Management**) versteht man das Bestreben und die Verpflichtung von allen am betrieblichen Leistungsprozess Beteiligten einschließlich der Geschäftsführung, in allen Teilprozessen Qualität zu produzieren und die festgelegten Qualitätsziele zu erreichen.

   4.3 Die DIN EN ISO 9001:2015-Familie ist das bekannteste und am weitesten verbreitete Qualitätsmanagementmodell. Es stellt einen Leitfaden für Organisationen dar, um die selbst definierten Qualitätsziele systematisch und sicher zu erreichen. Es nennt konkret die Anforderungen, die im Rahmen einer Zertifizierung darzulegen sind. Damit wird verhindert, dass in der unternehmerischen Qualitätslandschaft „blinde Flecken" entstehen, bei denen Qualitätsüberlegungen quasi „vergessen" wurden.

5. Individuell zu beantworten.

   Mögliche Antwort:

Folgen eines unzureichenden Qualitätsmanagements	
Betriebswirtschaftliche Folgen	**Volkswirtschaftliche Folgen**
▪ Absatzrückgang. ▪ Hohe Kommunikationskosten (z. B. für Werbung und Public-Relations-Maßnahmen), um den geschädigten Ruf (das geschädigte Image) wieder herzustellen. ▪ Steigende Stückkosten aufgrund des Gesetzes der Massenproduktion. ▪ Absatzrückgänge bei den Zulieferern.	▪ Zunehmende Arbeitslosigkeit. ▪ Steuerausfälle. ▪ Geringere Einnahmen der Sozialversicherungsträger. ▪ Steigende Ausgaben der Arbeitslosenversicherung.

Übungsaufgabe 14

1. 1.1 Die **Produktivität** ist die technische Ergiebigkeit eines Produktionsvorgangs. Sie stellt das Verhältnis von Ausbringungsmenge zu den Einsatzmengen der Produktionsfaktoren dar.

$$\text{Produktivität} = \frac{\text{Ausbringungsmenge}}{\text{Einsatzmenge}}$$

   Die **Wirtschaftlichkeit** ist das Verhältnis zwischen erbrachter Leistung und den für diese Leistung aufgewendeten Mitteln, also deren Kosten.

$$\text{Wirtschaftlichkeit} = \frac{\text{Leistung}}{\text{Kosten}}$$

   1.2 Produktivität und Wirtschaftlichkeit können sich **gegenläufig** entwickeln, da die Produktivität lediglich ein **Mengenverhältnis** ausdrückt, während bei Wirtschaftlichkeitsberechnungen **in Geld gemessene Größen** einander gegenübergestellt werden (Wertverhältnis).

Annahme: Absatzpreis sinkt bei zunehmendem Angebot

Angebotene Stückzahl	200000	300000	400000	500000	600000
Erzielbarer Preis je Stück in EUR	1,00	0,90	0,80	0,70	0,60

1.3 Produktivität

2. 2.1 Unter **Rentabilität** (Kapitalrentabilität) versteht man den prozentualen Anteil eines erzielten Gewinns an einem durchschnittlich eingesetzten Kapital. Wird nichts anderes gesagt, bezieht sich die Rentabilitätskennzahl auf ein Jahr. Sie stellt somit nichts anderes als die Verzinsung eines investierten Kapitals dar.

$$\text{Rentabilität} = \frac{\text{Gewinn} \cdot 100}{\varnothing \text{ eingesetztes Kapital}}$$

2.2 Die **Rentabilitätskennzahlen** (Kapitalrentabilität) zeigen an, in welcher Höhe sich das Kapital in einer Abrechnungsperiode verzinst hat. Sie stellen ein **Wertverhältnis** dar.

Die **Produktivitätskennzahlen** sagen aus, wie ergiebig die Produktion ist. Sie stellen ein **Mengenverhältnis** dar.

2.3 Unternehmen A und B stellen 2500 Stück eines vergleichbaren Erzeugnisses her. Unternehmen A setzt hierfür 500 Arbeitsstunden ein, Unternehmen B 625 Arbeitsstunden. Damit ergibt sich eine Produktivität (bezogen auf die Arbeit): A = 5 und B = 4. Angenommen sowohl A als auch B können ihr Erzeugnis zu 100,00 EUR am Markt absetzen.

A produziert im Inland und hat Arbeitskosten pro Stunde in Höhe von 40,00 EUR, B lässt im Ausland fertigen und hat Arbeitskosten in Höhe von 30,00 EUR.

Wirtschaftlichkeit von A= (2500 · 100) / (500 · 40) = 12,5
Wirtschaftlichkeit von B= (2500 · 100) / (625 · 30) = 13,33

Daraus folgt, dass die Rentabilität trotz mangelhafter Produktivität hoch sein kann. **Der Grund**: Die Rentabilität hängt nicht nur von der Produktivität, sondern auch von den erzielbaren Absatzpreisen ab.

2.4 **Maßnahmen zur Steigerung der Arbeitsproduktivität:**

- Leistungsanreize für den Arbeiter.
- Prämienlohn bei Überschreitung der Normalleistung.
- Optimale Arbeitsorganisation.
- Verbesserung des Betriebsklimas.
- Gewinnbeteiligung.

Durch diese Maßnahmen steigt die Erzeugnismenge und dadurch die Produktivität.

3. 3.1

Arbeitsproduktivität (Leistung) je Arbeitsstunde
$\frac{100}{720} = 0{,}14$

3.2

Wirtschaftlichkeit
$\frac{15\,000}{11\,500} = 1{,}30$

2 Speth u.a. - ISBN 978-3-8120-3576-7

4. 4.1

Monat	Arbeitsproduktivität	Kapitalproduktivität
Mai	$\frac{4000}{3520} = 1,14$	$\frac{4000}{3 \text{ Mio. EUR}} = 0,0013$
Juni	$\frac{4400}{3696} = 1,19$	$\frac{4400}{3 \text{ Mio. EUR}} = 0,00147$

4.2 4.2.1

Monat	Arbeitsproduktivität	Kapitalproduktivität
Juli	$\frac{4850}{3520} = 1,38$	$\frac{4850}{3,2 \text{ Mio. EUR}} = 0,00152$

4.2.2 Die **Arbeitsproduktivität** nimmt zu, weil die Leistung bei gleichbleibenden Arbeitsstunden durch das neue Förderband zunimmt (weil z.B. das neue Förderband schneller als das alte läuft).

Die **Kapitalproduktivität** nimmt zu, weil die Leistung relativ stärker als das investierte Kapital gestiegen ist.

Ein **Zurechnungsproblem** entsteht, weil sich Produktivitätssteigerungen nur dann einem Produktionsfaktor zurechnen lassen, wenn die Leistung aller anderen Produktionsfaktoren konstant bleibt. In Wirklichkeit sind Produktivitätssteigerungen aber i.d.R. auf die Beiträge **aller** Produktionsfaktoren zur Leistungserstellung zurückzuführen.

4.3

	Kennzahl \ Monat	Mai	Juni	Juli
4.3.1	Wirtschaftlichkeit	$\frac{1,31}{1,25} = 1,048$	$\frac{1,44}{1,30} = 1,108$	$\frac{1,42}{1,28} = 1,109$
4.3.2	Eigenkapitalrentabilität	$\frac{0,06 \cdot 100}{2} = 3\,\%$	$\frac{0,14 \cdot 100}{2,05} = 6,83\,\%$	$\frac{0,14 \cdot 100}{2,1} = 6,67\,\%$
	Gesamtkapitalrentabilität	$\frac{0,3 \cdot 100}{3} = 10\,\%$	$\frac{0,38 \cdot 100}{3,05} = 12,46\,\%$	$\frac{0,41 \cdot 100}{3,2} = 12,81\,\%$
4.3.3	Umsatzrentabilität	$\frac{0,3 \cdot 100}{1,31} = 22,9\,\%$	$\frac{0,38 \cdot 100}{1,44} = 26,39\,\%$	$\frac{0,41 \cdot 100}{1,42} = 28,87\,\%$

4.3.4 Individuell zu beantworten.

Mögliche Antworten:

Die **Wirtschaftlichkeit** ist im Juni gegenüber Mai gestiegen. Dies könnte auf organisatorische Rationalisierungsmaßnahmen zurückzuführen sein.

Die Steigerung der Wirtschaftlichkeit gegenüber den Vormonaten beruht teilweise auf der Einführung des neuen Förderbands.

Die **Eigenkapitalrentabilität** hat sich im Juni und im Juli gegenüber dem Monat Mai mehr als verdoppelt. Der Grund: Der Umsatz ist relativ schneller als die Kosten gestiegen. Diese Tatsache spiegelt sich auch in der Entwicklung der **Gesamtkapitalrentabilität** wider.

Die **Umsatzrentabilität** konnte gegenüber dem Monat Mai kontinuierlich gesteigert werden, weil der Umsatz schneller als die Kosten gestiegen ist.

Übungsaufgabe 15

1. 1.1

	Arbeitsproduktivität	Wirtschaftlichkeit	Maschinenrentabilität
Maschine I	$\frac{41800}{4080} = 10{,}25$	$\frac{3 \cdot 41800}{104160}$[1] $= 1{,}20$	$\frac{21240 \cdot 100}{54000}$ (21240[2]) $= 39{,}33\,\%$
Maschine II	$\frac{33900}{2040} = 16{,}62$	$\frac{3 \cdot 33900}{71280} = 1{,}43$	$\frac{30420 \cdot 100}{46000} = 66{,}13\,\%$

1.2 Für die Anschaffung der Maschine I spricht lediglich die Tatsache, dass ihre Leistung pro Zeiteinheit höher ist als die der Maschine II. Dies kann dann von Bedeutung sein, wenn die Nachfrage (der Bedarf) bei rund 42000 Stück im Jahr liegt. Wird von der Geschäftsleitung das Ziel „Arbeitsplatzerhaltung" für wichtiger angesehen als die Steigerung von Arbeitsproduktivität, Wirtschaftlichkeit und Rentabilität, wird sie ebenfalls die Beschaffung der Maschine I vorziehen.

Bestehen hingegen die obersten Unternehmungsziele in der Steigerung der Produktivität, Wirtschaftlichkeit und/oder Rentabilität, wird sich die Geschäftsleitung für die Anschaffung der Maschine II entscheiden.

2. 2.1

	Maschine I	Maschine II
Anschaffungskosten Nutzungsdauer Ausbringungsmenge	100000,00 EUR 5 Jahre 200000 Stück	200000,00 EUR 5 Jahre 600000 Stück
Kapitalproduktivität $= \frac{\text{Erzeugnismenge}}{\text{Kapitaleinsatz}}$	$\frac{200000\ (\text{Stück})}{20000} = 10$	$\frac{600000\ (\text{Stück})}{40000} = 15$ **+ 50 %**
Wirtschaftlichkeit $= \frac{\text{Leistung}}{\text{Kosten}}$	$\frac{200000\ (\text{EUR})}{20000} = 10$	$\frac{360000\ (\text{EUR})}{40000} = 9$ **– 10 %**

2.2 Vergleicht man die Produktivität der Maschine II mit der Maschine I, so ist diese um **50 %** höher. Die Wirtschaftlichkeit hingegen sinkt um **10 %**.

3. 3.1 Umsatzrentabilität:

850000,00 EUR ≙ 100 %
53000,00 EUR ≙ x %

$$x = \frac{100 \cdot 53000}{850000} = \underline{\underline{6{,}23\,\%}}$$

Unternehmerrentabilität:

375000,00 EUR ≙ 100 %
45000,00 EUR ≙ x %

$$x = \frac{100 \cdot 45000}{375000} = \underline{\underline{12\,\%}}$$

3.2 Die Remscheider Elektrogeräte AG hat im Branchenvergleich hervorragende Rentabilitätskennzahlen. Die hohe Umsatzrentabilität lässt auf einen guten Markennamen und innovative Produkte schließen.

---

1 Kosten Maschine I = (2 · 2 040 · 22,00 EUR) + (60,00 EUR · 240)
= 89760,00 EUR + 14400,00 EUR
= 104160,00 EUR

Kosten Maschine II = (2040 · 22,00 EUR) + (110,00 EUR · 240)
= 44880,00 EUR + 26400,00 EUR
= 71280,00 EUR

2 Gewinn = Leistung – Kosten
Maschine I = (3 · 41800,00 EUR) – 104160,00 EUR
= 21240,00 EUR

Gewinn Maschine II = (3 · 33900,00 EUR) – 71280,00 EUR
= 30420,00 EUR

Übungsaufgabe 16

1. Generelle Zielsetzung des Personal-Controllings ist es, die Leistung der Arbeitskräfte sowie die Arbeit der Personalabteilung selbst zu bewerten, um die Unternehmensleitung in ihrem Entscheidungs- und Steuerungsprozess zu unterstützen.

2. Das **operative Personal-Controlling** ist kurzfristig angelegt und steuert bzw. kontrolliert insbesondere die anstehenden Personalplanungs-, Personalentwicklungs- und Personalführungsfragen.

   Das **strategische Personal-Controlling** ist langfristig angelegt und koordiniert z.B. über die Formulierung von Kennzahlen die Personalplanung mit der Unternehmensplanung.

3. Individuelle Lösung.

   Die nachstehende Tabelle gibt einen Überblick über mögliche Personalkennziffern.

Personalbedarf u. -struktur	**Personal-beschaffung**	**Personaleinsatz**	**Personalerhaltung u. Leistungsstimulation**
Netto-Personalbedarf	Bewerber pro Ausbildungsplatz	Leistungsgrad	Fluktuationsrate
Qualifikationsstruktur	Personal-beschaffungs-kosten je Eintritt	Arbeitsproduktivität	Krankheitsquote
Durchschnittsalter der Belegschaft	Produktivität der Personal-beschaffung	Überstundenquote	Lohngruppenstruktur
Durchschnittsdauer der Betriebszugehörigkeit	Anzahl der Versetzungswünsche nach kurzer Dienstdauer	Leistungsspanne	Erfolgsbeteiligung je Mitarbeiter
...	...	...	...

Personal-entwicklung	**Betriebliches Vorschlagswesen**	**Personal-freisetzung**	**Personalkosten-planung u. -kontrolle**
Ausbildungsquote	Verbesserungs-vorschlagsrate	Sozialplankosten pro Mitarbeiter	Personalintensität
Übernahmequote	Annahmequote		Personalzusatz-kostenquote
Jährliche Weiter-bildungszeit pro Mitarbeiter	Realisierungs-quote	Abfindungs-aufwand je Mitarbeiter	Personalkosten je Mitarbeiter
Anteil der Personal-entwicklungskosten an den Gesamtkosten	Durchschnitts-prämie	...	Personalkosten je Stunde
...	...		...

Quelle: Küpper, Hans-Ulrich: Controlling, 2. Aufl., Stuttgart 1997, S. 409.

4. – Weiterqualifizierung der Mitarbeiter
   – Unternehmensinterne bzw. unternehmensweite Stellenausschreibungen
   – Unternehmensexterne Stellenausschreibungen
   – Individuelle Wahl der Arbeitszeit bzw. Teilzeitarbeit
   – Vermeidung von Überstunden
   – Vorruhestand
   – Weiterbeschäftigung der Mitarbeiter in einer niedrigeren Vergütungsgruppe

   Weiterführende Beschreibung siehe Lehrbuch, S. 92ff.

5. Zusätzliche Arbeitsplätze **können** geschaffen werden durch
- Teilzeitarbeit,
- Jobsharing,
- Arbeitszeitverkürzung,
- Sonderurlaub für Wochen und Monate,
- Frühverrentung und gleitenden Übergang in den Ruhestand.

6. Individuell zu beantworten.

Lösungshilfe:

Arbeitszeitflexibilisierung	
Vorteile	**Nachteile**
– Die Unternehmen können auf Nachfrageschwankungen flexibel reagieren. – Die Entlassungsrate sinkt. – Arbeitslosigkeit nimmt ab. – Sozialausgaben des Staates sinken. – Rund $^1/_3$ der Arbeitszeiteinsätze münden in ein festes Arbeitsverhältnis.	– Die Arbeitskräfte müssen Lohnsenkungen hinnehmen. – Unsicherheit des Arbeitsplatzes. – Zu hoher Flexibilisierungsgrad wirkt sich negativ auf die Qualität des Personals aus.

Übungsaufgabe 17

1.

	1.1	**1.2**	**1.3**	**1.4**
Konkreter Kündigungsanlass	hohe Fehlzeiten aufgrund häufiger Krankheit (Bandscheibenvorfall)	ausgedehnte Mittagspause	Wegrationalisierung des Arbeitsplatzes	mangelnde Sympathie
Möglicher Kündigungsgrund nach § 1 KSchG	Person des Arbeitnehmers	Verhalten des Arbeitnehmers	dringendes betriebliches Erfordernis	Person des Arbeitnehmers
Ist die Kündigung sozial gerechtfertigt?	ja	nein	nein	nein
Begründung	schwere Krankheit	fehlende Abmahnung	fehlende Sozialauswahl	mangelnde Sympathie ist kein Kündigungsgrund

2. 2.1 Eine Kündigung ist z. B. dann **sozial ungerechtfertigt,** wenn sie nicht aus dem Gesamtinteresse des Unternehmens und der Belegschaft oder aus Gründen, die in der Person oder im Verhalten des Arbeitnehmers liegen, erfolgt. Eine sozial ungerechtfertigte Kündigung liegt danach z. B. vor, wenn einem missliebigem Arbeitnehmer in einem Unternehmen mit 800 Beschäftigten mit der Begründung gekündigt wird, für ihn gäbe es keine Arbeit mehr.

2.2 **Sachlich** ist das **Arbeitsgericht** zuständig.

3. 3.1 Die Kniebis KG muss spätestens am 3. Dezember kündigen (Grundkündigungsfrist: vier Wochen ≙ 28 Tage) [§ 622 I BGB]. Die Kündigung muss Kevin Bär spätestens am 3. Dezember zugegangen sein.

3.2 Eine unbegründete Kündigung wäre sozial ungerechtfertigt (allg. Kündigungsschutz, da länger als sechs Monate beschäftigt) und damit unwirksam (ungültig).

3.3 Kevin Bär könnte z. B. den Betriebsrat einschalten und/oder vor dem Arbeitsgericht klagen.

3.4 Eine **fristlose Kündigung** ist möglich, wenn z. B.

- ein grober Verstoß gegen den Arbeitsvertrag vorliegt (z. B. Diebstahl),
- der Arbeitnehmer häufig ohne Krankmeldung von der Arbeit fernbleibt (siehe § 626 BGB).

3.5 Mit der **Abmahnung** wird ein bestimmtes Fehlverhalten eines Arbeitnehmers missbilligt. Außerdem werden bei weiteren Verfehlungen der gleichen Art Rechtsfolgen (z. B. die Kündigung des Arbeitsverhältnisses) angedroht. Eine ordentliche Kündigung mit Gründen, die im Verhalten der Arbeitnehmer liegen, ist z. B. nur dann sozial gerechtfertigt, wenn ihr eine Abmahnung vorausgegangen ist.

3.6 Die Abmahnung ist entbehrlich bei Verfehlungen eines Arbeitnehmers, die ein Grund für eine fristlose Kündigung sind. Sie ist auch entbehrlich, wenn die Abmahnung wenig Erfolg versprechend ist. Der Arbeitnehmer ist z. B. erkennbar nicht gewillt, den Arbeitsvertrag zu erfüllen.

4. 4.1 Der Auszubildende Ingo ist nach der Probezeit nicht kündbar.

4.2 Die schwangere Eva Mörle ist nicht kündbar während der Schwangerschaft und der Elternzeit.

4.3 Jens Holder ist langjähriger Mitarbeiter und genießt einen besonderen Kündigungsschutz. Er kann gekündigt werden, aber mit längerer Kündigungsfrist: 3 Monate zum Monatsende (ggf. vier Monate).

4.4 Charlotte Groß kann gekündigt werden zum 15. des Monats bzw. zum Monatsende mit einer Kündigungsfrist von 4 Wochen.

4.5 Kira Hübner ist eine langjährige Mitarbeiterin und genießt einen besonderen Kündigungsschutz. Ihr kann gekündigt werden, aber mit einer Kündigungsfrist von einem Monat zum Monatsende.

Die Philip Leber OHG muss eine Sozialauswahl unter den Mitarbeitern treffen, die gekündigt werden können. Das heißt, bevor Kira Hübner als Alleinerziehende gekündigt wird, sollten den Alleinstehenden Charlotte Groß und Jens Holder mit Einhaltung der entsprechenden Kündigungsfristen gekündigt werden.

5. 5.1 Für Franziska Müller gilt die gesetzliche Kündigungsfrist von vier Wochen (28 Tage) zum Ende des Kalendermonats, es sei denn, im Arbeitsvertrag wurde etwas anderes vereinbart (§ 622 I BGB, Kündigung durch Arbeit**nehmer**).

5.2 Die Kündigung muss dem Arbeitgeber spätestens am 2. Juni (4 Wochen = 28 Tage vor dem 30. Juni) vorliegen.

5.3 Ihr letzter Arbeitstag ist der **30. Juni.**

5.4 Eine Kündigung ist dann **sozial ungerechtfertigt,** wenn sie nicht durch Gründe bedingt ist, die in der Person oder im Verhalten des Arbeitnehmers, oder durch dringende betriebliche Erfordernisse, die einer Weiterbeschäftigung des Arbeitnehmers in dem Betrieb entgegenstehen [§ 1 I, II KSchG].

6. Entwurf für die Abmahnung

Abmahnung Sehr geehrter Herr Krimmer,	
lt. Arbeitsvertrag ist Ihr tägliches Arbeitsende von Montag bis Freitag auf 18:00 Uhr festgelegt. Es wird festgestellt, dass Sie am Freitag, 19.05.20.. Ihren Arbeitsplatz um mindestens 90 Minuten vor dem arbeitsvertraglich festgelegten Arbeitsende ohne Rücksprache mit Ihrem Vorgesetzten vorzeitig verlassen haben. Im Gespräch vom 22.05.20.., mit Frau Stark hatten Sie hierfür keine entlastenden Gründe vortragen können.	Nachweis und Beschreibung des konkreten Vorfalls, der die Abmahnung begründet.
Mit diesem Verhalten haben Sie Ihre Pflichten aus dem Arbeitsvertrag erheblich verletzt – und dies bereits zum wiederholten Mal.	Missbilligung des Verhaltens.
Wir mahnen Sie hiermit ausdrücklich ab und fordern Sie auf, künftig die arbeitsvertraglich vereinbarten Arbeitszeiten strikt einzuhalten.	Aussprache der Abmahnung + Aufforderung das Fehlverhalten künftig zu unterlassen.
Im Wiederholungsfall müssen Sie damit rechnen, dass wir die Möglichkeiten arbeitsrechtlicher Konsequenzen voll ausschöpfen bis hin zum Ausspruch einer, gegebenenfalls fristlosen, Kündigung.	Androhnung der Rechtsfolgen im Wiederholungsfall.
Mit freundlichen Grüßen ____________________ Leitung Personal	

Empfangsbestätigung

Hiermit bestätige ich, Manuel Krimmer, die Abmahnung vom 25.05.20.., erhalten zu haben.

____

Ort, Datum, Unterschrift Arbeitnehmer

Übungsaufgabe 18

1. 1.1 **Mögliche Antwort:**

Die Folgen des bisherigen Wirtschaftens für die Umwelt, wie Klimaerwärmung, Umweltverschmutzung und Ressourcenknappheit, führen zu einem Bewusstseinswandel in der Gesellschaft und somit auch bei den in der Wirtschaft handelnden Personen. Neben der Berücksichtigung der monetären Kriterien ist es zwingend notwendig, so zu wirtschaften, dass auch die nachfolgenden Generationen eine für den Menschen lebensfreundliche Umwelt vorfinden. Die Unternehmen müssen daher bei allen Planungen für ihr zukünftiges Handeln die Vermeidung von Umweltschäden und den Schutz der Ressourcen berücksichtigen. Um das Management im Unternehmen bei der Umsetzung und Realisierung dieser Ziele zu unterstützen, ist ein Öko-Controlling notwendig.

1.2 **Mögliche Antwort:**

Schon bei der Planung für Aktivitäten, die weit in der Zukunft liegen, muss das Öko-Controlling ansetzen. Ein Beispiel hierfür ist das lange Festhalten der amerikanischen Autoindustrie an einer Automobilflotte, die aus großen Fahrzeugen mit überdimensionierten Hubräumen besteht. Schon Anfang der Neunziger Jahre des vorigen Jahrhunderts wurde von Experten darauf hingewiesen, dass die Ölvorräte begrenzt sind und sich das Klima verändert. Reagiert haben darauf lediglich asiatische und wenige europäische Automobilhersteller. Wegen der aufkommenden mangelnden Akzeptanz der amerikanischen Verbraucher gegenüber Fahrzeugen mit hohem Kraftstoffverbrauch haben große amerikanische Pkw-Hersteller heute Probleme, ihre Fahrzeuge abzusetzen. Hätte die strategische Planung dieser Hersteller in der Vergangenheit ökologische Aspekte berücksichtigt, wären sie jetzt für die Zukunft besser aufgestellt.

1.3 Das Erfassen von Daten, die die Auswirkungen des unternehmerischen Handelns auf die Umwelt beschreiben.

Das Entwickeln von Strategien, die negative Auswirkungen des unternehmerischen Handelns auf die Umwelt minimieren, sowie die Realisierung dieser Strategien.

2. 2.1 **Absolute Kennzahlen:** beispielsweise Energiekennzahl und Abfallkennzahl

Relative Kennzahlen: beispielsweise Energieintensität und Rohstoffeinsatzquote

2.2 Um objektives Öko-Controlling betreiben zu können, sind Kennzahlen unerlässlich. Mit ihnen werden die Folgen des Handelns auf die Umwelt messbar.

3. 3.1

$$\text{Energiekennzahl} = \frac{30\,958\,000\text{ kWh}}{469\,000 + 307\,600\text{ kg}} = \underline{\underline{39{,}9\text{ kWh/kg}}}$$

$$\text{Wasserkennzahl} = \frac{116\,154\,000\text{ l}}{469\,000 + 307\,600\text{ kg}} = \underline{\underline{149{,}6\text{ l/kg}}}$$

$$\text{Verpackungskennzahl} = \frac{10\,600\text{ kg}}{469\,000 + 307\,600\text{ kg}} = \underline{\underline{13{,}6\text{ g/kg}}}$$

$$\text{Abfallquote} = \frac{(57\,600 + 4\,900\text{ kg})^{*} \cdot 100}{469\,000 + 307\,600\text{ kg}} = \underline{\underline{8{,}0\,\%}}$$

* Hinweis: Mehrwegbehälter zählen nicht zu den Abfällen.

3.2 3.2.1 **Ökosystem und Umweltschutz als Gegenstand eines Informationssystems**

Im traditionellen betrieblichen Rechnungswesen wurde bisher versäumt, die durch die Verschmutzung der Luft, Gewässer, Böden, Gebäude und den Lärm verursachten gesellschaftlichen (sozialen) Folgekosten (Umweltschutzkosten) zu berücksichtigen, deren Höhe in Deutschland mittlerweile auf über 100 Mrd. EUR jährlich geschätzt wird.

Während die Kosten für die Vermeidung oder Beseitigung von Umweltschäden noch relativ einfach ermittelt werden können, ist die Berechnung (Monetarisierung) der Umweltschadenskosten sehr schwierig. Erforderlich sind deshalb betriebliche (auch gesamtwirtschaftliche, gesellschaftliche) Rechnungs- und Informationssysteme, die neben den traditionellen Erfolgen des betrieblichen Rechnungswesens (z.B. in der Finanzbuchhaltung, Kosten- und Leistungsrechnung, Planungsrechnung, betriebswirtschaftlichen Statistik) auch die ökologischen Auswirkungen und gesamtwirtschaftlichen Kosten der einzelnen Unternehmensaktivitäten mit berücksichtigen.

Durch die Einbeziehung der Ökosysteme und des Umweltschutzes in das Informationssystem können das Unternehmensmanagement und die für den Umweltschutz Verantwortlichen (z.B. Umweltschutzbeauftragten) rechtzeitig mit den zu einem wirksamen Umweltschutz bedeutsamen Umweltinformationen versorgt werden.

Die Erweiterung des traditionellen betrieblichen Informationssystems um die Umweltbedingungen, Ziele und Maßnahmen des Umweltschutzes zu einem Umweltinformationssystem ist jedoch nicht nur ein Instrument zur Dokumentation umweltrelevanter Informationen, sondern auch ein Planungs-, Kontroll- und Steuerungsinstrument zur ökologischen Optimierung der Betriebsabläufe.

3.2.2 Weil **Umweltrisiken der Kreditnehmer Kreditrisiken der Banken** sind. Diese Kreditrisiken liegen vor allem darin, dass

- die Kreditsicherung gegenüber etwaigen Sanierungsmaßnahmen nachrangig behandelt wird,
- ein umweltgefährliches Verhalten der Kreditnehmer über zusätzliche Kosten und sinkende Umsätze (Erträge) – aufgrund der Imageverluste – die allgemeine Bonität der Kreditnehmer verschlechtert und/oder
- ein umweltschädliches Verhalten und/oder hohe umweltbezogene Risikopotenziale der Unternehmen den Sicherungswert einer vereinbarten Kreditsicherung gefährden oder diesen sogar wertlos machen können.
- **Beispiel**: Eine Grundschuld über 800000,00 EUR ist „wertlos" geworden, weil das Betriebsgrundstück so mit giftigem Blei- und Quecksilber oder Dioxin kontaminiert ist, dass das Grundstück nur noch für 50000,00 EUR verkauft werden kann.

3.2.3 **Bilanzierungsprobleme bei Ökobilanzen**:

Derzeit ist es (noch) sehr schwierig oder unmöglich, die Umweltwirkungen der eingesetzten Sachgüter und Leistungen (z.B. der Werkstoffe und Anlagen), der erzielten Leistungen, der Produktionsprozesse, Recyclingprozesse usw. mit einheitlichen Messeinheiten (Kriterien) zu bewerten. Außerdem gibt es noch kein allgemein anerkanntes Bewertungssystem für die Bewertung der Umweltwirkungen (z.B. Umweltschäden).

Wie schwierig die ökologische Messung und Bewertung von Umweltwirkungen sein kann, zeigt der „Streit" um die umweltverträglichste Verpackung der Frischmilch. Weil die ökologische Bewertung der Umweltbelastungen der Luft bei der Herstellung der Mehrwegflaschen mit anderen Messgrößen erfolgen muss als die Bewertung der Wasserbelastung bei der Herstellung von Getränkekartons, können Ökobilanzen („Wirkungsbilanzen") zu gegensätzlichen Ergebnissen führen.

3.2.4 **Glaubwürdigkeitsproblematik der betrieblichen umweltbezogenen Kommunikationspolitik**:

3.2.4.1 Aufgrund der bisher – teilweise sehr schlechten – Erfahrungen mit der umweltbezogenen Informationspolitik vieler Unternehmen – vor allem bei umweltschädlichen Störfällen – besteht ein allgemeines Misstrauen in deren Kommunikationspolitik (vor allem Öffentlichkeitsarbeit). Entstandene Umweltbelastungen wurden entweder überhaupt nicht gemeldet (bekanntgemacht) und wenn, dann erst verzögert (zu spät) und/oder das wirkliche Ausmaß der Umweltschäden wird verschwiegen („Schönfärberei"). „Wer einmal lügt, dem glaubt man nicht, auch wenn er gleich die Wahrheit spricht!"

3.2.4.2 Durch eine glaubwürdige (der Wahrheit entsprechende), offene, lückenlose und vor allem auch rechtzeitige Informationspolitik der Unternehmen. Die Adressaten der umweltbezogenen Informationen müssen Vertrauen in die Kommunikationspolitik der Unternehmen haben.

Zur Information für den Lehrer

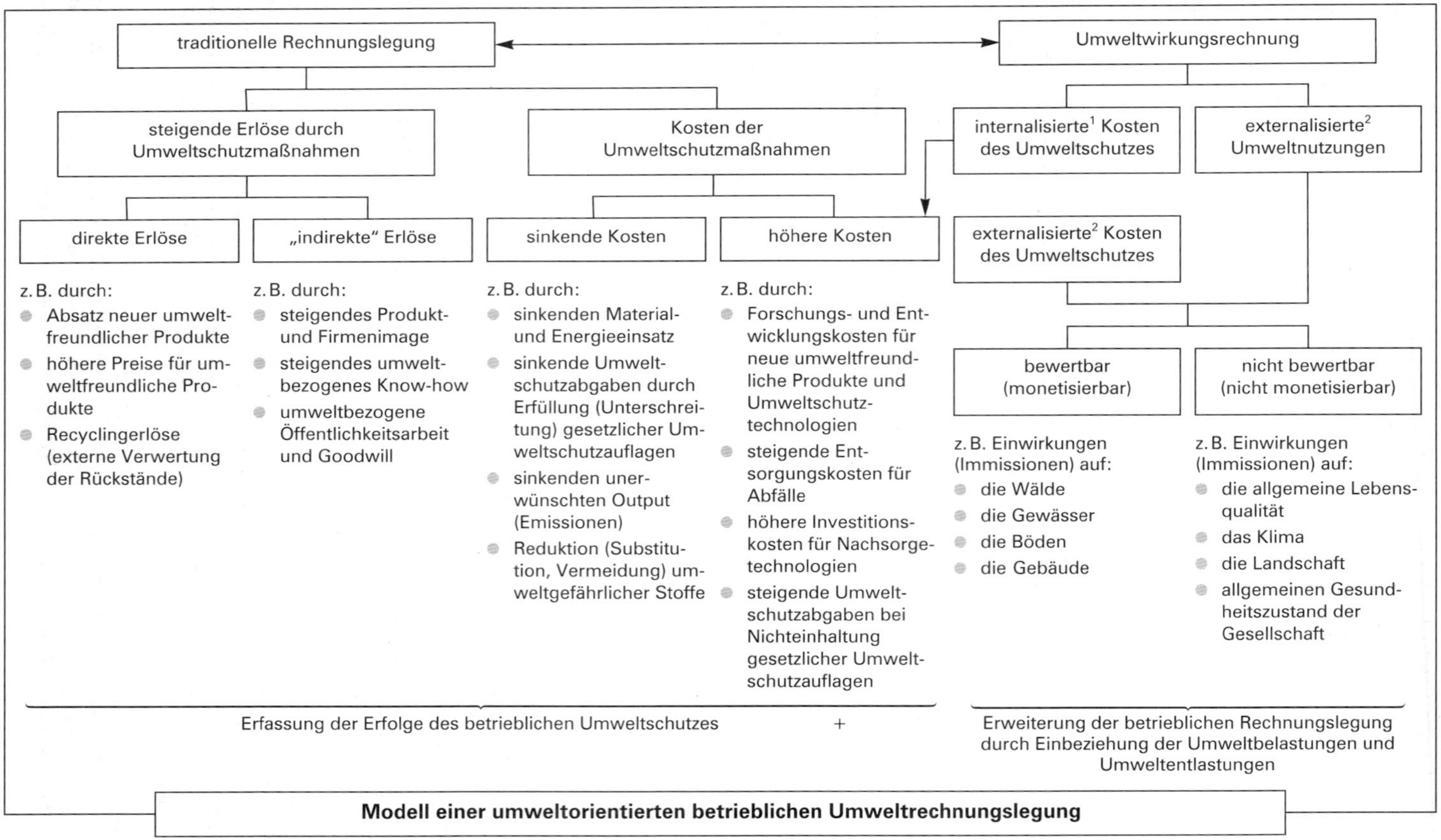

1 **Internalisierung** der Kosten bedeutet, dass die Unternehmen die von ihnen z. B. durch die Erfüllung von Umweltschutzauflagen, durch öffentliche Abgaben, umweltbedingte Haftungsansprüche Dritter, freiwillige Umweltschutzmaßnahmen und steigende Preise infolge zunehmender Umweltbelastung (Externalisierung der Kosten anderer Wirtschaftssubjekte) verursachten Kosten selbst tragen.

2 **Externalisierung:** Die Kosten des Umweltschutzes entstehen nicht dem Verursacher der Umweltbelastungen, sondern anderen Wirtschaftssubjekten (Unternehmen, Gesellschaft) aufgrund der allgemeinen Umweltbelastung.

3.2.5 **Umweltkennzahlen**

3.2.5.1 **Umweltintensität der menschlichen Arbeit**

Diese Kennzahl verdeutlicht, in welchem Maße der Arbeitseinsatz (z. B. die Arbeitsstunde eines Industriearbeiters) zu einem Verbrauch von Umweltgütern führt. Wie steigt z. B. der durchschnittliche Verbrauch an natürlichen Ressourcen (Energie, Rohstoffe, ...) oder wie erhöhen sich die Emissionsmengen, wenn sich der Arbeitseinsatz um eine bestimmte Menge (z. B. Arbeitsstunden) erhöht. Je höher das Ergebnis (der Quotient) ist, desto stärker belastet die Arbeit die Umwelt, umso intensiver nützt die Arbeit die Umwelt z. B. als Quelle der natürlichen Ressourcen oder als Aufnahmemedium der Emissionen.

3.2.5.2 **Umweltintensität des Realkapitaleinsatzes**

Diese Kennzahl verdeutlicht, in welchem Maße der Einsatz von Sachkapital (z. B. von Maschinen, Fabrikgebäuden) zu einem Verbrauch von Umweltgütern führt. Je höher z. B. das Ergebnis (der Quotient) ist, desto stärker belastet der Sachkapitaleinsatz (z. B. durch Ressourcenverbrauch und/oder Emissionsabgaben in die Natur) die Umwelt; je intensiver wird die Umwelt z. B. durch kapitalintensive Produktionsprozesse genutzt (beansprucht).

Vorstehende Kennzahlen können – soweit die hierzu erforderlichen Daten bekannt sind – z. B. für ein einzelnes Unternehmen, eine Branche oder für eine ganze Volkswirtschaft berechnet werden und zum zwischenbetrieblichen Vergleich, Branchenvergleich oder internationalen Vergleich verwendet werden. Ein Vergleich der für mehrere Zeiträume berechneten Kennzahlen kann verdeutlichen, wie sich die Umweltbelastungen entwickelt haben. Sinkende Quotienten können z. B. ein Indiz für eine erfolgreichere Umweltschutzpolitik sein.

Aus beiden Kennzahlen können auch Umweltelastizitätskoeffizienten abgeleitet werden. Sie geben an, um wie viel Prozent der Umweltverbrauch steigt, wenn sich die Kenngröße (z. B. der Arbeitseinsatz, der Sachkapitaleinsatz) um z. B. ein Prozent erhöht.

Übungsaufgabe 19

Schülerindividuelle Lösungen.

Im Folgenden wird die ausführliche Version des Artikels aus der WirtschaftsWoche (Nr. 7, 12. 02. 2007, S. 22 ff.) wiedergegeben.

Blick in die Zukunft

Den USA ging es 1982 schlecht. Die Wirtschaft lahmte. Die Zuversicht der Amerikaner hatte einen Knacks. Umso erstaunter war die Öffentlichkeit, als ein Buch auf den Markt kam, das dem Land und dem Rest der Welt einen neuen Aufschwung verhieß. Und einen neuen Begriff prägte: Globalisierung. Das Buch hieß „Megatrends", hielt sich über zwei Jahre auf der Bestenliste der „New York Times", erschien in 57 Ländern und wurde über neun Millionen Mal verkauft. Der Autor: John Naisbitt.

Heute ist der Mann der wohl bekannteste Zukunftsforscher der Welt. Naisbitt, zu dessen schillerndem Lebenslauf unter anderem Vorstandsjobs bei IBM und Kodak sowie das Amt des stellvertretenden Erziehungsministers unter John F. Kennedy gehören, sagte in dem Buch die wichtigsten Trends in der Spätphase des 20. Jahrhunderts voraus: die neue Blüte der Weltwirtschaft, die fortschreitende ökonomische Integration, den Aufstieg Asiens, den Wandel vom Industrie- zum Informationszeitalter. Naisbitts Credo: „Der zuverlässigste Weg, in die Zukunft zu sehen, ist das Verstehen der Gegenwart."

Heute sind es globale Probleme wie Klimawandel, Überalterung oder Migrationsströme, die die Menschen verunsichern. Viele sind skeptisch, was die Zukunft bringt, und fragen sich, welche Trends unser Leben im 21. Jahrhundert bestimmen, welche Probleme zu meistern sind und welche politischen, ökonomischen, sozialen und gesellschaftlichen Umwälzungen uns erwarten. Die WirtschaftsWoche hat deshalb zusammen mit Experten aus unterschiedlichen Bereichen die zehn wichtigsten Trends der kommenden Jahrzehnte herausgefiltert.

Was besonders verunsichert: Umbrüche, die sich früher über mehrere Generationen hinwegzogen, sind heute innerhalb weniger Jahre zu meistern. Von der Erfindung des Buchdrucks um 1450 bis zur Dampfmaschine und dem aufkommenden Industriezeitalter vergingen über 300 Jahre. Weitere 100 Jahre brauchte es bis zu den nächsten großen Erfindungen Elektrizität, Telefon, Auto und Flugzeug.

Seit der zweiten Hälfte des 20. Jahrhunderts begannen Dienstleistungen eine immer größere Rolle zu spielen. Und nun stehen wir an der Schwelle zum Wissenszeitalter. „Die erste Hälfte des 21. Jahrhunderts wird eine Periode sein, in der technische Durchbrüche aufgenommen, weiterentwickelt und perfektioniert werden" schreibt John Naisbitt in seinem neuen Buch „Mindset! Wie wir die Zukunft entschlüsseln", das Anfang März im Hanser-Verlag erscheint. Darin lautet eine der wichtigsten Erkenntnisse: „Die neue Quelle der Macht ist nicht mehr Geld in der Hand von wenigen, sondern Informationen in den Händen von vielen."

Der ehemalige Präsident des Kieler Instituts für Weltwirtschaft, Horst Siebert, drückt das so aus: „Wissen und Kapital werden die entscheidende Rolle spielen." Waren früher 70 Prozent unserer Wirtschaftsleistung durch den Einsatz des Produktionsfaktors Arbeit bestimmt und nur 30 Prozent durch Kapital, entfallen jetzt 70 Prozent der Wertschöpfung auf Wissen und Kapital – und nur noch 30 Prozent auf traditionelle Arbeit.

Dazu trägt auch das Internet bei, das dem Großteil der Menschheit Zugang zum Wissen der Welt verschafft. Experten schätzen, dass generell nur etwa fünf Prozent der Menschen das intellektuelle Potenzial für geistige und technologische Innovationen haben. Erst Gutenbergs Jahrtausenderfindung hatte dem einfachen Bürger den Zugang zum gedruckten Wort ermöglicht und damit das Wissen allmählich auf eine breitere Basis gestellt. Dies war eine entscheidende Voraussetzung dafür, dass die Industrialisierung ihren Siegeszug in Europa und Amerika begann.

Nur auf dieser Basis war die historisch unvergleichbare Wohlstandssteigerung in der westlichen Gesellschaft möglich. Waren es zu Gutenbergs Zeiten nur einige Zehntausend, die sich mit Innovationen beschäftigen konnten, stieg das intellektuelle Potenzial bis zu Beginn des 20. Jahrhunderts auf einige Millionen Menschen in Europa und Amerika, die den Zugang zum Wissen ihrer Zeit hatten. Das kreative Potenzial der übrigen Weltbevölkerung lag weitgehend brach.

Wenn jetzt dank Internet, Computer und Telekommunikation die meisten Weltregionen Anschluss an das Wissen der Welt finden, potenziert sich das kreative Potenzial. Schon in fünf bis zehn Jahren werden 80 Prozent des weltweiten Wissens in Echtzeit zur Verfügung stehen, werden wir vier Milliarden Internetteilnehmer zählen. Der weltweite Austausch von Wissen, die globale Vernetzung und Kooperation sowie die Bildungsanstrengungen in den Schwellenländern werden zu einer Beschleunigung von Innovationen führen. Das heißt: Wir werden im 21. Jahrhundert eine Explosion neuer Produkte und revolutionärer neuer Verfahren vor allem in den Bereichen Informations-, Nano- und Biotechnik erleben, die für einen neuen Nachfrageschub und weitere Wohlstandssteigerung sorgen. Und die uns auch der Lösung globaler Probleme wie dem Klimawandel näherbringen dürften.

Das heißt aber auch: Wenn die bildungshungrigen Massen in Asien auf den Plan treten, könnten Europäer und Amerikaner ihre Dominanz in Natur- und Ingenieurwissenschaften einbüßen. „Das 21. Jahrhundert wird nicht mehr das Jahrhundert des weißen Mannes sein, nicht mehr das Jahrhundert der USA", sagt der Frankfurter Wirtschaftswissenschaftler Manfred Pohl. Auch der Berliner Politikwissenschaftler Herfried Münkler ist sich sicher: „Die großen Impulse für die Weltwirtschaft werden aus China und Indien kommen."

China will die USA bis Mitte des 21. Jahrhunderts als führende wirtschaftliche und politische Macht ablösen, Chinesisch als Weltsprache durchsetzen und die Hegemonie der westlichen Marken brechen. Wie aber werden die Chinesen diesen Machtanspruch durchsetzen? Und vor allem: Wird diese Machtverschiebung friedlich vonstatten gehen?

Die Supermacht USA, so viel steht fest, wird einen solchen Einflussverlust nicht einfach hinnehmen, das würde ihrem Selbstverständnis als einer besonderen, auserwählten Nation widersprechen. Auch künftig dürften sich die USA deshalb zur Hegemonie geradezu verpflichtet sehen, um die Welt nach ihren Leitbildern zu formen und Demokratie und offene Märkte durchzusetzen.

Das konnte im 20. Jahrhundert funktionieren. Doch mit der Verlagerung der weltwirtschaftlichen Dynamik nach Asien wird es für die USA schwieriger. Insbesondere der Aufstieg des vermutlich noch lange autokratisch regierten China könnte andere Modelle gesellschaftlicher Partizipation als die parlamentarische Demokratie des Westens befördern. Schwere Konflikte sind damit absehbar.

Und die Folgen? Könnte der Machtkampf militärisch eskalieren und zu einem Sprengsatz für den Frieden und die weitere Globalisierung werden? Fakt ist: Die führenden Nationen sind heute wirtschaftlich so sehr miteinander verbunden wie nie zuvor in der Geschichte. „Die Globalisierung wird sich fortsetzen", prophezeit daher Deutsche-Bank-Chefvolkswirt Norbert Walter. Dass es zu Rückschlägen wie im 20. Jahrhundert kommt, hält der Ökonom für ausgeschlossen.

Nach dem ersten Globalisierungsschub von Mitte des 19. Jahrhunderts bis Anfang des 20. hatten die Rivalität der Großmächte, Kommunismus und Faschismus, aber auch protektionistische Bestrebungen in den entwickelten Demokratien die Globalisierung auf Jahrzehnte zurückgedreht. Erst in den Siebzigerjahren erreichte die Weltwirtschaft in etwa den Globalisierungsgrad von Anfang des 20. Jahrhunderts.

Krisen und partielle Verwerfungen sind gleichwohl auch im 21. Jahrhundert nicht ausgeschlossen. Politikprofessor Münkler ist nicht so optimistisch wie Walter, er glaubt nicht an die „Unumkehrbarkeit" der Globalisierung. Zwei Entwicklungen sind es insbesondere, die den Prozess aufhalten und in einigen Regionen sogar wieder zurückschrauben können.

Erstens, wie in Südamerika, sozialpopulistische antiamerikanische Bewegungen wie im Venezuela des Hugo Chávez, die eine Integration in den Weltmarkt blockieren. Zweitens der islamistische Fundamentalismus, der von Nordafrika bis Zentralasien Zulauf findet. Münkler: „Die Instabilität der arabischen Welt ist Europas größte Bedrohung."

Europa droht in diesem Kraftfeld marginalisiert zu werden. Zum einen, weil es aufgrund von Bevölkerungsrückgang, Alterung und Reformmüdigkeit den Anschluss an die dynamischen Weltregionen zu verlieren scheint. Zum anderen wird es zum Magneten für Millionen vor allem junger Menschen, die in Afrika und dem Nahen Osten keine Perspektive finden.

Experten schätzen, dass schon in wenigen Jahren weltweit mehr als 400 Millionen Stellen für Jugendliche fehlen, ein Großteil davon in Regionen südlich von Europa. Ein gefährliches Potenzial, das sich in sozialen Explosionen, unkontrollierten Fluchtbewegungen und Terrorismus entladen kann.

Die Europäer müssen aufpassen, dass sie nicht die Kontrolle über die auf sie zuströmenden Flüchtlingsbewegungen verlieren. Durch Grenzen und Zäune allein sind die Menschen nicht aufzuhalten. Nordamerika ist da besser präpariert, nicht nur weil es flexiblere Arbeitsmärkte, sondern mit seinen lateinamerikanischen Zuwanderern auch weniger Probleme hat.

Dagegen besteht in Europa mit seinen starren Arbeitsmärkten und den vorwiegend islamischen Zuwanderern die Gefahr von Parallelgesellschaften, in denen religiöse Fanatiker den Ton angeben und soziale Proteste für ihre Ziele ausnutzen. Entscheidend wird deshalb für Europa sein, ob es gelingt, eine Konfrontation zwischen Christentum und Islam zu verhindern.

Europa ist allerdings nicht die einzige Region mit großer Unruhe. Denn ein Trend des 20. Jahrhunderts dürfte anhalten: die Auflösung von politischen Großorganisationen und Großreichen. Allein zwischen 1945 und heute ist die Zahl der bei der UNO vertretenen Staaten von 51 auf 192 gestiegen, vor allem durch den Zusammenbruch der Kolonialreiche und der Sowjetunion.

Hält dieser Trend hin zu kleineren Einheiten an? Vermutlich ja: Denn wenn es stimmt, dass in Zukunft globale Unternehmen und Megacitys eine größere Rolle spielen als die Nationalstaaten, wird der Trend zur Dezentralisierung anhalten, den der Zukunftsguru John Naisbitt bereits 1982 vorhergesagt hat.

Für die Menschen ist das gut, kleinere Einheiten liegen in der Dienstleistungs- und Wissensgesellschaft ohnehin im Trend, denn sie lassen sich leichter steuern. Zukunftsforscher Naisbitt: „Der Sieger ist schlau, klein und flexibel."

Megatrend Internet

Am 2. Januar 2050 treffen sich die Regierungschefs der führenden Wirtschaftsnationen ausnahmsweise mal wieder persönlich zum Gipfel. Mehr aus Nostalgie denn aus Notwendigkeit: Weil es effizienter ist, finden seit 20 Jahren alle internationalen Gipfeltreffen per virtueller Videokonferenz statt.

Nun aber kommen sie in Kapstadt zusammen, um den Aufbruch in die zweite Hälfte des Jahrhunderts zu feiern, gekrönt von einem internationalen Prestigeprojekt: Die gesamte Welt ist nun von einem leistungsfähigen Datennetz abgedeckt, dessen Keimzelle das frühere Internet ist. Als letzter Kontinent wurde nach Asien nun auch Afrika komplett ans globale Hochgeschwindigkeitsnetz angeschlossen, das fast zehn Milliarden Menschen erreicht. Finanziert hat das Vorhaben die Weltgemeinschaft – angeführt von China, Indien, Russland und den USA.

Nach 2030 hatte das Vorhaben an Fahrt gewonnen. Dank dem Boom der privaten Raumfahrtindustrie konnten weit mehr Fernmeldesatelliten im Orbit platziert werden als ursprünglich vorgesehen. Sie wurden auf den zahlreichen Rohstoffexpeditionen ins All als Geste des guten Willens der neuen Wachstumsindustrie mitgenommen und ausgesetzt. Geholfen haben auch die vielen Innovationen bei Glasfaser- und Mobilfunknetzen sowie Akkutechnologien. Batterien sind so leistungsstark geworden, dass selbst streichholzschachtelgroße Versionen ein ganzes Jahr lang Strom liefern.

Solche mobilen Energiespeicher sind extrem wichtig. Denn 80 Prozent der Menschheit, vor allem in den Entwicklungsländern, besitzen keinen klassischen Computer. Kommuniziert wird hauptsächlich über einen persönlichen Kommunikator, einem Nachfolger des Mobiltelefons, das den Personalcomputer als bevorzugten Zugang zum Internet abgelöst hat. Die Premiumversionen der Internethandys beamen ihre Informationen auf berührungsempfindliche Wände und Schreibtische.

So oder so ähnlich könnte sie aussehen, die Zukunft des Internets. Es wird weltweit ausgebaut, es wird mobil und fügt sich als eine Art unsichtbarer Service in den Alltag ein - so das Fazit einer im September veröffentlichten Studie des Pew Internet & American Life Project. Das Institut aus Washington D. C. hat 742 Visionäre, Forscher und Analysten aus der ganzen Welt befragt, wie sie sich die Welt und das Internet im Jahr 2020 vorstellen – und welche Folgen der technische Fortschritt auf unser Leben haben wird.

Die Mehrzahl der Experten ist optimistisch und erwartet ein kostengünstiges Internet, das weltweit Zugriff auf Informationen bietet und globale Innovation forciert. Eintrittspforten in den Cyberspace werden Mobilfunknetze sein, das Internet wird drahtlos. Zwar wird der Informationsgraben zwischen den entwickelten Ländern und der Dritten Welt in so kurzer Zeit nicht überwunden. Doch das Internet wird helfen, Talente in benachteiligten Regionen zu entdecken, sie einzubinden, und besseren Zugriff auf die Informationsschätze der Welt geben. Erstmals in der Geschichte der Menschheit wird sich damit der gesamte Pool an Intelligenz und Kreativität für Innovationen nutzen lassen.

Allerdings hat das einen Preis: „Privatsphäre ist ein Ding der Vergangenheit", meint Berkeley-Professor und Google-Berater Hal Varian. Wobei viele Menschen damit womöglich kein großes Problem haben: Schon heute publizieren Millionen persönliche Informationen im Internet in sogenannten sozialen Netzwerken, die Blogger-Gemeinde wächst und wächst.

Die Datensammelei erreicht in wenigen Jahrzehnten eine neue Qualität, weil „nahezu jeder Gegenstand mittels einer eigenen Adresse ins Internet eingebunden wird", glaubt der Internetpionier Bob Metcalfe. Der technologische Grundstock dazu wird gerade gelegt, beginnend mit Sensoren, Funk, GPS-Chips sowie Kameras, die den Verkehr und ganze Stadtviertel beobachten, den Stromverbrauch zu Hause und im Büro aus der Ferne regulieren, automatisch Waren anfordern und versuchen, die Vorlieben ihrer Benutzer beim Planen von Terminen und Projekten und in der Freizeitgestaltung zu ergründen.

Über das Internet verbundene Gegenstände, gekoppelt mit unerschöpflichem Speicherplatz und an menschliche Intelligenz heranreichende Analysesoftware, bereiten den Weg für neue, smarte Maschinen in Form von Robotern. Diese können nicht nur im Internet effizient nach den gerade benötigen Informationen suchen – sondern sie auch erstmals deuten. „Sie werden unsere Lebensqualität verbessern und uns von stumpfsinniger Plackerei befreien", glaubt Rob Atkinson von der Information Technology & Innovation Foundation, einem IT-Think-Tank in Washington.

Das Internet wird intelligent? Zu welchen Veränderungen wird das führen, wenn neue Techniken immer stärker die menschliche Intelligenz nachahmen und den Alltag organisieren? Ist dies vielleicht sogar – eine Bedrohung? Manchen wird die Entwicklung unheimlich. „Irgendwann nach 2020 werden unsere Maschinen intelligent, sich rasend schnell entwickeln und uns schließlich als Haustiere behandeln", prophezeit der prominenteste Zukunftsforscher des Silicon Valley, Paul Saffo, mit dem ihm eigenen schwarzen Humor.

Aus den Datenschätzen des Internets entstandene Roboter mit übermenschlichen Fähigkeiten erwartet auch Ian Pearson, Chef-Zukunftsforscher der British Telecom. Er dreht seine Vision aber noch eine Stufe weiter. Wenn sich intelligente Maschinen künstlich schöpfen lassen, kann man auch humane Wesen digitalisieren. Im Jahr 2050, so meint Pearson, könne es möglich sein, dass das Individuum selber Teil des Internets wird – als unsterbliche, digitale Kopie seines Bewusstseins.

Doch mit diesen düsteren Szenarien gehören Saffo und Pearson noch zu einer Minderheit.

Das positive Szenario lautet: Der technische Fortschritt wird vor allem den Einwohnern der entwickelten Staaten in den kommenden Jahrzehnten das Arbeiten und Leben erleichtern. Er wird ihnen helfen, effektiver zu arbeiten, um der Konkurrenz aus den früheren Billiglohnländern, die immer näher heranrücken, weiterhin einen Schritt voraus zu sein.

Die Angst vor einer Klimakatastrophe dürfte den Siegeszug des Netzes noch fördern. Wenn möglich, wird in der Zukunft überwiegend dezentral gearbeitet, mit Kollegen, Vorgesetzten und Geschäftspartnern zusammengeschaltet über das Datennetz. Die Software wandert vollständig ins Internet. Google wird Microsoft als größten Softwareanbieter der Welt ablösen. Besprechungen sind durch Videokonferenzen ersetzt, die so real wie tatsächliche Zusammenkünfte wirken.

Wer über Expertenwissen verfügt, kann sich gleich bei mehreren Unternehmen verdingen. Eine neue Generation von Suchmaschinen, gekoppelt mit leistungsstarken Computern, wird die in Europa und USA angehäuften technologischen Wissensschätze besser ausbeuten und der ganzen Menschheit zugänglich machen.

Die Wertschöpfung liegt dabei nicht in den Netzen, sondern in ihrem effizienten Einsatz via Internetsoftware. Vor allem die Staaten, die freien Informationsfluss fördern, werden künftig prosperieren. China und Russland werden zwar wohl noch bis Ende dieses Jahrzehnts versuchen, das Internet zu kontrollieren. Vor allem die sozialen Netzwerke, aus denen sich oppositionelle politische Gruppierungen formen könnten, beunruhigen die Herrschenden. Aber die Führungen in Peking und Moskau werden einsehen müssen, dass die staatliche Kontrolle des Netzes und Gängelung seiner Nutzer erhebliche Wettbewerbsnachteile mit sich bringen – die die eigene Entwicklung behindern. China wird sich klarmachen, dass es sein Ziel, die Hegemonie der USA zu brechen, nicht mit einem kontrollierten Internet und einer Bevormundung von Kreativität erreichen kann.

Allerdings: So viele Vorteile die neue Internetwelt bringt, die Omnipräsenz von High Tech im Alltag kann auch Gegenreaktionen hervorrufen. Etwa von Menschen, die der totalen Vernetzung entgehen wollen und die neuen Technologien und internetgetriebenen Eingriffe ins persönliche Leben ablehnen. In der Pew-Zukunftsstudie fand die meisten Anhänger eine düstere Voraussage: Während die Mehrheit der neuen Anti-Technologie-Bewegung moderne Technik einfach aus dem persönlicher Leben ausgrenzt, könnte sich eine Splittergruppe formieren, die mit Terroraktionen gegen das intelligente Internet vorgeht.

Megatrend Nanotechnik

Die Idee klingt nach Science-Fiction. In Tanks fügen sich winzigste Moleküle nach einem einprogrammierten Plan flink zu Kotflügeln, Kolben und Stoßfängern zusammen. Aus ihnen entsteht ein komplettes Auto, das sich am Ende seines Lebenszyklus vollständig wieder in seine Ausgangsbestandteile zerlegt. Doch was drei Entwickler des kalifornischen Designzentrums von Volkswagen Ende November vergangenen Jahres in Los Angeles präsentierten, ist durchaus ernst gemeint – auch wenn es frühestens bei den Autos von übermorgen zum Einsatz kommen wird.

Hinter der revolutionären Produktionsmethode der „Nanospyder“ getauften Designstudie steckt eine Wissenschaft, die unsere gewohnten Vorstellungen über den Haufen wirft: die Nanotechnik. Es ist eine Welt von Zwergen (griechisch: Nano) mit der Größe von Atomen, Molekülen, Elektronen, Photonen. Ein menschliches Haar müsste rund 50000 Mal gespalten werden, damit es die Größe eines Nanometers erreicht – der milliardste Teil eines Meters.

In dieser Welt gelten eigene Gesetze, die anscheinend Verrücktes zulassen. So wird Keramik in Nanogröße plötzlich transparent und verschwinden Elektronen, um ein paar Meter weiter wieder aufzutauchen. Seit Forscher in der Lage sind, die kleinsten Bauteile von Materie und Leben zu manipulieren, können sie diese gezielt mit neuen Eigenschaften und Fähigkeiten ausstatten, ihnen nach dem Vorbild menschlicher Zellen – wie beim Nanospyder – sogar einen Bauplan mitgeben.

Der deutsche Physik-Nobelpreisträger Horst Störmer sieht ein ganz neues Technikzeitalter heraufziehen, sollte es gelingen, „das biologische Prinzip der Selbstorganisation auf technische Systeme zu übertragen“. An der New Yorker Columbia-Universität fahndet er nach geeigneten Molekülen, die sich zu mikroskopisch kleinen Transistoren und Halbleitern formen. Sie würden den Bau teurer Chipfabriken erübrigen und heutige Chips „wie Einfaltspinsel“ (Strömer) aussehen lassen.

Andere bahnbrechende Projekte betreffen Nanoroboter, die im menschlichen Körper Nervenbahnen reparieren, oder Autolacke, die auf Knopfdruck ihre Farbe ändern und die Bordbatterie mit Energie aus dem Sonnenlicht aufladen. „Die Nanotechnik wird uns Produkte liefern, die wir uns heute nicht einmal vorstellen können". sagt George Whitesides, Vordenker der Nanoforschung an der Universität Harvard in Cambridge, USA. „Kein Lebensbereich und kein Zweig der Wirtschaft wird von ihr unberührt bleiben", prophezeit Wolfgang Heckl, Professor für Physik an der Münchner Ludwig-Maximilians-Universität.

Unternehmen, Regierungen und Wägnisfinanzierer investieren kräftig in die Schlüsseltechnologie des Jahrhunderts, nach Schätzung der Londoner Beratungsfirma Cientifica rund elf Milliarden Dollar allein im vergangenen Jahr. Jeffrey Immelt, Chef von General Electric (GE), hat die Nanotechnik mit der Erforschung alternativer Energien zum „wichtigsten Projekt" des Konzerns erklärt. In Deutschland treiben Konzerne wie BASF, Bayer, Siemens und Henkel die Entwicklung voran.

Alle wollen teilhaben am neuen Megamarkt, dem die New Yorker Marktforscher von Lux Research atemberaubende Zuwächse voraussagen. Ihnen zufolge soll der Umsatz mit Nanoprodukten bis 2014 auf 2,6 Billionen Dollar emporschnellen – von nicht einmal 200 Milliarden in diesem Jahr. Lux-Präsident Matthew Nordan: „Nanotechnik wird zum weltweiten Wachstumsmotor."

Zwei Hürden könnten den Siegeszug der Nanotechnik wenn nicht gefährden, so doch bremsen. Noch ist zum einen unklar, wie schnell und umfassend es gelingt, Nanoverfahren aus dem Labormaßstab in großindustrielle Prozesse zu überführen. Zum anderen ist erst wenig darüber bekannt, wie gefährlich die Miniteilchen für Gesundheit und Umwelt sind.

Dennoch: Erste Anwendungen stehen schon kurz bevor. BMW will seine Fahrzeuge mit einem selbstheilenden Lack überziehen, in dem lackgefüllte Nanokapseln Kratzer in Sekundenschnelle ausbessern. Der Elektronikkonzern Hewlett-Packard (HP) hat gerade Nanodrähte vorgestellt, die es ermöglichen, das Achtfache an Transistoren auf einem Chip unterzubringen. Stan Williams, Chef des Quanten-Forschungsinstituts bei HP: „Das lässt die Leistung der Prozessoren förmlich explodieren."

Megatrend Biotechnik

Die Unsterblichkeit des Menschen rückt näher. „In etwa 50 Jahren", glaubt Francis Collins, „werden wir uns nicht mehr fragen, wie alt wir werden können, sondern nur noch: Wie alt wollen wir werden?" Collins ist kein Spinner, er ist der Direktor des amerikanischen nationalen Genomforschungszentrums in Bethesda, Maryland, und damit einer der weltweit angesehensten Erbgutforscher. Sein Institut hat maßgeblich dazu beigetragen, das menschliche Genom zu entschlüsseln.

Die Erkenntnisse über den Zusammenhang zwischen genetischer Steuerung des Organismus und Krankheit, Alter, Leben und Tod eröffnen uns die Chance auf ein langes, vielleicht sogar ewiges Leben. Keine andere Disziplin wird das menschliche Leben so grundlegend verändern wie die Biotechnik. Kaum eine Forschungsrichtung entwickelt sich so explosiv. Je größer der Wissensschatz wird, umso mehr Anwendungen entstehen – in Form von Therapien und Medikamenten gegen Krebs, Herz-Kreislauf-Leiden oder Aids. Die Palette reicht von der Entschlüsselung und Diagnose von Krankheiten bis zur gezielten Veränderung der Erbanlagen unserer Nachkommen.

Gendiagnostik, Stammzelltherapien und regenerative Techniken werden uns bis ins hohe Alter gesund und geistig fit halten. Collins: „Die Genomforschung ist der Schlüssel zur Reprogrammierung von Prozessen, die sowohl das Zellwachstum steuern, das zu Krebs führt, als auch den Zelltod, der Alterung bedeutet." Alternsforscher Steven Austad von der Universität Texas schätzt: „Von denjenigen, die im Jahr 2000 zur Welt gekommen sind, werden einige bei klarem Verstand das Jahr 2150 erleben."

Die Entwicklungsbiologin Ellen Heber-Katz vom Wistar Institute in Philadelphia ist sich zudem sicher, dass die Reparatur und Regeneration von organischen Verschleißteilen schon bald möglich sein wird. Die Forscherin, die an nachwachsenden Nerven und Herzen forscht, prophe-

3 Speth u.a. - ISBN 978-3-8120-3576-7

zeit: „Innerhalb der nächsten 50 Jahre wird sich jedes Körperteil ersetzen lassen." So werden verletzte Nerven und infarktgeschädigte Herzen schon bald mithilfe von Medikamenten regeneriert. Mit nachwachsenden Fingern und Zehen könnten die Bioforscher in fünf bis zehn Jahren aufwarten, komplette Gliedmaßen werde es einige Jahre später geben. Die Biologin Katz glaubt, dass Menschen gegen Ende des Jahrhunderts „den Ersatz von erkrankten oder verletzten Organen so selbstverständlich erwarten werden wie die Reparatur ihres Autos".

Die medizinische Revolution hat schon begonnen. Tatsächlich haben die Forschungen von Bio- und Gentechnikern schon zu zahlreichen Medikamenten geführt, die Unternehmen wie Amgen, Biogentech, der Roche-Tochter Genentech, Johnson & Johnson, Merck Serono und anderen Milliardenumsätze bescheren. In den USA versiebenfachte sich der Umsatz mit biotechnischen Produkten seit 1992 auf 56 Milliarden Dollar im Jahr 2005. Neue Produkte treiben die Wachstumskurve weiter nach oben: Derzeit sind über 300 Biotech-Medikamente und Impfstoffe gegen mehr als 200 Krankheiten in der Erprobung.

Ziel der Forscher ist es auch, Menschen erst gar nicht krank werden zu lassen. Dazu haben sie Genchips entwickelt – die ersten sind bereits auf dem Markt. Diese können die Ursachen von Krankheiten schon lange vor ihrem Ausbruch erkennen. Solche Genchips werden in wenigen Jahren zur Standardausrüstung der Hausärzte gehören. Die können dann Medikamente gegen eine Krankheit einsetzen, lange bevor sie zum Ausbruch kommt.

Noch einfacher wäre es, schon bei der Zeugung eines Kindes darauf zu achten, dass es genetisch perfekt designet ist. „Wir haben die Macht erlangt, das Schicksal unserer Art selbst in die Hand zu nehmen", sagt Lee Silver, Molekularbiologe von der Princeton-Universität in New Jersey. Eltern, so Silvers Vision, werden in Zukunft nicht nur das Geschlecht ihres Kinder mithilfe eines vorgeburtlichen Genchecks bestimmen, sondern aus einem Pool künstlich gezeugter Embryonen gezielt jene aussuchen, die gesund, langlebig und fit erscheinen. Bis zur Auswahl der Erbanlagen für Charakter, Intelligenz oder Haarfarbe ist es nur noch ein winziger Schritt, fürchten Kritiker.

Für die schon heute lebenden, unperfekten Menschen werden Gen- und Gesundheitstests bald zum Alltag gehören, ist Peer Schatz, der Chef des größten deutschen Biotechnik Unternehmens Qiagen in Hilden bei Düsseldorf überzeugt: „Sobald Sie im Badezimmer das Licht anknipsen, prüft ein Test, ob Sie Grippeviren oder andere Krankheitserreger in sich tragen."

Megatrend Klimawandel

Grönland eisfrei. Küstenstädte wie Hamburg, London und Sydney unter Wasser. In Dublin Dürre, Berlin versinkt im Sand: Der Klimabericht der Vereinten Nationen schockte vergangene Woche die Welt mit düsteren Zukunftsszenarien. Hitzewellen am Mittelmeer und tropische Stürme über dem Atlantik sollen sich laut Studie häufen, der Meeresspiegel langfristig um bis zu sieben Meter steigen. Die Wissenschaft ist sich einig: Der Klimawandel geht in die heiße Phase. Die Prognosen über den Temperaturanstieg in diesem Jahrhundert reichen von 1,8 bis 4,0 – im Extremfall gar – bis 6,4 Grad Celsius.

Welche Auswirkungen das im Einzelnen hat, können die Forscher nur erahnen. Unstrittig ist aber, dass vor allem die Nutzung fossiler Brennstoffe zum Treibhauseffekt führt und die Politik reagieren muss. Die EU-Kommission plant bis 2020 eine Reduktion der Treibhausgase um 20 Prozent, in Nairobi beraten Vertreter aus rund 100 Ländern darüber, wie sich Wirtschaftswachstum und Klimaschutz in Einklang bringen lassen. Die UN will eine neue Umweltorganisation gründen.

Der Kampf gegen den Klimawandel kann nur mit technologischen Innovationen gewonnen werden: Solarzellen, Biogas-, Wind- und Wasserkraftanlagen, Wasserstofftechnik, hocheffiziente Kohlekraftwerke – Umwelttechnik mausert sich zu einer Wachstumsindustrie des 21. Jahrhunderts. In Deutschland könnte die Ökobranche in 15 Jahren nach einer Studie des Deutschen Instituts für Wirtschaftsforschung die Automobilwirtschaft als Leitindustrie ablösen. Dank erneuerbarer Energien werden weltweit bereits sieben Milliarden Tonnen Kohlendioxid eingespart. Ohne die Nutzung von Sonne, Biomasse, Wind und Wasser lägen die CO_2-Emissionen fast ein Viertel höher. Schätzungen sehen im Jahr 2020 ein Marktpotenzial zwischen 115 und 250 Milliarden Euro. Vielversprechend vor allem: eine neue Generation von Solarzellen, die ohne teures Silizium auskommen und den Strom billiger liefern.

Bei der Stromversorgung könnte ausgerechnet der Klimakiller Kohle vom „Schmuddelkind" zum Hoffnungsträger werden, schätzt Energieexperte Josef Auer von Deutsche Bank Research. Die Zauberformel: saubere Kraftwerke, die entstehendes Kohlendioxid abtrennen und lagern, damit es nicht in die Atmosphäre entweicht. In Deutschland will RWE bis 2014 das erste großtechnische CO_2-freie Kohlekraftwerk errichten, Vattenfall Europe baut in Brandenburg eine Pilotanlage mit einer thermischen Leistung von 30 Megawatt.

Der Klimawandel dürfte auch der Kernenergie eine Renaissance bescheren. Finnland errichtet derzeit den größten Reaktor der Welt. Kritiker könnten sich künftig auch von einer in Deutschland entwickelten Technik überzeugen lassen, sogenannten Kugelhaufenreaktoren. Der Reaktor soll sich bei einem Störfall selbstständig abschalten. Auch die komplizierte Kernfusion rückt wieder in den Blickpunkt. Experten schätzen, dass bis 2030 ein Reaktor-Prototyp in Betrieb genommen werden kann.

Weiter ist die Forschung bei anderen Energieträgern. Shell baut zusammen mit Choren an der Ostsee eine Anlage zur Herstellung von synthetischem Diesel aus Biomasse. An zwei deutschen Tankstellen gibt es ein noch ungewöhnlicheres Antriebsmittel: Wasserstoff. Was derzeit nur für Pilotfahrzeuge funktioniert, könnte langfristig ein Schritt hin zum emissionsfreien Autofahren sein. Bei der Verbrennung von Wasserstoff entsteht kein CO_2 – sondern Wasser. Was die Forscher noch schaffen müssen, ist eine wirtschaftliche Herstellung des Wasserstoffs und eine Lösung des Lagerungsproblems: Der Wasserstoff wird heute entweder gasförmig unter hohem Druck gelagert oder bei Temperaturen von minus 250 Grad Celsius flüssig gemacht.

Der andere Weg zum emissionsfreien Individualverkehr führt über den Hybridantrieb – die Kombination von Elektro- und Verbrennungsmotor – zum Auto mit einer Brennstoffzelle unter der Motorhaube. In der Brennstoffzelle werden Wasserstoff und Luftsauerstoff zusammengeführt, wobei Wasser und elektrische Energie freigesetzt werden. Voraussichtlich 2015 werden solche Elektroautos in größerer Stückzahl auf die Straßen kommen. Die Motoren werden bei diesen Autos in den Radnaben stecken. „Dies ist das schlüssigste Konzept von allen. So wird das Auto der Zukunft aussehen", sagt Tom Groth, Trendforscher bei Sun Microsystems.

Klar ist: Beim Klimaschutz muss Europa Vorreiter sein. Joachim Schellnhuber, Chef des Potsdamer Instituts für Klimafolgenforschung: „China und Indien werden nicht auf eine kohlenstoffarme Wirtschaft umsteigen, wenn die EU nicht vorher zeigt, dass diese Betriebsweise möglich ist."

Megatrend Asien

China und Indien stellen mit zusammen 2,4 Milliarden Menschen 35 Prozent der Weltbevölkerung, aber nur sechs Prozent der Weltwirtschaft. Dennoch tragen sie schon heute zwischen 10 und 20 Prozent zum weltweiten Wirtschaftswachstum bei.

Mit dieser Dynamik werden China und Indien die Gravitationszentren der Weltwirtschaft im 21. Jahrhundert sein. Seit Jahren steigt Chinas Wirtschaftsleistung um jährlich zehn Prozent und die Indiens um acht Prozent. China ist inzwischen die viertgrößte Volkswirtschaft der Welt und wird im nächsten Jahr Exportweltmeister Deutschland überholen. Die beiden aufstrebenden asiatischen Giganten werden nach Prognosen der Asian Development Bank 2050 mit zusammen 45 Prozent gewichtiger sein als die USA und Europa.

Für westliche Unternehmen bedeutet das enorme Absatzmärkte. In beiden Ländern wachsen kaufkräftige Mittelschichten von 200 bis 300 Millionen Menschen heran, die Nachfrage nach Autos, Anlagen und Maschinen aus dem Ausland steigt.

drastisch steigen. „Gerade ältere Beschäftigte müssen durch ständige Fortbildung und altersgerechte Arbeitsplätze im Arbeitsprozess gehalten werden“, sagt Gabriele Doblhammer-Reiter, Direktorin des Rostocker Zentrums zur Erforschung des demografischen Wandels.

Nationale Maßnahmen dürften indes nicht ausreichen, der Demografiefalle zu entgehen. „Die Welt ist demografisch polarisiert, aber über Migrationsströme, -absichten und -sehnsüchte miteinander verbunden“, mahnt eine Studie des Bundesinstituts für Bevölkerungsforschung (Bib) in Wiesbaden. Im Klartext: Global sinkt die Zahl der Menschen keineswegs. Zu Beginn des 19. Jahrhunderts erreichte die Weltbevölkerung eine Milliarde Menschen. Für die zweite Milliarde brauchte es immerhin noch 123 Jahre – doch danach ging es immer schneller. Zuletzt dauerte es nur noch 13 Jahre, bis eine weitere Milliarde hinzugekommen war. Derzeit steigt die Weltbevölkerung jährlich um rund 76 Millionen an. Erst um 2050 herum ist nach einem Szenario der Vereinten Nationen mit einem Wachstumsstopp zu rechnen. Dann werden neun Milliarden Menschen den Globus bevölkern.

Globale macht- und geopolitische Umbrüche sind da programmiert. Das demografische Gewicht der Europäischen Union werde sich „nachhaltig verändern“, warnt die Bib-Studie. Während nicht nur Deutschland, sondern nahezu alle Industrienationen schrumpfen, steigen die Bevölkerungszahlen in Schwellen- und Entwicklungsländern an. 1970 machten die Industrieländer noch 27 Prozent der Weltbevölkerung aus – 2050 dürften es nur noch 13 Prozent sein.

Der Anteil der Europäer schrumpft von 13 auf mickrige 5 Prozent. Allein in Afrika werden im Jahr 2050 dreimal so viele Menschen leben wie in Europa. Trotz seiner reichen, kulturellen und geistigen Schätze werde Europa aufgrund der demografischen Entwicklung „marginalisiert“, befürchtet Deutsche-Bank-Chefvolkswirt Norbert Walter.

Zum bevölkerungsreichsten Land der Welt wird Indien, das um das Jahr 2040 herum China überholt. G8-Gipfel gibt es dann nur noch in Geschichtsbüchern, die internationalen Organisationen von OECD bis IWF bekommen ein völlig neues Gesicht, die Europäische Union wird sich mit neuen Wirtschaftsblöcken und regionalen Allianzen konfrontiert sehen.

Und nicht nur das. Besonders viele Kinder kommen ausgerechnet in Armuts- und Krisenregionen zur Welt. Das sogenannte Medianalter, das die Bevölkerung in zwei gleich große Gruppen teilt, liegt bei Spitzenreiter Italien bei 41 Jahren – im Gazastreifen aber bei nur 14 Jahren. In Niger wird sich die Bevölkerung bis 2050 vervierfachen.

Je mehr die Menschen aber mit Armut, Perspektivlosigkeit und einem desolaten Arbeitsmarkt konfrontiert sind und je stärker die Staaten wirtschaftlich auseinander driften, desto stärker werden die Wanderungsbewegungen in Richtung wohlhabenderer Staaten sein. „Die Migration wird steigen“, prognostiziert Peter Sutherland, UN-Sonderbeauftragter für Migration.

Schon heute leben nach UN-Schätzungen rund 120 Millionen Menschen außerhalb ihres Geburtslandes. Der überwiegende Teil der weltweiten Wanderungen findet – noch – zwischen den armen Ländern statt. Doch der Trend geht in die andere Richtung: In Kanada etwa kommt bereits gut die Hälfte der Zuwanderer aus Asien. In den USA steigt nicht nur der Anteil der Asiaten, sondern auch der karibischen und lateinamerikanischen Einwanderer.

Und was Europa blühen könnte, lässt die zunehmende Zahl von Bootsflüchtlingen erahnen, die auf morschen Kähnen von Afrika aus die Kanarischen Inseln zu erreichen versuchen. Neben dem Migrationsdruck aus Afrika wird künftig aber auch die Zuwanderung aus der Türkei und dem Nahen Osten zunehmen. Bis zum Jahr 2040, so schätzt der Frankfurter Wirtschaftsprofessor Manfred Pohl, steigt die Zahl der Muslime in Europa von derzeit 15 auf 65 Millionen.

Das ist noch eine vorsichtige Schätzung. Denn die Länder des islamischen Halbmondes, von Marokko im Nordwesten Afrikas bis nach Zentralasien, werden aufgrund der Kombination von starkem Bevölkerungswachstum und desaströser Wirtschaftslage „zu einem Pulverfass“, sagt der Politikwissenschaftler Herfried Münkler. Mitte des 20. Jahrhunderts lebten 68 Prozent der

Mittelmeeranrainer in Europa, nur 32 Prozent in arabischen Mittelmeerländern. Bis zum Jahr 2015 kehrt sich dieses Verhältnis um, auf schätzungsweise 42 zu 58 Prozent.

Bei einer Arbeitslosigkeit von vielerorts über 25 Prozent werden es die Länder kaum schaffen, den Millionen von Jugendlichen, die jedes Jahr neu auf den Arbeitsmarkt strömen, eine Perspektive zu bieten. Dadurch steigt nicht nur der Migrationsdruck an der südeuropäischen Flanke, sondern es wächst auch eine Rekrutierungsreserve für antiwestliche oder gar terroristische Gruppen heran.

Zwar sind Europa und Deutschland wegen ihrer demografischen Probleme künftig auf qualifizierte Zuwanderer angewiesen und dürfen sich nicht einbunkern. Dennoch birgt die Entwicklung kulturellen Sprengstoff. Bereits ab Mitte des 21. Jahrhunderts könnten „Menschen mit Migrationshintergrund", wie es im Soziologendeutsch heißt, in Deutschland die Mehrheit der Bevölkerung stellen.

„Das Ende des weißen Mannes", das Ökonom Pohl aufgrund der asymmetrischen demografischen Entwicklung an die Wand malt, dürfte für Europa weiter reichende Folgen haben als für die Vereinigten Staaten. Anders als die USA, die als klassisches Einwanderungsland und dank ihres flexiblen Arbeitsmarkts auch mit größeren Zuwanderungswellen fertig werden dürften, ist es hierzulande völlig ungewiss, wie und ob in Zukunft die Integration gerade der muslimischen Bevölkerung funktionieren kann. Mit den bisherigen Rezepten zumindest nicht.

Arbeitswelt

Manchmal fängt die Zukunft ganz harmlos an. Da rauft sich eine Handvoll junger Leute in Berlin zusammen, gründet ein virtuelles Unternehmen und nennt es Zentrale Intelligenz Agentur (ZIA). Ihr Anspruch laut Web-Site: „neue Formen der Kollaboration zu etablieren". Es gibt kein Firmengebäude, niemand ist fest angestellt, gearbeitet wird projektweise und mehr spielerisch als gewinnorientiert. „Wir hatten das Gefühl, dass es so was geben müsste", sagt Mitgründer Holm Friebe.

Montagabends hocken die Mitarbeiter regelmäßig in Kreuzberg zusammen, um alles mal durchzusprechen; ansonsten gibt es keine festen Arbeitszeiten. Daneben kann jeder machen, was er will: Friebe zum Beispiel, studierter Volkswirt, schreibt Bücher, arbeitet für Werbeagenturen, gibt Seminare. Er und seine Mitstreiter sind überzeugt, dass die ZIA Schule machen wird. Die „leibeigene Festanstellung", wie sie es süffisant nennen, sei ein Auslaufmodell.

Tatsächlich befindet sich die globale Arbeitswelt derzeit in einem radikalen Umbruch, der die gelebte Zukunftsvision der Berliner Paradiesvögel gar nicht mehr so abseitig erscheinen lässt. Bis zum Ende des vorigen Jahrhunderts bestimmte noch das Paradigma der tayloristischen Massenproduktion die Struktur der Unternehmen: strenge Hierarchien, klar vorgegebene Arbeitsanweisungen, Polarität von Unternehmensleitung und Belegschaft.

Das ändert sich nun: Angetrieben von Globalisierung, technischem Fortschritt und immer individuelleren Kundenwünschen, treten an die Stelle der alten Hierarchien flexible Netzwerke und Teamstrukturen. Feste Handlungsanweisungen werden durch Zielvorgaben ersetzt. Gleichzeitig werden Stammbelegschaften reduziert, der verbleibende Kern von festen Angestellten nach Bedarf durch flexible, zeitlich befristete Beschäftigungsverhältnisse ergänzt.

Dieser Prozess, da sind sich die Experten einig, dürfte die Arbeitswelt in den kommenden Jahrzehnten ähnlich stark verändern wie im 19. Jahrhundert die industrielle Revolution. Was heute noch normal ist, wird dann zur Ausnahme: Nur 30 bis 40 Prozent der Beschäftigten, schätzt Trendforscher Matthias Horx, dürften in der Mitte des 21. Jahrhunderts noch feste Arbeitsverträge haben. Befristete Jobs und Selbstständigkeit nehmen dafür zu.

Die Erwerbsbiografien, die schon heute immer seltener so stromlinienförmig und beamtenartig verlaufen wie die unserer Eltern, werden in so einer Welt noch unsteter und bunter. Jobwechsel und Umzüge werden zunehmen, dazwischen ist man vielleicht mal eine Zeitlang arbeitslos oder befristet angestellt. „Die Erwerbsarbeit“, so der Berliner Sozialhistoriker Jürgen Kocka, „wird elastischer, poröser, fluider.“

Das Gleiche gilt für die Büros. Im flexiblen, projektgesteuerten Netzwerk-Unternehmen von morgen wechseln auch die Arbeitsumgebungen häufiger, Arbeitsplätze verschwinden ins digitale Paralleluniversum – und finden sich in der realen Welt einfach da wieder, wo man das Notebook einstöpselt. Gleichzeitig verschwimmen auch die Grenzen zwischen Arbeit und Freizeit. Abends setzt man sich noch mal zu Hause an den Computer, um die E-Mails zu checken oder etwas fertigzustellen. Das Handy bleibt am Wochenende an, im Urlaub wird täglich die Mailbox abgehört Der traditionelle Neun-bis-fünf-Uhr-Job stirbt aus, die Arbeitszeiten werden länger und vor allem flexibler.

Vielfach gilt das schon heute – für Wissensarbeiter und Kreativjobs sowieso, aber auch für einfache Arbeit. Beispiel Einzelhandel: Selbst in Deutschland haben die Geschäfte jetzt immer länger geöffnet, in Amerika kann man schon seit vielen Jahren rund um die Uhr shoppen. Der US-Einzelhandelsriese Wal-Mart setzt jetzt sogar noch eins drauf: Künftig soll es bei Wal-Mart gar keine festen Arbeitszeiten mehr geben, verkündete der Konzern Anfang des Jahres. Stattdessen müssen sich die Mitarbeiter bereithalten, dann an der Kasse zu stehen oder Popcorn in die Regale zu räumen, wenn der Kunde einkaufen will.

Für die Beschäftigten bedeutet das alles: Sie werden künftig immer mehr Verantwortung tragen – in den Unternehmen und auch für sich selbst. Wer in der fluiden Arbeitswelt von morgen oben schwimmen will, der muss gut vernetzt und bereit sein, immer dazuzulernen und sich weiter zu qualifizieren. Das Schöne daran: Auch der leidige alte Konflikt zwischen Arbeit und Kapital könnte dann endlich obsolet werden. „Irgendwann ist nicht mehr klar, wer Arbeiter ist und wer Unternehmer“, sagt Hilmar Schneider vom Forschungsinstitut zur Zukunft der Arbeit (IZA) in Bonn. Mit weitreichenden Folgen für die Interessensvertreter: „Gewerkschaften und Arbeitgeberverbände müssen sich an die Veränderungen anpassen“, so Schneider, „sonst drohen sie in Bedeutungslosigkeit zu versinken.“

Auch das Bildungssystem wird nicht einfach so bleiben können, wie es ist. „Es gibt keine zukunftssicheren Berufe mehr“, sagt Trendforscher Horx. Entsprechend werden Schulen und Universitäten immer stärker darauf achten müssen, „weiche“ Fähigkeiten zu vermitteln, die zu Teamarbeit, Kommunikation und Selbstlernen befähigen. Studienzeiten müssen kürzer werden, um Platz zu schaffen für Weiterbildungsphasen während des Berufslebens.

Bisher erzeugen diese Veränderungen in den Industrieländern vor allem eines: Angst vor sozialem Abstieg. In Deutschland kam bei einer Umfrage der Friedrich-Ebert-Stiftung heraus, dass die Hälfte der Befragten fürchtet, ihren Lebensstandard nicht halten zu können.

Der wachsenden Verunsicherung stehen aber auch gewaltige Chancen gegenüber. Je flexibler die Arbeitswelt wird, umso einfacher wird es, Beruf und Privates miteinander zu vereinbaren – Familie, Hobbys, ehrenamtliche Tätigkeiten. Die Revolution der Arbeitswelt bringt nicht nur Zumutungen mit sich, sondern auch die Befreiung aus dem Korsett des tayloristischen Arbeitsregimes, in dem der Rhythmus der Maschinen dem Menschen aufgezwungen wurde. Jetzt kommt es darauf an, dass wir den Wandel gestalten. Historiker Kocka: „Viel hängt davon ab, was wir tun.“

Übungsaufgabe 20

1. Individuelle Lösungen. Siehe Lehrbuch S. 110.

2.

Buchführung	Kosten- und Leistungsrechnung
▪ Erfasst alle Geschäftsvorfälle, die durch den Verkehr mit **der Außenwelt** anfallen **(externes Rechnungswesen)**. ▪ Unterliegt **gesetzlichen Vorschriften** (HGB, Steuergesetze). ▪ Dient als **Grundlage für den Jahresabschluss**. ▪ Ermittelt das **Unternehmensergebnis**.	▪ Erfasst alle erbrachten **betrieblichen Leistungen** und die hierfür angefallenen **Kosten (internes Rechnungswesen)**. ▪ Unterliegt **keiner gesetzlichen Vorschrift**. ▪ Dient als **Grundlage für die Kalkulation** und der **Kontrolle der Wirtschaftlichkeit**. ▪ Ermittelt das **Betriebsergebnis**.

3. – Das **externe Rechnungswesen** informiert interessierte Außenstehende über die Vermögens-, Finanz- und Ertragslage des Unternehmens.
   – Das **interne Rechnungswesen** informiert die internen Informationsempfänger zur Steuerung und Kontrolle der betrieblichen Abläufe.

Übungsaufgabe 21

1. Die Beziehungen zwischen **Ausgaben** und **Aufwendungen** können dreifacher Art sein:
   – Beide Größen stimmen sachlich und zeitlich überein.
   Beispiel: Kauf von Rohstoffen und Verbrauch in derselben Periode.
   – Beide Größen unterscheiden sich sachlich.
   Beispiel: Privatentnahme in Geld.
   – Beide Größen unterscheiden sich zeitlich.
   Beispiel: Kauf von Rohstoffen und Verbrauch in einer späteren Periode.

2. Die Beziehungen zwischen **Einnahmen** und **Erträgen** können dreifacher Art sein:
   – Beide Größen stimmen sachlich und zeitlich überein.
   Beispiel: Verkauf von Erzeugnissen und Zahlungseingang in der gleichen Periode.
   – Beide Größen unterscheiden sich sachlich.
   Beispiel: Privateinlage in Geld.
   – Beide Größen unterscheiden sich zeitlich.
   Beispiel: Lieferung auf Ziel, Zahlung in einer späteren Periode.

3. 3.1 Ausgabe
   3.2 Einnahme
   3.3 Einnahme
   3.4 Ausgabe
   3.5 Eine Einzahlung aber keine Einnahme
   Im Umfang des gewährten Barkredits in Höhe von 8500,00 EUR fließen liquide Mittel zu (Einzahlung). Gleichzeitig entsteht jedoch eine Verbindlichkeit in gleicher Höhe, d.h., eine Änderung des Geldvermögens liegt nicht vor.

3.6 Eine Auszahlung aber keine Ausgabe

Die liquiden Mittel nehmen um 7 200,00 EUR ab (Auszahlung). Im gleichen Umfang ergibt sich eine Verringerung der Verbindlichkeiten, d.h., eine Änderung des Geldvermögens liegt nicht vor.

4. Ausgaben und Einnahmen unterscheiden sich von Aus- und Einzahlungen dadurch, dass die tatsächlichen Abflüsse und Zuflüsse von Zahlungsmitteln um Schulden, bzw. Forderungen rechnerisch berichtigt werden und somit das Geldvermögen der Unternehmung verändern.

5. Nr. 5.4

6. Abschreibungen auf Sachanlagen; Kosten für Ausgangsfrachten; Arbeitgeberanteil zur Sozialversicherung; Aufwendungen für Handelswaren; Aufwendungen für Roh-, Hilfs- und Betriebsstoffe; Aufwendungen für Kommunikation.

7. Umsatzerlöse für Handelswaren; Provisionserträge; aktivierte Eigenleistungen; andere sonstige betriebliche Erträge; Umsatzerlöse für eigene Erzeugnisse.

8.

Betriebliche Aufwendungen	Neutrale Aufwendungen
▪ Gehaltszahlungen ▪ Aufwendungen für Handelswaren ▪ Abschreibungen auf Sachanlagen ▪ Aufwendungen für Altersversorgung der Arbeitnehmer ▪ Arbeitgeberanteil zur Sozialversicherung ▪ Mietzahlung (Betriebs-Lkw) ▪ Aufwendungen für Rohstoffe ▪ Grundsteuer	▪ Verkauf eines Anlagegutes unter dem Buchwert ▪ Forderungsausfall ▪ Verluste durch Brandschäden ▪ Kursverluste aus einem Exportgeschäft ▪ Steuernachzahlung für das vergangene Geschäftsjahr ▪ Gebäudeversicherung nicht betriebsnotwendiger Gebäude

9.

Betriebliche Erträge	Neutrale Erträge
▪ Umsatzerlöse für Waren ▪ Umsatzerlöse für eigene Erzeugnisse ▪ Bestandsmehrung an unfertigen Erzeugnissen ▪ aktivierte Eigenleistung (selbst hergestellte Regale für die Verwendung im eigenen Betrieb)	▪ Erträge aus Beteiligungen ▪ Erträge aus dem Verkauf von Wertpapieren ▪ Zinserträge ▪ Eingang abgeschriebener Forderungen ▪ Mietertrag nicht betrieblich genutzter Gebäude ▪ Steuerrückvergütung für das vergangene Geschäftsjahr ▪ Verkauf eines Anlagegutes über dem Buchwert

10. Kalkulatorischer Unternehmerlohn.

Übungsaufgabe 22

1. Soziale Kosten sind Kosten, die nicht demjenigen angelastet werden, der sie verursacht hat.

2. Individuelle Antworten. Möglich z. B.
   - Verbot von Glückspielautomaten; strenge gesetzliche Regelung von Gewinnspielen.
   - Erhöhung der Tabak- und Alkoholsteuer.
   - Einführung einer Autobahnmaut.

Übungsaufgabe 23

Buchführung		**Unternehmensbezogene Abgrenzung**		**Kosten- und Leistungsrechnung**	
Aufwendungen	Erträge	Aufwendungen	Erträge	Kosten	Leistungen
581 980,00 72 730,00	654 710,00	23 705,00 15 435,00	39 140,00	558 275,00 57 295,00	615 570,00
654 710,00	654 710,00	39 140,00	39 140,00	615 570,00	615 570,00

Unternehmensergebnis:	72 730,00 EUR (Gewinn)
Ergebnis aus unternehmensbezogener Abgrenzung:	15 435,00 EUR (Gewinn)
Betriebsergebnis:	57 295,00 EUR (Gewinn)

Übungsaufgabe 24

1.

Rechnungskreis I			Rechnungskreis II					
Buchführung			Abgrenzungsbereich				Kosten- und Leistungsrechnung	
			unternehmensbezogene Abgrenzung		kostenrechnerische Korrekturen			
Konten	Aufwend.	Erträge	Aufwend.	Erträge	Aufwend.	Erträge	Kosten	Leistungen
UErl. f. eigene Erzeugnisse		1 050 000,00						1 050 000,00
Sonstige Umsatzerlöse		3 175,00						3 175,00
Erträge aus dem Abgang v. Vermögensgegenständen		17 500,00		17 500,00				
Erträge a. d. Herabsetzung v. Rückstellungen		8 500,00		8 500,00				
Erträge a. Beteiligungen		25 820,00		25 820,00				
Aufwendungen f. Rohstoffe	580 510,00						580 510,00	
Löhne/Gehälter	120 750,00						120 750,00	
AG-Anteil z. Sozialversicher.	48 690,00						48 690,00	
Abschreibungen a. Sachanl.	60 510,00						60 510,00	
Büromaterial	28 525,00						28 525,00	
Versicherungsbeiträge	30 970,00						30 970,00	
Abschr. a. Finanzanlagen	85 480,00		85 480,00					
Summen	955 435,00	1 104 995,00	85 480,00	51 820,00			869 955,00	1 053 175,00
Salden/Ergebnisse	149 560,00			33 660,00			183 220,00	
	1 104 995,00	1 104 995,00	85 480,00	85 480,00			1 053 175,00	1 053 175,00

2. Unternehmensergebnis (Gewinn): 149 560,00 EUR

– (–) Ergebnis aus unternehmensbezogener Abgrenzung (Verlust) 33 660,00 EUR

= Betriebsergebnis (Gewinn): 183 220,00 EUR

Übungsaufgabe 25

1. **Anderskosten** sind Kosten, die in der KLR anders verrechnet werden als es ihrem Aufwand in der Buchführung entspricht.

   Beispiele: Kalkulatorische Abschreibungen, kalkulatorische Zinsen oder kalkulatorische Wagnisse.

2. Bilanzielle Abschreibungen richten sich an handelsrechtlichen Vorschriften aus. Für die Kosten- und Leistungsrechnung muss jedoch die tatsächliche Wertminderung angesetzt werden, da ansonsten die Kostenrechnung ungenau wird.

   Die bilanzielle Abschreibung wirkt sich in der Erfolgsrechnung, die kalkulatorische Abschreibung in der KLR aus.

3. Es wird kein Gehalt gezahlt und folglich auch kein Aufwand gebucht. Damit alle Kosten exakt erfasst werden können, muss daher ein kalkulatorischer Unternehmerlohn angesetzt werden.

4. Sie dient dem Zweck einer genaueren Erfassung der Kosten.

5. Den **Anderskosten** entspricht auch ein Aufwandsposten in der Buchführung. Allerdings werden diese Aufwendungen in der KLR anders bewertet als in der Buchführung.

   Zusatzkosten werden nur in der KLR erfasst. Ihnen steht in der Buchführung kein Aufwand gegenüber (für Zusatzkosten fallen auch keine Ausgaben an).

6. Der Unternehmerlohn erhöht den Verkaufspreis. Die höheren Umsatzerlöse beeinflussen das Betriebsergebnis nicht, da der Unternehmerlohn in gleicher Höhe als Kosten berücksichtigt wird. Das Unternehmensergebnis wird verbessert, da dem kalkulatorischen Unternehmerlohn kein Aufwand gegenüber steht.

7.

neutraler Aufwand	**Zweckaufwand**	**Grundkosten**	**Zusatzkosten**
	4500,00 EUR	4500,00 EUR	812,50 EUR

8. 8.1

	Buchführung		**Kosten- und Leistungsrechnung**	
Vorgang	neutraler Aufwand	Zweckaufwand	Grundkosten	Zusatzkosten
Abschreibungen	3800,00 EUR	48900,00 EUR	48900,00 EUR	
Unternehmerlohn				15000,00 EUR
	3800,00 EUR	48900,00 EUR	48900,00 EUR	15000,00 EUR

   8.2 **Voraussetzungen bilanzielle Abschreibung**

   - Abschreibung wird erwirtschaftet.
   - Die Abschreibungsbeträge werden thesauriert.
   - Die Anschaffungskosten bleiben konstant.

   Voraussetzungen kalkulatorische Abschreibung

   - Abschreibung wird erwirtschaftet.
   - Die Abschreibungsbeträge werden thesauriert.
   - die Abschreibungsbeträge müssen so angesetzt werden, dass die Preissteigerung abgedeckt ist.

8.3 Anschaffung des Emissionsgeräts:

87,5 % ≙ 10937,50 EUR
100 % ≙ x EUR

x = 12500,00 EUR → Bil. Abschr.: 1562,50 EUR

8.3.1 Bilanzansatz am Ende des 2. Nutzungsjahres: 9375,00 EUR.

8.3.2 Kalkulatorische Abschreibung im 1. Nutzungsjahr bei einer Nutzungsdauer von 10 Jahren: 1250,00 EUR

Kalkulatorischer Restbuchwert am Ende des 1. Nutzungsjahres: 11250,00 EUR

Wiederbeschaffungskosten im 2. Nutzungsjahr: 11250,00 EUR · 1,08 = 12150,00 EUR

Kalkulatorische Abschreibung im 2. Nutzungsjahr (Restlaufzeit 9 Jahre): 12150,00 EUR : 9 Jahre = 1350,00 EUR

Wertansatz am Ende des 2. Nutzungsjahres: 9900,00 EUR.

8.4

	bilanzielle Abschreibung	kalkulatorische Abschreibung
Bezugsgröße	von den Anschaffungskosten	von den Wiederbeschaffungskosten
gesetzliche Vorschriften	ja	nein
Nutzungsdauer	angelehnt an gesetzliche Vorgaben (AfA-Tabelle)	nach der tatsächlichen Nutzungsdauer
Zielsetzung	nominelle Kapitalerhaltung	Substanzerhaltung

9. 9.1

Unternehmensergebnis	–	Ergebnis der kostenrechn. Korrekt.	=	Betriebsergebnis
717000,00 EUR	–	192000,00 EUR	=	525000,00 EUR

9.2 Die kalkulatorischen Kosten werden in die Preise einkalkuliert. Lassen sich diese Preise am Markt durchsetzen, erwirtschaftet das Unternehmen entsprechende Umsatzerlöse.

9.3

Gebäudeabschreibung:	Grundkosten	42000,00 EUR
	Zusatzkosten	21000,00 EUR
Abschreibung Techn. Anlagen:	Grundkosten	252000,00 EUR
	neutrale Erträge	63000,00 EUR

9.4 Die Auszahlung bzw. Ausgabe hat bereits zum Zeitpunkt der Anschaffung stattgefunden.

10. Weil in der Buchführung einerseits Aufwendungen enthalten sind, die nicht als Kosten zu betrachten sind und weil andererseits in der Buchführung nicht alle Kosten enthalten sind.

Übungsaufgabe 26

Gesamtes Unternehmensvermögen	1860000,00 EUR
– nicht betriebliches Vermögen (Überbewertung AV, nicht betriebsnotwendige Wertpapiere)	215000,00 EUR
= vorläufiges betriebliches Vermögen	1645000,00 EUR
– Abzugskapital (Rückstellungen, Verbindlichkeiten a. Lief. u. Leist.)	330000,00 EUR
= betriebliches Kapital	1315000,00 EUR

hiervon 9 % = 118350,00 EUR kalkulatorische Zinsen

Übungsaufgabe 27

Rechnungskreis I			Rechnungskreis II					
Buchführung			Abgrenzungsbereich				Kosten- und Leistungsrechnung	
			unternehmensbezogene Abgrenzung		kostenrechnerische Korrekturen			
Konten	Aufwend.	Erträge	Aufwend.	Erträge	Aufwend.	Erträge	Kosten	Leistungen
UErl. f. eigene Erzeugnisse		470 000,00						470 000,00
Aufwendungen f. Rohstoffe	300 000,00						300 000,00	
Löhne/Gehälter	100 000,00						100 000,00	
Abschreibungen a. Sachanl.	20 000,00				20 000,00	35 000,00	35 000,00	
Mieten, Pachten	2 000,00						2 000,00	
Reisekosten	4 000,00						4 000,00	
Kfz-Steuer, Verbrauchssteuern	30 000,00						30 000,00	
Zinsaufwendungen	15 000,00				15 000,00	36 000,00	36 000,00	
Zusatzkosten								
Kalkul. Unternehmerlohn						12 000,00	12 000,00	
Summen	471 000,00	470 000,00			35 000,00	83 000,00	519 000,00	470 000,00
Salden/Ergebnisse		1 000,00			48 000,00			49 000,00
	471 000,00	471 000,00			83 000,00	83 000,00	519 000,00	519 000,00

	Unternehmensergebnis (Verlust):	1 000,00 EUR
–	(+)Ergebnis aus kostenrechnerischen Korrekturen (Verlust)	48 000,00 EUR
=	Betriebsergebnis (Verlust):	49 000,00 EUR

Übungsaufgabe 28

Rechnungskreis I			Rechnungskreis II					
Buchführung			Abgrenzungsbereich: unternehmensbezogene Abgrenzung		Abgrenzungsbereich: kostenrechnerische Korrekturen		Kosten- und Leistungsrechnung	
Konten	Aufwend.	Erträge	Aufwend.	Erträge	Aufwend.	Erträge	Kosten	Leistungen
UErl. f. eigene Erzeugnisse		500 000,00						500 000,00
Abschreibungen a. Sachanl.	40 000,00				40 000,00	34 500,00	34 500,00	
Verluste a. Schadensfällen	72 000,00				72 000,00	48 000,00	48 000,00	
Zinsaufwendungen	84 700,00				84 700,00	197 600,00	197 600,00	
Zusatzkosten								
Kalkul. Unternehmerlohn						120 000,00	120 000,00	
Kalkul. Miete						30 000,00	30 000,00	
Summen	196 700,00	500 000,00			196 700,00	430 100,00	430 100,00	500 000,00
Salden/Ergebnisse	303 300,00				233 400,00		69 900,00	
	500 000,00	500 000,00			430 100,00	430 100,00	500 000,00	500 000,00

	Unternehmensergebnis (Gewinn):	303 300,00 EUR
–	Abgrenzung aus kostenrechnerischen Korrekturen (Gewinn)	233 400,00 EUR
=	Betriebsergebnis (Gewinn):	69 900,00 EUR

Übungsaufgabe 29

Rechnungskreis I			Rechnungskreis II					
Buchführung			Abgrenzungsbereich				Kosten- und Leistungsrechnung	
			unternehmensbezogene Abgrenzung		kostenrechnerische Korrekturen			
Konten	Aufwend.	Erträge	Aufwend.	Erträge	Aufwend.	Erträge	Kosten	Leistungen
UErl. f. eigene Erzeugnisse		1420000,00						1420000,00
Bestandsmehrung UE		80700,00						80700,00
Eigenverbrauch		15500,00						15500,00
Periodenfr. Erträge		8500,00		8500,00				
Ertr. a. Beteiligungen		28000,00		28000,00				
Zinserträge		5100,00		5100,00				
Aufwendungen f. Rohstoffe	767900,00						767900,00	
Frachten u. Fremdlager	31500,00						31500,00	
Löhne/Gehälter	204400,00		24300,00				180100,00	
Arbeitgeberanteil z. SV	84370,00		4680,00				79690,00	
Abschreibungen a. Sachanl.	52430,00				52430,00	41800,00	41800,00	
Leasing	28910,00						28910,00	
Büromaterial	48700,00						48700,00	
Verluste aus Schadensfällen	18800,00				18800,00	15000,00	15000,00	
Grundsteuer	32850,00		28000,00				4850,00	
Abschr. auf Finanzanlagen	24600,00		24600,00					
Zinsaufwendungen	12870,00				12870,00	42800,00	42800,00	
Kapitalertragsteuer	1900,00		1900,00					
Zusatzkosten								
Kalk. Unternehmerlohn						34000,00	34000,00	
Summen	1309230,00	1557800,00	83480,00	41600,00	84100,00	133600,00	1275250,00	1516200,00
Salden/Ergebnisse	248570,00			41880,00	49500,00		240950,00	
	1557800,00	1557800,00	83480,00	83480,00	133600,00	133600,00	1516200,00	1516200,00

	Unternehmensergebnis (Gewinn):	248570,00 EUR
–	(–) Ergebnis aus unternehmensbezogener Abgrenzung (Verlust)	41880,00 EUR
	Zwischenergebnis	290450,00 EUR
–	Ergebnis aus kostenrechnerischen Korrekturen (Gewinn):	49500,00 EUR
=	Betriebsergebnis (Gewinn):	240950,00 EUR

4 Speth u.a. - ISBN 978-3-8120-3576-7

Übungsaufgabe 30

Rechnungskreis I			Rechnungskreis II					
Buchführung			Abgrenzungsbereich: unternehmensbezogene Abgrenzung		Abgrenzungsbereich: kostenrechnerische Korrekturen		Kosten- und Leistungsrechnung	
Konten	Aufwend.	Erträge	Aufwend.	Erträge	Aufwend.	Erträge	Kosten	Leistungen
UErl. f. eigene Erzeugnisse		841 200,00						841 200,00
Ertr. a. d. Abg. v. Vermögensgegenst.		42 200,00		42 200,00				
Ertr. a. Wertpapieren d. Umlaufverm.		21 750,00		21 750,00				
Zinserträge		4 800,00		4 800,00				
Aufwendungen f. Rohstoffe	391 850,00				391 850,00	370 500,00	370 500,00	
Frachten u. Fremdlager	22 400,00						22 400,00	
Löhne/Gehälter	198 420,00						198 420,00	
Arbeitgeberanteil z. SV	24 760,00						24 760,00	
Abschreibungen a. Sachanl.	19 540,00				19 540,00	18 700,00	18 700,00	
Kost. d. Geldverk.	4 700,00						4 700,00	
Büromaterial	21 890,00		1 500,00				20 390,00	
Verluste aus Schadensfällen	17 400,00				17 400,00	21 100,00	21 100,00	
Grundsteuer	8 890,00		2 000,00				6 890,00	
Abschr. auf Finanzanlagen	7 380,00		7 380,00					
Zinsaufwendungen	12 100,00				12 100,00	28 900,00	28 900,00	
Zusatzkosten								
Kalk. Unternehmerlohn						28 700,00	28 700,00	
Summen	729 330,00	909 950,00	10 880,00	68 750,00	440 890,00	467 900,00	745 460,00	841 200,00
Salden/Ergebnisse	180 620,00		57 870,00		27 010,00		95 740,00	
	909 950,00	909 950,00	68 750,00	68 750,00	467 900,00	467 900,00	841 200,00	841 200,00

	Unternehmensergebnis (Gewinn):	180 620,00 EUR
–	Ergebnis aus unternehmensbezogener Abgrenzung (Gewinn)	57 870,00 EUR
	Zwischenergebnis	122 750,00 EUR
–	Ergebnis aus kostenrechnerischen Korrekturen (Gewinn):	27 010,00 EUR
=	Betriebsergebnis (Gewinn):	95 740,00 EUR

Übungsaufgabe 31

1. **Berechnung der kalkulatorischen Abschreibungen:**

   bilanzielle Abschreibungen: 100 % = 800 TEUR
   kalkulatorische Abschreibungen: 85 % = 680 TEUR

   Berechnung des kalkulatorischen Unternehmerlohns:

   12 · 20 = 240 TEUR

   Berechnung der kalkulatorischen Zinsen: 8 % von 7000 TEUR = 560 TEUR

2. **Ergebnistabelle**

Rechnungskreis I			Rechnungskreis II					
Erfolgsbereich			Abgrenzungsbereich				Kosten- und Leistungsrechnung	
Konten	Buchführung		unternehmensbez.Abg.		KLR-Korrekturen			
	Aufw.	Erträge	Aufw.	Erträge	Aufw.	Erträge	Kosten	Leistungen
Umsatzerlöse f. eig. Erz.		15000						15000
Bestandsmind. Fertigerz.	400						400	
aktiv. Eigenleistung		120						120
Zinserträge		20		20				
Ertr. a. Wert. d. UV		160		160				
Aufw. f. Werkstoffe	4600						4600	
Fertigungslöhne	3800						3800	
Hilfslöhne	1000						1000	
Gehälter	1200						1200	
Abschr. a. Sachanl.	800				800	680	680	
V. a. d. Abg. v. Verm. Geg.	340		340					
Zinsaufwendungen	240				240	560	560	
Sonst. Kosten	1940						1940	
Unternehmerlohn						240	240	
	14320	15300	340	180	1040	1480	14420	15120
	980			160	440		700	
	15300	15300	340	340	1480	1480	15120	15120

Unternehmensergebnis – Abgrenzungsergebnis = Betriebsergebnis
980 TEUR – 280 TEUR = 700 TEUR

3. Kalkulatorischer Unternehmerlohn 240 TEUR
   Kalkulatorische Zinsen 320 TEUR (560 – 240)
   Zusatzkosten 560 TEUR

   Richtig: Zusatzkosten mindern das Betriebsergebnis. Ihr Ansatz ist jedoch notwendig, da in der Kostenrechnung der gesamte Werteverzehr zu berücksichtigen ist.

Übungsaufgabe 32

1. **Abschreibungen auf Sachanlagen**

   Bilanzielle und kalkulatorische Abschreibungen werden i. d. R. von unterschiedlichen Bemessungsgrundlagen und mit unterschiedlichen Methoden vorgenommen.

   Im **Rechnungskreis 1** sind die bilanziellen Abschreibungen ausgewiesen. Abschreibungsbasis sind die AHK.

   Abschreibungsmethode ist i. d. R. geometrisch-degressiv (höherer Wertverlust in den Anfangsjahren, zeitliche Verschiebung der Steuerbelastung).

   Im **Rechnungskreis 2** sind die kalkulatorischen Abschreibungen ausgewiesen. Abschreibungsbasis sind die (meist höheren) Wiederbeschaffungskosten (vgl. Ziel der substanziellen Kapitalerhaltung).

   Abschreibungsmethode ist i. d. R. linear (gleichmäßige Kostenbelastung der Rechnungsperioden).

   Zinsaufwendungen

   Im **Rechnungskreis 1** sind die für das Fremdkapital tatsächlich angefallenen Zinsaufwendungen ausgewiesen.

   Im **Rechnungskreis 2** werden die kalkulatorischen Zinsen für das zu verzinsende betriebsbedingte Kapital (Eigen- und Fremdkapital) ausgewiesen. Als Zinssatz wird ein fiktiver Zinssatz für alternative Kapitalanlagen gewählt (vgl. Opportunitätskosten).

2. Die Differenz von 200 000 EUR ist durch neutrale Aufwendungen bedingt. Im vorliegenden Fall handelt es sich um betriebsfremde oder periodenfremde Aufwendungen.

   Beispiele: Verluste aus Enteignungen, Verluste aus nicht versicherten Katastrophenfällen.

3. Bei Einzelunternehmungen und Personengesellschaften beziehen die Gesellschafter keine Gehälter, da sie keinen Arbeitnehmerstatus haben. Es liegt daher kein Aufwand vor.

   In der KLR wird zur genauen Kostenerfassung ein kalkulatorischer Unternehmerlohn angesetzt, der dem gezahlten Gehalt vergleichbarer Tätigkeiten in vergleichbaren Unternehmungen entspricht (Zusatzkosten).

4. – Der Betrieb arbeitet unwirtschaftlich, weil die Leistungen die Kosten nicht decken (Betriebsverlust 60 000 EUR) → Aussage stimmt.
   – Es ergibt sich ein positives Unternehmensergebnis von 230 000 EUR. In dieser Höhe entsteht für die Gesellschafter ein handelsrechtlicher Gewinn (ggf. Ausschüttung) → Aussage stimmt nicht.
   – Das Unternehmensergebnis ist mit 230 000 EUR nicht einmal so hoch wie der kalkulatorische Unternehmerlohn (300 000 EUR) → Aussage stimmt nicht.

Übungsaufgabe 33

1.

Auslastung in %	Auslastung in Stück	K_{fix} (EUR)	K_v (EUR)	K (EUR)	k_{fix} (EUR)	k_v (EUR)	k (EUR)
80 %	12 000	624 000,00	756 000,00	1 380 000,00	52,00	63,00	115,00
100 %	15 000	624 000,00	945 000,00	1 569 000,00	41,60	63,00	104,60

2. Die Stückkosten fallen mit zunehmender Produktion. Grund ist die Fixkostendegression.

3. Der Gewinn steigt, da die Differenz zwischen Kosten und Verkaufspreis zunimmt.

Übungsaufgabe 34

1.

Verkaufte Menge	(1) Fixe Kosten		(2) Variable Kosten	
	gesamt	Stück	gesamt	Stück
0	400,00	–	–	–
100	400,00	4,00	50,00	0,50
200	400,00	2,00	100,00	0,50
300	400,00	1,33	150,00	0,50
400	400,00	1,00	200,00	0,50
500	400,00	0,80	250,00	0,50
600	400,00	0,66	300,00	0,50

2. Fixe Kosten: Mieten, Zinsen, Gehälter
   Variable Kosten: Fertigungslöhne, Verbrauch an Fertigungsmaterial, Provisionen, Verbrauchsteuern

3. **Fixe Kosten**

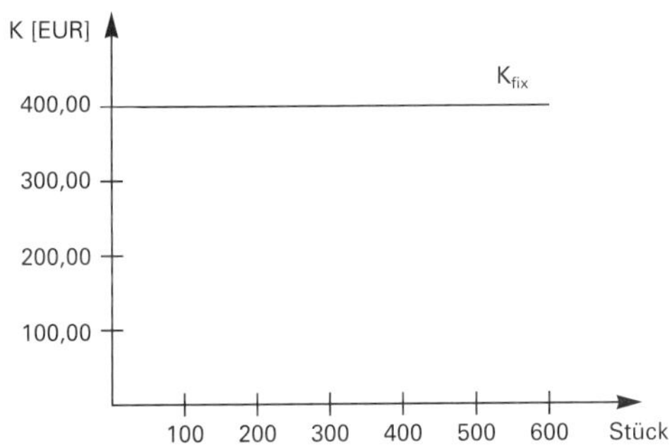

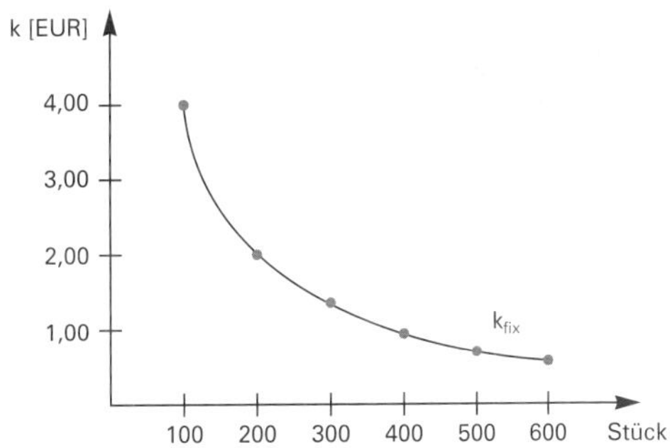

Variable Kosten

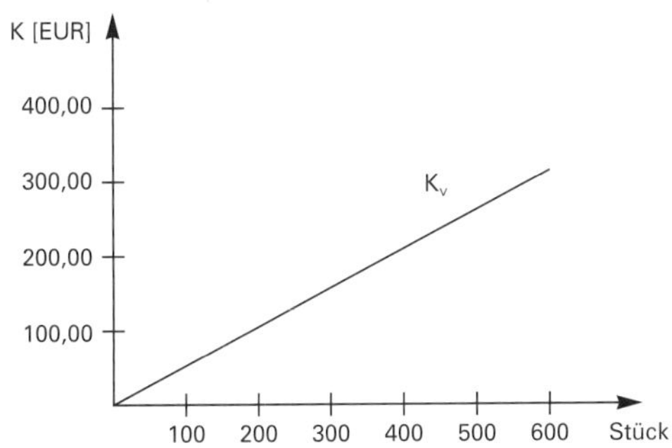

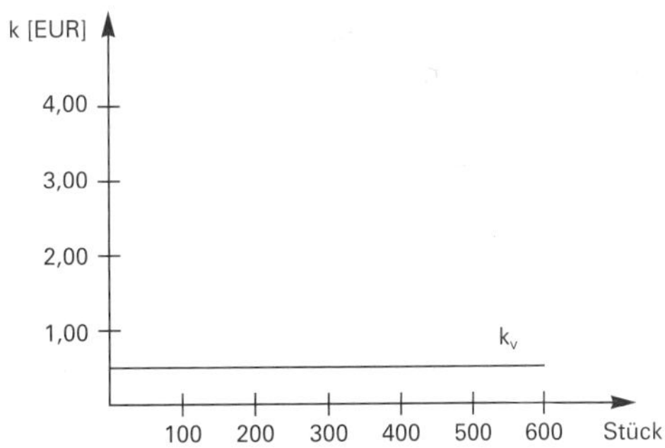

Übungsaufgabe 35

1. 1.1 1.1.1

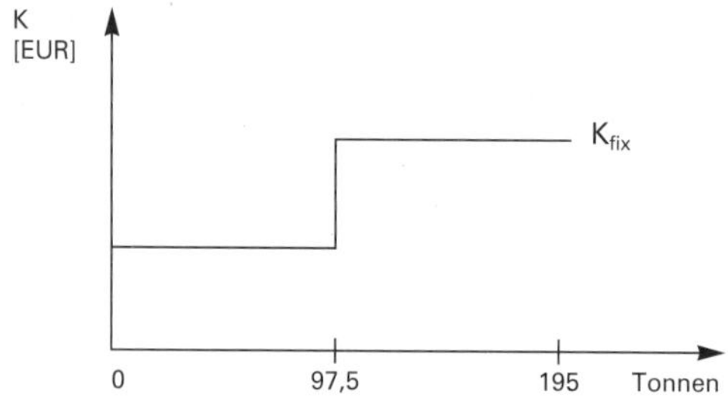

1.1.2

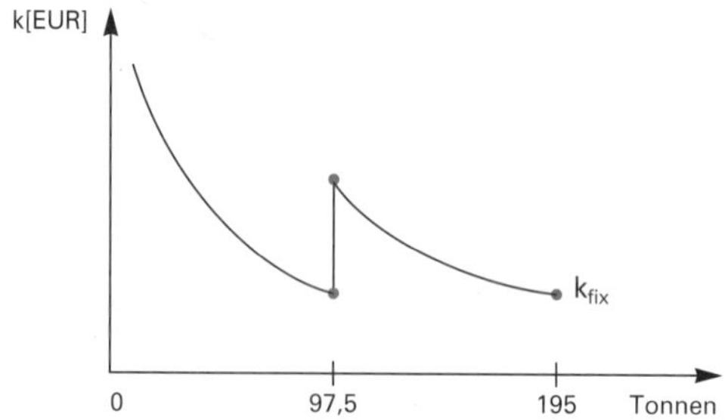

1.2 sprung-(intervall-)fixe Kosten

2. **Mögliches Beispiel:** Durch die Ausweitung der Produktion muss neben der bisher angemieteten Produktionshalle eine weitere Produktionshalle angemietet werden. Dadurch erhöhen sich die Fixkosten sprunghaft.

3. 3.1 Moderne Industriebetriebe haben in der Regel einen hohen Automatisierungsgrad. Sie sind damit anlagenintensiv bzw. kapitalintensiv, was hohe Abschreibungs- und Zinskosten (Fixkosten) zur Folge hat.

3.2 Bei Produktionsrückgang führt der hohe Fixkostenanteil zu stark steigenden Stückkosten. Es gilt: je anlagenintensiver ein Betrieb ist, desto schneller steigen die Stückkosten, wenn die produzierte Menge je Zeiteinheit sinkt.

Übungsaufgabe 36

1. 1.1

Ausbringungsmenge	K_{fix}	K_v	K	k_{fix}	k_v	k
0	2000,00	–	2000,00	–	–	–
100	2000,00	400,00	2400,00	20,00	4,00	24,00
200	2000,00	800,00	2800,00	10,00	4,00	14,00
300	2000,00	1200,00	3200,00	6,66	4,00	10,66
400	2000,00	1600,00	3600,00	5,00	4,00	9,00
500	2000,00	2000,00	4000,00	4,00	4,00	8,00

1.2 **Absolut fixe Kosten:** Miete, Zinsen, Bewachungskosten

Variable Kosten: Sondereinzelkosten des Vertriebs (z. B. Vertreterprovision), Fertigungslöhne, Verbrauch von Fertigungsmaterial

1.3 Da die variablen Kosten je Stück konstant sind (4,00 EUR), liegt die Ursache für die Abnahme der gesamten Stückkosten in den fixen Kosten. Diese verteilen sich auf eine große Stückzahl, was die Degression bewirkt (Degressionseffekt der fixen Kosten).

1.4

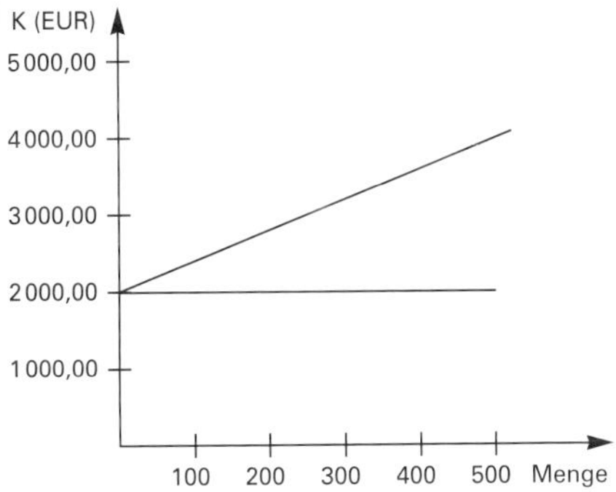

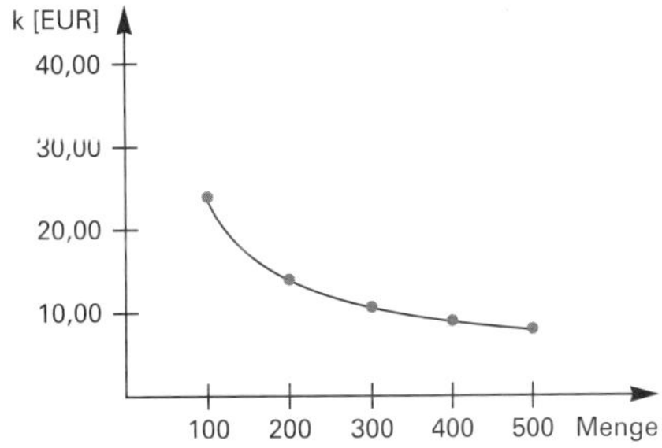

2. 2.1 $x_2 - x_1 = 20$ Einheiten

(1) variable Stückkosten $= \frac{8200 - 7700}{20} = \underline{\underline{25{,}00 \text{ EUR/Stück}}}$

(2) Ermittlung der Fixkosten:

Gesamtkosten bei x_1	7700,00 EUR
– variable Kosten bei x_1	
240 Einheiten · 25,00 EUR	6000,00 EUR
= Fixe Kosten	1700,00 EUR

2.2 **Stückkosten bei einer Menge von 260 Einheiten:**

$\frac{8200 \text{ EUR}}{260 \text{ Einheiten}} = \underline{\underline{31{,}54 \text{ EUR/Einheiten}}}$

Stückkosten maximal 28,00 EUR:

$$K = K_{fix} + K_v$$
$$x \cdot 28 = 1700 + x \cdot 25$$
$$3x = 1700$$
$$x = 566{,}66 \approx \underline{\underline{567 \text{ Einheiten}}}$$

Übungsaufgabe 37

1. $k_v = \frac{\Delta K}{\Delta x} = \frac{126000{,}00 \text{ EUR}}{600 \text{ Stck.}} = \underline{\underline{210{,}00 \text{ EUR/Stck.}}}$

2.

Monat	Ausbringungsmenge (Stück)	Variable Kosten (EUR)	Fixe Kosten (EUR)	Gesamtkosten (EUR)
September	1200	252000,00	192000,00	444000,00
Oktober	1800	378000,00	192000,00	570000,00
November	2100	441000,00	192000,00	633000,00

3. Fixe Maschinenkosten lassen sich nur langfristig der rückläufigen Ausbringungsmenge anpassen (Kostenremanenz). Kurzfristig höhere Fixkostenbelastung der verbliebenen Produktion.

Übungsaufgabe 38

1. Die Kostenartenrechnung hat die Aufgabe, alle Kosten einer Abrechnungsperiode nach Arten eindeutig, periodengerecht und vollständig zu erfassen.

2. Linearer Abschreibungsbetrag für die Lagerausstattung; Miete für ein Großlager; Gehälter.

3. Variable Kosten je Stück: 23140,00 EUR : 2600 Stück = 8,90 EUR

3.1

	3.1.1 bei 1200 Stück		3.1.2 bei 2500 Stück
variable Kosten	10680,00 EUR		22250,00 EUR
+ fixe Kosten	8500,00 EUR		8500,00 EUR
= Gesamtkosten	19180,00 EUR		30750,00 EUR
Umsatzerlös	17760,00 EUR		37000,00 EUR
– Gesamtkosten	19180,00 EUR		30750,00 EUR
Betriebsverlust	1420,00 EUR	Betriebsgewinn	6250,00 EUR

3.2 Stückkosten:
bei 1200 Stück: 19180,00 EUR : 1200 Stück = 15,98 EUR
bei 2500 Stück: 30750,00 EUR : 2500 Stück = 12,30 EUR

4. Alle **Einzelkosten** sind **variable Kosten** (K_v), die durch die Produktion eines weiteren Stücks entstehen und somit von der Ausbringungsmenge abhängig sind.

Die **Gemeinkosten** enthalten **fixe und variable Anteile.** Der Verlauf der Gemeinkosten bei Änderung der Ausbringungsmenge hängt vom Verhältnis der fixen und variablen Anteile ab.

5. 5.1 Einteilungskriterium: Art der Zurechenbarkeit auf die Kostenträger.

5.2 **Beispiel Gehalt:** Der Aufwand für Gehälter kann nur für einen bestimmten Zeitabschnitt berechnet werden, nicht aber je Erzeugniseinheit. Gehälter sind daher Gemeinkosten.

Beispiel Aufwendungen für Rohstoffe: Über die Eingangsrechnungen kann der Aufwand für jede Erzeugniseinheit genau errechnet werden. Aufwendungen für Rohstoffe sind daher Einzelkosten.

5.3 Auf diese Weise wird die Kalkulation genauer, da die Einzelkosten dem jeweiligen Produkt direkt zugeordnet werden können.

5.4

Einzelkosten	**Gemeinkosten**
▪ Aufwendungen für Rohstoffe ▪ Werbeanzeigekosten für ein Sonderangebot ▪ Zustellentgelt für die Lieferungen der Erzeugnisse an die Kunden ▪ Provisionsaufwendungen ▪ Aufwendungen für Handelswaren	▪ Miete für den Ausstellungsraum ▪ Kraftfahrzeugsteuer ▪ freiwillige soziale Aufwendungen ▪ bilanzielle Abschreibungen ▪ Gehälter ▪ Aufwendungen für Betriebsstoffe ▪ kalkulatorische Abschreibungen

6. 6.1

Materialkosten	140,20 EUR
+ Lohnkosten	77,50 EUR
	217,70 EUR
+ 80 % Gemeinkosten	174,16 EUR
+ Frachtkosten	19,70 EUR
Selbstkosten (Reparaturpreis)	411,56 EUR

6.2

Selbstkosten	411,56 EUR
+ 12 % Gewinn	49,39 EUR
Reparaturpreis einschließlich Gewinn	460,95 EUR

7. – Bei den **Istkosten** handelt es sich um die tatsächlichen Kosten einer Rechnungsperiode.

– **Normalkosten** sind Durchschnittssätze, die aufgrund der Ist-Werte vergangener Abrechnungsperioden ermittelt werden.

8. Die **Vorkalkulation** verwendet geplante Kosten (Normalkosten), um Zufallsschwankungen in der Preisberechnung zu vermeiden.

Die **Nachkalkulation** verwendet die tatsächlich angefallenen Kosten (Istkosten), um feststellen zu können, ob die kalkulierten Kosten zu hoch oder zu niedrig angesetzt waren.

Übungsaufgabe 39

1. – Sie soll eine genauere Zurechnung der Gemeinkosten auf die Kostenträger ermöglichen.
– Sie dient der Überwachung und der Kontrolle der Wirtschaftlichkeit der betrieblichen Tätigkeit (Kostenkontrolle) in den einzelnen Tätigkeits- und Verantwortungsbereichen.

2. Eine **Kostenstelle** ist ein räumlich, organisatorisch und nach dem Verantwortlichen abgegrenzter Bereich im Betrieb, dem Gemeinkosten zugerechnet werden.

Der **Kostenbereich** umfasst einen ganzen Funktionsbereich in einem Unternehmen (z.B. Fertigungsbereich, Verwaltung).

3. Kriterien zur Bildung von Kostenstellen sind:
– räumlich-geografische Gesichtspunkte,
– Funktionsbereiche,
– Verantwortungsbereiche.

4. Für eine genaue Kalkulation der einzelnen Produkte dürfen nur die tatsächlich für das Produkt angefallenen Gemeinkosten herangezogen werden. Die Gemeinkosten müssen daher verursachungsgerecht den einzelnen Produkten zugerechnet werden.

5. Die **Kostenstelleneinzelkosten** lassen sich direkt auf die einzelnen Kostenstellen verrechnen, z.B. Stromkosten mithilfe von Zählern. Die **Kostenstellengemeinkosten** müssen über Verteilungsschlüssel verrechnet werden.

6. Ohne Verteilung der Gemeinkosten müssten alle Gemeinkosten im gleichen Verhältnis auf die Produkte verrechnet werden. Produkte mit einem Gemeinkostenanteil, der über den durchschnittlichen Gemeinkosten liegt, würden zu billig angeboten. Produkte mit einem Gemeinkostenanteil der unter den durchschnittlichen Gemeinkosten liegt, würden zu teuer angeboten.

7. – **Betriebliche Funktionen,** z. B. Fertigung, Verwaltung, Vertrieb
   – **Tätigkeitsbereiche,** für die Verantwortung übernommen und Rechenschaft abgelegt werden kann,
   – **räumliche Gesichtspunkte.**

8. Heizkosten – nach der Größe der Räume bzw. der Anzahl der Heizungsrippen.
   Stromkosten – aufgrund angebrachter Zähler (direkte Gemeinkosten).
   Gehälter – nach der Gehaltshöhe in den einzelnen Kostenstellen.
   Abschreibungen – nach dem Wert der Anlagen in den einzelnen Kostenstellen.

9. Zwischen der Gemeinkostenart und dem Verteilungsschlüssel muss eine (möglichst proportionale) Abhängigkeit bestehen.

Übungsaufgabe 40

	Zahlen der KLR	Kostenstellen			
		Material	Fertigung	Verwaltung	Vertrieb
Betriebsstoffe	50 000,00	10 000,00	35 000,00	2 500,00	2 500,00
Gehälter	180 000,00	15 000,00	30 000,00	100 000,00	35 000,00
Fremdreparaturen	100 000,00	5 000,00	80 000,00	10 000,00	5 000,00
Kalk. Abschr.	92 000,00	12 000,00	49 000,00	23 400,00	7 600,00
Hilfslöhne	36 000,00	6 000,00	24 000,00	–	6 000,00
Stromkosten	12 000,00	1 000,00	8 000,00	2 000,00	1 000,00
Betriebssteuern	49 000,00	7 000,00	21 000,00	14 000,00	7 000,00
kalk.Unternehmerlohn	10 000,00	1 000,00	4 000,00	3 000,00	2 000,00
	529 000,00	57 000,00	251 000,00	154 900,00	66 100,00

Übungsaufgabe 41

1. Die **Kostenstellenrechnung** bildet das Bindeglied zwischen der Kostenarten- und der Kostenträgerrechnung. Sie soll zum einen feststellen, an welchen Stellen im Betrieb die einzelnen Kostenarten entstanden sind und zum anderen dient die Kostenstellenrechnung dazu, die einzelnen Kostenarten auf die Kostenträger verursachungsgemäß weiterzuverrechnen.

2. **1. Schritt:** Die Gemeinkosten werden aus der Kostenartenrechnung in den BAB übernommen.
   2. Schritt: Festlegung der Verteilungsschlüssel für die einzelnen Gemeinkostenarten.
   3. Schritt: Verteilung der Gemeinkosten auf die Kostenstellen im Rahmen des BAB.
   4. Schritt: Ermittlung der Zuschlagssätze für die Gemeinkosten für jede der eingerichteten Kostenstellen.

3. – Für jede Kostenstelle müssen genaue Bezugsgrößen der Kostenverursachung gefunden werden.
   – Jede Kostenstelle sollte ein selbstständiger Verantwortungsbereich sein. Nur so ist eine wirksame Überwachung der Entscheidungsträger (z.B. Meister) gewährleistet.
   – Nach dem Wirtschaftlichkeitsprinzip ist jede Kostenstelle so zu bilden, dass sich alle darin anfallenden Kosten ohne große Schwierigkeiten erfassen lassen.

4. Nr. 4.4

5. Nr. 5.3

6. 6.1

	Zahlen der KLR	Kostenstellen			
		Material	**Fertigung**	**Verwaltung**	**Vertrieb**
Betriebsstoffkosten	36000,00	12000,00	24000,00	–	–
Gehälter	90000,00	7500,00	7500,00	37500,00	37500,00
Sozialkosten	30000,00	6000,00	6000,00	9000,00	9000,00
Kalk. Abschreibungen	48000,00	9600,00	19200,00	14400,00	4800,00
Steuern	45000,00	4500,00	18000,00	18000,00	4500,00
Sonstige Kosten	210000,00	15000,00	75000,00	90000,00	30000,00
	459000,00	54600,00	149700,00	168900,00	85800,00

6.2 **Berechnung der Herstellkosten:**

Verbrauch von Fertigungsmaterial	300000,00 EUR	
+ Materialgemeinkosten	54600,00 EUR	
Stoffkosten (Materialkosten)		354600,00 EUR
Fertigungslöhne	180000,00 EUR	
+ Fertigungsgemeinkosten	149700,00 EUR	
Fertigungskosten		329700,00 EUR
Herstellkosten der Rechnungsperiode		684300,00 EUR

6.3 $\text{MGK} = \frac{54600{,}00 \cdot 100}{300000{,}00} = \underline{\underline{18{,}2\,\%}}$

$\text{FGK} = \frac{149700{,}00 \cdot 100}{180000{,}00} = \underline{\underline{83{,}17\,\%}}$

$\text{VerwGK} = \frac{168900{,}00 \cdot 100}{684300{,}00} = \underline{\underline{24{,}68\,\%}}$

$\text{VertrGK} = \frac{85800{,}00 \cdot 100}{684300{,}00} = \underline{\underline{12{,}54\%}}$

Übungsaufgabe 42

1.

	Gesamt in TEUR	Kostenstellen			
		Material	Fertigung	Verwaltung	Vertrieb
Hilfslöhne	500	200	200	60	40
Gehälter	1000	200	200	320	280
Ges. Sozialaufwand	500	80	280	76	64
Stromkosten	100	20	60	10	10
Raumkosten	300	50	150	60	40
Kalk. Abschreibung auf Anlagen	500	150	300	30	20
Kalk. Zinsen auf Anlage- und Umlaufvermögen	900	270	300	258	72
	3800	970 + 4.850	1490 + 1.0	814	526

2. MGK: 20 %
FGK: 149 %

Herstellkosten: 8310,00 TEUR (970 + 4.850 + 1.490 + 1.000)
VerwGK: 10 %
VertrGK: 6 %

MGK: $\frac{970 \cdot 100}{4.850} = 8\,\%$ FGK: $\frac{1.490 \cdot 100}{1.000} = 149\,\%$

Übungsaufgabe 43

1.

	Zahlen der KLR	Kostenstellen			
		Material	Fertigung	Verwaltung	Vertrieb
Hilfsstoffkosten	145700,00	2050,00	129450,00	3500,00	10700,00
Betriebsstoffkosten	22400,00	1700,00	14400,00	4100,00	2200,00
Gehälter	130500,00	4100,00	98900,00	18600,00	8900,00
Sozialkosten	104400,00	3280,00	79120,00	14880,00	7120,00
Mieten, Pachten	84200,00	13000,00	54400,00	6600,00	10200,00
Büromaterial	91100,00	13665,00	9110,00	50105,00	18220,00
Sonst. betr. Kosten	70560,00	17640,00	23520,00	11760,00	17640,00
Kalk. Abschreibung	26755,00*	3567,33	14269,33	7134,67	1783,67
Aufw. f. Schadensfälle	45800,00	9160,00	18320,00	9160,00	9160,00
	721415,00	68162,33	441489,33	125839,67	85923,67

* Nebenrechnungen:

– Betriebsgebäude: 2 % von 3100000,00 $\cdot \frac{1}{12}$ = 5166,6$\overline{6}$ EUR
– Technische Anlagen u. Maschinen: 10 % von 1690000,00 $\cdot \frac{1}{12}$ = 14088,3$\overline{3}$ EUR
– Fuhrpark: 15 % von 600000,00 $\cdot \frac{1}{12}$ = 7500,00 EUR
26755,00 EUR

2. $MGK = \frac{68162{,}33 \cdot 100}{1046553{,}80} = \underline{\underline{6{,}51\,\%}}$ $VerwGK = \frac{125839{,}67 \cdot 100}{2116907{,}96} = \underline{\underline{5{,}94\,\%}}$

$FGK = \frac{441489{,}33 \cdot 100}{560702{,}50} = \underline{\underline{78{,}74\,\%}}$ $VertrGK = \frac{85923{,}67 \cdot 100}{2116907{,}96} = \underline{\underline{4{,}06\,\%}}$

3.	Verbrauch von Fertigungsmaterial	1 046 553,80 EUR
+	Materialgemeinkosten	68 162,33 EUR
+	Fertigungslöhne	560 702,50 EUR
+	Fertigungsgemeinkosten	441 489,33 EUR
+	Verwaltungsgemeinkosten	125 839,67 EUR
+	Vertriebsgemeinkosten	85 923,67 EUR
=	Selbstkosten der Rechnungsperiode	2 328 671,30 EUR

Übungsaufgabe 44

1. 1.3

2. 2.4

Übungsaufgabe 45

1.

$$\text{MGK} = \frac{24\,856 \cdot 100}{310\,700} = \underline{\underline{8\,\%}}$$

$$\text{FGK} = \frac{174\,930 \cdot 100}{205\,800} = \underline{\underline{85\,\%}}$$

$$\text{VerwGK} = \frac{81\,310{,}46 \cdot 100}{739\,186} = \underline{\underline{11\,\%}}$$

$$\text{VertrGK} = \frac{48\,047{,}09 \cdot 100}{744\,086} = \underline{\underline{6{,}46\,\%}}$$

	Verbrauch v. Fert.-Mat.	310 700,00 EUR
	MGK	24 856,00 EUR
	Fertigungslöhne	205 800,00 EUR
	FGK	174 930,00 EUR
	SEKF	22 900,00 EUR
	HK d. Rechnungsperiode	739 186,00 EUR
+	Bestandsminderung FE	25 500,00 EUR
–	Bestandsmehrung UE	20 600,00 EUR
	HK des Umsatzes	744 086,00 EUR

2.

$$\text{MGK} = \frac{25\,625 \cdot 100}{205\,000} = \underline{\underline{12{,}5\,\%}}$$

$$\text{FGK} = \frac{671\,646 \cdot 100}{471\,000} = \underline{\underline{142{,}6\,\%}}$$

$$\text{VerwGK} = \frac{247\,202{,}10 \cdot 100}{1\,373\,271} = \underline{\underline{18{,}00\,\%}}$$

$$\text{VertrGK} = \frac{156\,094{,}67 \cdot 100}{1\,357\,271} = \underline{\underline{11{,}5\,\%}}$$

	Verbrauch v. Fert.-Mat.	205 000,00 EUR
	MGK	25 625,00 EUR
	Fertigungslöhne	471 000,00 EUR
	FGK	671 646,00 EUR
	HK der Rechnungsperiode	1 373 271,00 EUR
+	Bestandsminderung UE	35 000,00 EUR
–	Bestandsmehrung FE	51 000,00 EUR
	HK des Umsatzes	1 357 271,00 EUR

VerwGK mit HK der Rechnungsperiode
VertrGK mit HK des Umsatzes

Übungsaufgabe 46

1.

	Zahlen der KLR	Material	Fertigung	Verwaltung	Vertrieb
Hilfs- u. Betriebsstoffkost.	67 200,00	12 600,00	50 400,00	4 200,00	—
Energie	78 300,00	17 400,00	43 500,00	8 700,00	8 700,00
Hilfslöhne	23 800,00	10 200,00	13 600,00	—	—
Gehälter	91 200,00	7 600,00	15 200,00	53 200,00	15 200,00
Sozialkosten	43 510,00	9 160,00	13 740,00	16 030,00	4 580,00
Fremdreparaturen	24 150,00	3 450,00	17 250,00	3 450,00	—
Steuern	63 000,00	9 000,00	36 000,00	9 000,00	9 000,00
Kalk. Kosten	88 200,00	12 600,00	50 400,00	18 900,00	6 300,00
	479 360,00	82 010,00	240 090,00	113 480,00	43 780,00

2.

$$\text{MGK} = \frac{82\,010 \cdot 100}{683\,416{,}66} = \underline{\underline{12\,\%}}$$

$$\text{FGK} = \frac{240\,090 \cdot 100}{196\,795{,}08} = \underline{\underline{122\,\%}}$$

$$\text{VerwGK} = \frac{113\,480 \cdot 100}{1\,202\,311{,}74} = \underline{\underline{9{,}44\,\%}}$$

$$\text{VertrGK} = \frac{43\,780 \cdot 100}{1\,210\,211{,}74} = \underline{\underline{3{,}62\,\%}}$$

3.

	Verbrauch v. Fert.-Mat.	683 416,66 EUR
	MGK	82 010,00 EUR
	Fertigungslöhne	196 795,08 EUR
	FGK	240 090,00 EUR
	HK d. Rechnungsp.	1 202 311,74 EUR
+	Bestandsminderung FE	13 500,00 EUR
–	Bestandsmehrung UE	5 600,00 EUR
	HK des Umsatzes	1 210 211,74 EUR
+	VerwGK	113 480,00 EUR
+	VertrGK	43 780,00 EUR
	SK des Umsatzes (SK der verkauften Erzeugnisse)	1 367 471,74 EUR

Übungsaufgabe 47

1.

	Zahlen der KLR	Allg. Hilfskostenstelle Wasserwerk	Material	Fertigungshilfskostenstelle Labor	Fertigungsstellen I	Fertigungsstellen II	Verwaltung	Vertrieb
Summe GK	3 850 000,00	345 000,00	600 000,00	360 000,00	810 000,00	1 250 000,00	405 000,00	80 000,00
Umlage 1		→	1 500,00	9 000,00	150 000,00	180 000,00	3 000,00	1 500,00
Zwischensumme			601 500,00	369 000,00	960 000,00	1 430 000,00	408 000,00	81 500,00
Umlage 2				→	92 250,00	276 750,00		
Gemeinkosten der Hauptkostenstellen			601 500,00		1 052 250,00	1 706 750,00	408 000,00	81 500,00

2.

	Zahlen der KLR	Allg. Hilfskostenstelle Heizzentrale	Material	Fertigungshilfskostenstelle Arbeitsvorbereitung	Fertigungsstellen I	Fertigungsstellen II	Verwaltung	Vertrieb
Summe GK	728 000,00	48 000,00	72 000,00	72 000,00	96 000,00	240 000,00	120 000,00	80 000,00
Umlage 1		→	3 000,00	3 000,00	9 000,00	13 500,00	12 000,00	7 500,00
Zwischensumme			75 000,00	75 000,00	105 000,00	253 500,00	132 000,00	87 500,00
Umlage 2				→	16 200,00	58 800,00		
Gemeinkosten der Hauptkostenstellen			75 000,00		121 200,00	312 300,00	132 000,00	87 500,00

Übungsaufgabe 48

1.

Allgemeiner Kostenbereich		Material-verwaltung	Fertigung		Verwaltung	Vertrieb
Energie	Fuhrpark		Kunststoff-verarbeitung	Holz-verarbeitung		
5190	5404	8700	89500	107800	65800	49500
→	346	692	1384	1730	346	692
	5750 →	9392 460	90884 2070	109530 2300	66146 230	50192 690
		9852	92954	111830	66376	50882

MGK $= \frac{9852 \cdot 100}{116000} = \underline{\underline{8{,}49\,\%}}$

FGK Holzverarbeitung $= \frac{111830 \cdot 100}{126824} = \underline{\underline{88{,}18\,\%}}$

FGK Kunststoffverarbeitung $= \frac{92954 \cdot 100}{72764} = \underline{\underline{127{,}75\,\%}}$

VerwGK $= \frac{66376 \cdot 100}{530224} = \underline{\underline{12{,}52\,\%}}$

VertrGK $= \frac{50882 \cdot 100}{491284} = \underline{\underline{10{,}36\,\%}}$

Berechnung der Herstellkosten/Selbstkosten

	Verbrauch von Fertigungsmaterial	116000 TEUR
+	MGK	9852 TEUR
+	Fertigungslöhne Kunststoffverarbeitung	72764 TEUR
+	FGK Kunststoffverarbeitung	92954 TEUR
+	Fertigungslöhne Holzverarbeitung	126824 TEUR
+	FGK Holzverarbeitung	111830 TEUR
	Herstellkosten der Rechnungsperiode	530224 TEUR
–	Mehrbestand an Fertigerzeugnissen	38940 TEUR
	Herstellkosten des Umsatzes	491284 TEUR
+	VerwGK	66376 TEUR
+	VertrGK	50882 TEUR
2.	Selbstkosten des Umsatzes	608542 TEUR

Übungsaufgabe 49

Gemeinkosten	Zahlen der KLR in EUR	allgemeiner Kostenbereich		Material	Fertigung			Verwaltung	Vertrieb
		Energiezentrale	Kantine		Techn. Büro	Maschinengruppe A	Maschinengruppe B		
Gemeinkostenmaterial	52 000,00				12 000,00	18 000,00	22 000,00	0,00	0,00
Energiekosten	32 000,00	1 120,00	960,00	640,00	400,00	11 360,00	10 480,00	4 880,00	2 160,00
Gehälter u. Hilfslöhne	140 000,00	12 000,00	8 000,00	8 000,00	4 000,00	32 000,00	40 000,00	20 000,00	16 000,00
Sozialkosten	52 500,00	4 500,00	3 000,00	3 000,00	1 500,00	12 000,00	15 000,00	7 500,00	6 000,00
Bürokosten	30 000,00	2 000,00	2 000,00	2 000,00	4 000,00	4 000,00	4 000,00	10 000,00	2 000,00
Abschreibungen	96 000,00	2 400,00	1 920,00	1 440,00	3 480,00	22 800,00	50 160,00	9 900,00	3 900,00
Steuern u. Abgaben	10 000,00	1 000,00	500,00	1 000,00	1 000,00	1 500,00	2 500,00	1 500,00	1 000,00
	412 500,00	23 020,00	16 380,00	16 080,00	26 380,00	101 660,00	144 140,00	53 780,00	31 060,00
		→	2 302,00	1 151,00	1 151,00	6 906,00	5 755,00	3 453,00	2 302,00
			18 682,00	17 231,00	27 531,00	108 566,00	149 895,00	57 233,00	33 362,00
			→	934,10	1 868,20	6 538,70	5 604,60	2 802,30	934,10
				18 165,10	29 399,20	115 104,70	155 499,60		
					→	11 759,68	17 639,52		
				5 %		126 864,38	173 139,12	60 035,30	34 296,10
						120 %	110 %	6,36 %	3,69 %

Berechnung der Herstellkosten:

	Verbrauch von Fertigungsmaterial	363 302,00 EUR
+	MGK	18 165,10 EUR
+	Fertigungslöhne Maschinengruppe A	105 720,00 EUR
+	FGK Maschinengruppe A	126 864,38 EUR
+	Fertigungslöhne Maschinengruppe B	157 399,20 EUR
+	FGK Maschinengruppe B	173 139,12 EUR
	Herstellkosten der Rechnungsperiode	944 589,80 EUR
+	Bestandsminderung UE	8 800,00 EUR
–	Bestandsmehrung FE	25 210,00 EUR
	Herstellkosten des Umsatzes	928 179,80 EUR

Übungsaufgabe 50

1.

allg. Bereich	Materialbereich	Fertigungsbereich				Verwaltungsbereich			Vertriebsbereich
Reparaturabteilung		Lehrwerkstatt	Arbeitsvorbereitung	Produktion I	Produktion II	Personalabteilung	Ausbildung kfm. Angestellte	Verwaltung	
44100,00	12850,00	8200,00	5748,00	134241,00	157413,00	21400,00	32550,00	79600,00	66880,00
→	2450,00	2450,00	4900,00	14700,00	9800,00	2450,00	0,00	4900,00	2450,00
		10650,00	10648,00	148941,00	167213,00	23850,00	32550,00	84500,00	
		→		6390,00	4260,00		15900,00	7950,00	
				155331,00	171473,00		48450,00	92450,00	
			→	7986,00	2662,00		→	48450,00	
	15300,00			163317,00	174135,00			140900,00	69330,00

$$\text{MGK} = \frac{15300 \cdot 100}{122381} = \underline{\underline{12,5\,\%}}$$

$$\text{FGK Produktion I} = \frac{163317 \cdot 100}{146400} = \underline{111,56\,\%}$$

$$\text{FGK Produktion II} = \frac{174135 \cdot 100}{130750} = \underline{\underline{133,18\,\%}}$$

$$\text{VerwGK} = \frac{140900 \cdot 100}{752283} = \underline{\underline{18,73\,\%}}$$

$$\text{VertrGK} = \frac{69330 \cdot 100}{769423} = \underline{\underline{9,01\,\%}}$$

2. Selbstkosten

	Verbrauch von Fertigungsmaterial	122381,00 EUR
+	MGK	15300,00 EUR
+	Fertigungslöhne Produktion I	146400,00 EUR
+	FGK Produktion I	163317,00 EUR
+	Fertigungslöhne Produktion II	130750,00 EUR
+	FGK Produktion II	174135,00 EUR
	Herstellkosten der Rechnungsperiode	752283,00 EUR
+	Bestandsminderung FE	17140,00 EUR
	Herstellkosten des Umsatzes	769423,00 EUR
+	VerwGK	140900,00 EUR
+	VertrGK	69330,00 EUR
	Selbstkosten des Umsatzes	979653,00 EUR

3. 3.1 Die Leistungen der allgemeinen Hilfskostenstellen werden in allen oder in fast allen Kostenstellen in Anspruch genommen. Aus Gründen der Überwachung und Kontrolle der Wirtschaftlichkeit ist es sinnvoll für Hilfskostenstellen, die dem Gesamtbetrieb dienen, eine eigene Kostenstelle zu bilden und die darin angegebenen Kosten verursachungsgerecht auf die übrigen Kostenstellen zu verteilen.

5 Speth u.a. - ISBN 978-3-8120-3576-7

3.2 Aus Gründen der Kostenkontrolle ist es sinnvoll, die indirekten Fertigungskosten zunächst in Fertigungshilfskostenstellen gesondert zu erfassen. Daneben erhöht die Aufspaltung der Fertigungsgemeinkosten in direkte und in indirekte Kosten die Aussagekraft der Kostenanalyse.

Übungsaufgabe 51

1.

	Verrechnete Gemeinkosten (Normalkosten)	65850,00 EUR
–	Istkosten	62780,00 EUR
	Kostenüberdeckung	3070,00 EUR

2. Man muss nicht auf die Kalkulationssätze warten; die Kalkulationsgrundlagen bleiben gleich.

3. Die **Normalkostenrechnung** rechnet mit verrechneten Gemeinkosten (Normalkosten) und ist für die Angebotskalkulation geeignet.

   Die **Istkostenrechnung** rechnet mit den tatsächlich angefallenen Gemeinkosten (Istkosten) und ist für die Nachkalkulation zur Überprüfung der Normalkosten geeignet.

4. Ein **Kostenträger** ist ein Produkt (bzw. eine Produktgruppe), für das (die) Kosten entstanden sind.

5. – Grundlage für preispolitische Entscheidungen,
   – Grundlage der Planung und Kontrolle der Ertragskraft der einzelnen Produkte,
   – Grundlage der Bewertung der Bestände an Halb- und Fertigfabrikaten.

6. Bei der **Kostenträgerzeitrechnung** werden die gesamten in einer Abrechnungsperiode angefallenen Kosten – nach Kostenträgern gegliedert – ermittelt. Sie dient der Ermittlung des Betriebsergebnisses.

   Bei der **Kostenträgerstückrechnung** werden die Kosten für ein einzelnes Produkt bzw. einen einzelnen Auftrag berechnet.

Übungsaufgabe 52

Bezeichnungen	Istkosten	Normal-zuschlags-sätze	Produkt A	Produkt B
Verbrauch von Fertigungsmaterial	598 700,00		220 300,00	378 400,00
+ Materialgemeinkosten	65 857,00	11,00	24 233,00	41 624,00
= Materialkosten	664 557,00		244 533,00	420 024,00
Fertigungslöhne	697 650,00		271 800,00	425 850,00
+ Fertigungsgemeinkosten	1 116 240,00	160,0	434 880,00	681 360,00
= Fertigungskosten	1 813 890,00		706 680,00	1 107 210,00
= Herstellkosten der Rechnungsperiode	**2 478 447,00**		**951 213,00**	**1 527 234,00**
– Bestandsmehrung UE/FE	56 600,00		4 900,00	51 700,00
+ Bestandsminderung FE/UE	55 010,00		20 900,00	34 110,00
= Herstellkosten des Umsatzes	**2 476 857,00**		**967 213,00**	**1 509 644,00**
+ Verwaltungsgemeinkosten	322 198,11	13,00	123 657,69	198 540,42
+ Vertriebsgemeinkosten	198 148,56	8,00	77 377,04	120 771,52
= Selbstkosten d. Umsatzes	**2 997 203,67**		**1 168 247,73**	**1 828 955,94**
Netto-Verkaufserlöse	**3 016 100,00**		**1 120 700,00**	**1 895 400,00**
– Selbstkosten d. Umsatzes	**2 997 203,67**		**1 168 247,73**	**1 828 955,94**
= Umsatzergebnis	**18 896,33**		**– 47 547,73**	**+ 66 444,06**

Übungsaufgabe 53

Ziffer	Bezeichnungen	Istkosten	Normal-zuschlagssätze	Normalkosten	Kostenüber-/-unterdeckung
1	Verbr. v. Fertigungsmat.	897480,00		897480,00	
2	+ 9,5% MGK	85260,60	9%	80773,20	– 4487,40
3	Materialkosten	982740,60		978253,20	
4	Fertigungslöhne	671500,00		671500,00	
5	+ 138% FGK	926670,00	136,2%	914583,00	– 12087,00
6	Fertigungskosten	1598170,00		1586083,00	
7	Herstellkosten d. Rp. (H.-Kosten d. Umsatzes)	2580910,60		2564336,20	
8	+ 12% VerwGK	309709,27	13%	333363,71	+ 23654,44
9	+ 7% VertrGK	180663,74	6,5%	166681,85	– 13981,89
10	Selbstkosten	3071283,61		3064381,76	– 6901,85
11	Nettoverkaufserlöse	3247200,00		3247200,00	
10	– Selbstkosten d. Umsatzes	3071283,61		3064381,76	
12	Umsatzergebnis	175916,39		182818,24	
13	– Kostenüberdeckung			– 6901,85	
14	Betriebsergebnis	175916,39		175916,39	

Istzuschlagssätze: MGK: 9,5%; FGK: 138,0%; VerwGK: 12%; VertrGK: 7%

Übungsaufgabe 54

Ziffer	Bezeichnungen	Istkosten	Zuschlagssätze		Normalkosten	Kostenüber-/-unterdeckung
			Ist	Normal		
1	Verbr. v. Fertigungsmat.	210700,00			210700,00	
2	+ 7% MGK	14749,00	7%	8%	16856,00	+ 2107,00
3	Materialkosten	225449,00			227556,00	
4	Fertigungslöhne	140500,00			140500,00	
5	+ 165% FGK	231825,00	165%	166%	233230,00	+ 1405,00
6	SEKF	6500,00			6500,00	
7	Fertigungskosten	378825,00			380230,00	
8	Herstellkosten d. Rp.	604274,00			607786,00	
9	– Bestandsmehrung UE	3200,00			3200,00	
10	+ Bestandsminderung FE	4500,00			4500,00	
11	Herstellkosten d. Umsatzes	605574,00			609086,00	
12	+ 13% VerwGK (v. 11)	78724,62	13%	11,5%	70044,89	– 8679,73
13	+ 6% VertrGK (v. 11)	36334,44	6%	7,2%	43854,19	+ 7519,75
14	+ SEKV	5200,00			5200,00	
1. 15	Selbstkosten d. Umsatzes	725833,06			728185,08	+ 2352,02
16	Nettoverkaufserlöse	792322,00			792322,00	
15	– Selbstkosten	725833,06			728185,08	
17	Umsatzergebnis	66488,94			64136,92	
18	+ Kostenüberdeckung				2352,02	
2. 19	Betriebsergebnis	66488,94			66488,94	

Übungsaufgabe 55

1. **2.**

Zif-fer	Bezeichnungen	Istkosten	Zuschlagssätze Ist	Zuschlagssätze Normal	Normal-kosten	Kostenüber-/-unter-deckungen
1	Verbrauch v. Fert.-Mat.	460 000,00			460 000,00	
2	+ MGK	58 700,00	12,76 %	12 %	55 200,00	– 3 500,00
3	Materialkosten	518 700,00			515 200,00	
4	Fertigungslöhne	318 000,00			318 000,00	
5	+ FGK	412 300,00	129,65 %	140 %	445 200,00	+ 32 900,00
6	Fertigungskosten	730 300,00			763 200,00	
7	Herstellkosten d. Rp.	1 249 000,00			1 278 400,00	
8	+ Bestandsminderung UE	17 100,00			17 100,00	
9	– Bestandsmehrung FE	38 700,00			38 700,00	
10	Herstellkosten d. Umsatzes	1 227 400,00			1 256 800,00	
11	VerwGK (von 7)	149 880,00	12 %	15 %	191 760,00	+ 41 880,00
12	VertrGK (von 10)	135 014,00	11 %	10 %	125 680,00	– 9 334,00
13	Selbstkosten d. Umsatzes	1 512 294,00			1 574 240,00	+ 61 946,00
14	Nettoverkaufserlöse	1 580 000,00			1 580 000,00	
13	Selbstkosten d. Umsatzes	1 512 294,00			1 574 240,00	
15	Umsatzergebnis				5 760,00	
16	Kostenüberdeckung				61 946,00	

3.

17	Betriebsergebnis	67 706,00			67 706,00	

Übungsaufgabe 56

1./2.

Gemein-kosten insgesamt	Sozial-bereich	Material-bereich	Arbeits-vorberei-tung	Weich-bearbei-tung	Hart-bearbei-tung	Verwaltung	Vertrieb
914 840,00	44 640,00	68 700,00	91 600,00	183 200,00	274 800,00	137 400,00	114 500,00
		1 240,00	2 480,00	15 500,00	18 600,00	4 960,00	1 860,00
			94 080,00	198 700,00	293 400,00		
				47 040,00	47 040,00		
		69 940,00		245 740,00	340 440,00	142 360,00	116 360,00

3.

Bezeichnungen	Istkosten %	Istkosten EUR	Über-/Unterdeckung	Normalkosten %	Normalkosten EUR
Materialeinzelkosten + MGK	 9,5	732800,00 69940,00	 + 3340,00	 10,0	732800,00 73280,00
Materialkosten		802740,00			806080,00
+ Fert.-Lohn, Weichbearb. + FGK, Weichbearbeitung + Fert.-Lohn Hartbearb. + FGK, Hartbearbeitung	 102,4 116,3	240000,00 245740,00 292800,00 340440,00	 + 18260,00 – 3720,00	 110,0 115,0	240000,00 264000,00 292800,00 336720,00
Fertigungskosten		1118980,00			1133520,00
Herstellkosten d. Rp. – Bestandsmehrung UE – Bestandsmehrung FE		1921720,00 2200,00 12000,00			1939600,00 2200,00 12000,00
Herstellkosten d. Umsatzes + Verw.-Gemeinkosten + Vertr.-Gemeinkosten + Sondereinzelkosten d. Vertr.	 7,4 6,1 	1907520,00 142360,00 116360,00 20000,00	 + 12808,00 – 20090,00 	 8,0 5,0 	1925400,00 155168,00 96270,00 20000,00
Selbstkosten		2186240,00	+ 10598,00		2196838,00
Nettoverkaufserlöse – Selbstkosten		2360000,00 2186240,00			2360000,00 2196838,00
Umsatzergebnis + Überdeckung		+ 173760,00			+ 163162,00 10598,00
Betriebsergebnis		+ 173760,00			+ 173760,00

Übungsaufgabe 57

	Materialeinzelkosten	44,30 EUR	
+	6,7 % Materialgemeinkosten	2,97 EUR	
=	Materialkosten		47,27 EUR
	Fertigungslöhne	61,25 EUR	
+	157,4 % Fertigungsgemeinkosten	96,41 EUR	
+	Sondereinzelkosten der Fertigung	157,66 EUR	
=	Fertigungskosten		315,32 EUR
	Herstellkosten		362,59 EUR
+	16,4 % Verwaltungsgemeinkosten	59,46 EUR	
+	9,8 % Vertriebsgemeinkosten	35,53 EUR	94,99 EUR
=	Selbstkosten		457,58 EUR
+	12,5 % Gewinn		57,20 EUR
=	Barverkaufspreis		514,78 EUR
+	8 % Vertreterprovision		46,27 EUR
+	3 % Kundenskonto		17,35 EUR
=	Zielverkaufspreis		578,40 EUR
+	5 % Kundenrabatt		30,44 EUR
=	Listenverkaufspreis (Angebotspreis)		608,84 EUR

Übungsaufgabe 58

		Materialeinzelkosten	8420,00 EUR	
	+	10,5 % MGK	884,10 EUR	
		Materialkosten		9304,10 EUR
		Fertigungslöhne	3720,00 EUR	
	+	145 % FGK	5394,00 EUR	
	+	SEKF	890,00 EUR	
		Fertigungskosten		10004,00 EUR
		Herstellkosten		19308,10 EUR
	+	13,7 % VerwGK u. VertrGK		2645,21 EUR
1.		Selbstkosten		21953,31 EUR
	+	12 % Gewinn		2634,40 EUR
		Barverkaufspreis		24587,71 EUR
	+	2 % Kundenskonto		501,79 EUR
		Zielverkaufspreis		25089,50 EUR
	+	15 % Kundenrabatt		4427,56 EUR
2.		Listenverkaufspreis		29517,06 EUR

Übungsaufgabe 59

1. $\text{MGK} = \frac{9180 \cdot 100}{108000} = \underline{\underline{8{,}5\,\%}}$

$\text{FGK} = \frac{179400 \cdot 100}{195000} = \underline{\underline{92{,}0\,\%}}$

$\text{VerwGK} = \frac{60955{,}92 \cdot 100}{502580} = \underline{\underline{12{,}13\,\%}}$

$\text{VertrGK} = \frac{37693{,}50 \cdot 100}{502580} = \underline{\underline{7{,}5\,\%}}$

	Verbrauch v. Fertig.-Mat.	108000,00 EUR
+	MGK	9180,00 EUR
+	Fertigungslöhne	195000,00 EUR
+	FGK	179400,00 EUR
	Herstellkosten d. Rp.	491580,00 EUR
–	Bestandsmehrung UE	14000,00 EUR
+	Bestandsminderung FE	25000,00 EUR
	Herstellkosten d. Umsatzes	502580,00 EUR

2.		Materialeinzelkosten	480,00 EUR
	+	8,5 % MGK	40,80 EUR
	+	Fertigungslöhne	760,00 EUR
	+	92 % FGK	699,20 EUR
	+	SEKF	120,00 EUR
		Herstellkosten	2100,00 EUR
	+	12,13 % VerwGK	254,73 EUR
	+	7,5 % VertrGK	157,50 EUR
		Selbstkosten	2512,23 EUR
	+	20 % Gewinn	502,45 EUR
		Barverkaufspreis	3014,68 EUR
	+	9 % Vertreterprovision	308,32 EUR
	+	3 % Kundenskonto	102,77 EUR
		Zielverkaufspreis	3425,77 EUR
	+	15 % Kundenrabatt	604,55 EUR
	=	Listenverkaufspreis	4030,32 EUR

Übungsaufgabe 60

1.

$$\text{MGK} = \frac{42\,100{,}50 \cdot 100}{647\,700} = \underline{\underline{6{,}5\,\%}}$$

$$\text{FGK} = \frac{785\,680 \cdot 100}{561\,200} = \underline{\underline{140{,}0\,\%}}$$

$$\text{VerwGK} = \frac{224\,035 \cdot 100}{2\,036\,680{,}50} = \underline{\underline{11{,}0\,\%}}$$

$$\text{VertrGK} = \frac{173\,118 \cdot 100}{2\,036\,680{,}50} = \underline{\underline{8{,}5\,\%}}$$

Berechnung der Herstellkosten

	Verbrauch v. Fertig.-Mat.	647 700,00 EUR
+	MGK	42 100,50 EUR
+	Fertigungslöhne	561 200,00 EUR
+	FGK	785 680,00 EUR
	Herstellkosten d. Rp.	2 036 680,50 EUR

2.

	Materialeinzelkosten	1 040,00 EUR
+	6,5 % MGK	67,60 EUR
+	Fertigungslöhne (35 Std. · 78,50 EUR)	2 747,50 EUR
+	140 % FGK	3 846,50 EUR
	Herstellkosten	7 701,60 EUR
+	11,0 % VerwGK	847,18 EUR
+	8,5 % VertrGK	654,64 EUR
	Selbstkosten	9 203,42 EUR
+	20 % Gewinn	1 840,68 EUR
	Barverkaufspreis	11 044,10 EUR
+	5 % Vertreterprovision	593,77 EUR
+	2 % Kundenskonto	237,51 EUR
	Zielverkaufspreis (90 %)	11 875,38 EUR
+	10 % Kundenrabatt	1 319,49 EUR
=	Listenverkaufspreis	13 194,87 EUR

Übungsaufgabe 61

	Materialeinzelkosten	5 040,00 EUR	
–	25 % Materialgemeinkosten	1 260,00 EUR	
	Materialkosten		6 300,00 EUR
	Fertigungslöhne	4 800,00 EUR	
+	450 % Fertigungsgemeinkosten	21 600,00 EUR	
+	Sondereinzelkosten d. Fertigung	500,00 EUR	
	Fertigungskosten		26 900,00 EUR
	Herstellkosten		33 200,00 EUR
–	10 % Verwaltungsgemeinkosten		3 320,00 EUR
–	15 % Vertriebsgemeinkosten		4 980,00 EUR
–	Sondereinzelkosten d. Vertriebs		300,00 EUR
	Selbstkosten		41 800,00 EUR
–	12,5 % Gewinn :112,5 · 12,5		5 225,00 EUR
	Barverkaufspreis		47 025,00 EUR
–	3 % Vertreterprovision :100 · 3		1 485,00 EUR
–	2 % Kundenskonto :100 · 2		990,00 EUR
	Zielverkaufspreis		49 500,00 EUR
–	10 % Kundenrabatt :100 · 100		5 500,00 EUR
=	Listenverkaufspreis		55 000,00 EUR

Übungsaufgabe 62

	Materialeinzelkosten		4680,81 EUR
–	8 % Materialgemeinkosten		374,46 EUR
	Materialkosten		5055,27 EUR
	Fertigungslöhne	2800,00 EUR	
+	94 % Fertigungsgemeinkosten	2632,00 EUR	
+	Sondereinzelkosten d. Fertigung	560,00 EUR	
	Fertigungskosten		– 5992,00 EUR
	Herstellkosten		11047,27 EUR
–	18 % Verwaltungsgemeinkosten		1988,51 EUR
–	7% Vertriebsgemeinkosten		773,31 EUR
	Selbstkosten		13809,09 EUR
–	10 % Gewinn		1380,91 EUR
	Barverkaufspreis		15190,00 EUR
–	2 % Kundenskonto		310,00 EUR
=	Angebotspreis		15500,00 EUR

Übungsaufgabe 63

	Materialeinzelkosten		5611,59 EUR
–	MGK 7 %		392,81 EUR
	Materialkosten		6004,40 EUR
	Fertigungslöhne	4360,00 EUR	
+	FGK 110 %	4796,00 EUR	
	Fertigungskosten		– 9156,00 EUR
	Herstellkosten		15160,40 EUR
–	VerwGK 10 %		1516,04 EUR
–	VertrGK 6 %		909,62 EUR
	Selbstkosten		17586,06 EUR
–	Gewinn 9 %		1582,74 EUR
	Barverkaufspreis		19168,80 EUR
–	Kundenskonto 2 %		391,20 EUR
	Zielverkaufspreis		19560,00 EUR
–	Kundenrabatt 20 %		4890,00 EUR
=	Listenverkaufspreis		24450,00 EUR

Übungsaufgabe 64

	Materialeinzelkosten	7350,00 EUR		
+	12 % MGK	882,00 EUR		
	Materialkosten		8232,00 EUR	
	Fertigungslohn 58 Std. · 52,00 EUR	3016,00 EUR		
+	Fremdarbeiten 48 Std. · 95,00 EUR	4560,00 EUR		
+	15 % FGK	452,40 EUR		
+	SEKF	400,00 EUR		
	Fertigungskosten		8428,40 EUR	
	Herstellkosten		16660,40 EUR	
+	25 % VerwGK u. VertrGK		4165,10 EUR	
	Selbstkosten		20825,50 EUR	
–	Gewinn		1714,50 EUR	8,23 %
	Barverkaufspreis		22540,00 EUR	
–	Vertreterprovision 5 % i. H.		1225,00 EUR	
–	Kundenskonto 3 % i. H.		735,00 EUR	
=	Listenverkaufspreis		24500,00 EUR	

Übungsaufgabe 65

1. 1.1

	Materialeinzelkosten	4900,00 EUR	
+	8,4 % MGK	411,60 EUR	
	Materialkosten		5311,60 EUR
	Fertigungslohn	1260,00 EUR	
+	106 % FGK	1335,60 EUR	
	Fertigungskosten		2595,60 EUR
	Herstellkosten		7907,20 EUR
+	11 % VerwGK		869,79 EUR
+	7 % VertrGK		553,50 EUR
	Selbstkosten		9330,49 EUR
+	20 % Gewinn		1866,10 EUR
	Barverkaufspreis		11196,59 EUR
+	4 % Vertreterprovision		476,45 EUR
+	2 % Kundenskonto		238,23 EUR
	Zielverkaufspreis		11911,27 EUR
+	15 % Kundenrabatt		2101,99 EUR
	Angebotspreis		14013,26 EUR

1.2		Selbstkosten	9 330,49 EUR
	–	Gewinn	1 360,13 EUR ≙ 14,58 %
		Barverkaufspreis	10 690,62 EUR
	–	4 % Vertreterprovision	454,92 EUR
	–	2 % Kundenskonto	227,46 EUR
		Zielverkaufspreis	11 373,00 EUR
	–	15 % Kundenrabatt	2 007,00 EUR
		Angebotspreis (13 980,00 EUR – 600,00 EUR)	13 380,00 EUR

Gewinnsatz: $\frac{1\,360{,}13 \cdot 100}{9\,330{,}49} = 14{,}58\,\%$

2. Ermittlung der Zuschlagssätze:

Herstellkosten (gesamt) = 500 · 200,00 + 1 500 · 300,00 = 550 000,00 EUR

$VwGKZ = \frac{71\,500 \cdot 100}{550\,000} = 13\,\%$ $VtGKZ = \frac{55\,000 \cdot 100}{550\,000} = 10\,\%$

Zuschlagskalkulation	**Alpha**	**Beta**
Herstellkosten	200,00 EUR	300,00 EUR
+ 13 % VwGK	26,00 EUR	39,00 EUR
+ 10 % VtGK	20,00 EUR	30,00 EUR
= Stückkosten	246,00 EUR	369,00 EUR

Übungsaufgabe 66

	Vorkalkulation			Nachkalkulation		
	%	EUR	EUR	%	EUR	EUR
Materialeinzelkosten		44,30			56,30	
+ Materialgemeinkosten	6,70	2,97		6,90	3,88	
= Materialkosten			47,27			60,18
Fertigungslöhne		61,25			65,20	
+ Fertigungsgemeinkosten	157,40	96,41		149,50	97,47	
+ Sondereinzelkosten Fert.		157,66			162,68	
= Fertigungskosten			315,32			325,35
Herstellkosten			362,59			385,53
+ Verwaltungsgemeinkosten	16,40	59,46		17,40	67,08	
+ Vertriebsgemeinkosten	9,80	35,53		9,50	36,63	
+ Sondereinzelkosten Vertrieb		0,00	94,99		0,00	103,71
= Selbstkosten			**457,58**			**489,24**
+ Gewinnzuschlag	12,50		57,20	5,22		25,54
= Barverkaufspreis			**514,78**			**514,78**
+ Vertreterprovision	8,00		46,27			
+ Skonto	3,00		17,35			
= Zielverkaufspreis			578,40			
+ Rabatt	5,00		30,44			
= Listenverkaufspreis			**608,84**			

Übungsaufgabe 67

1.

	Materialeinzelkosten	275,80 EUR	
+	35 % Materialgemeinkosten	96,53 EUR	
=	Materialkosten		372,33 EUR
	Fertigungslöhne	330,40 EUR	
+	85 % Fertigungsgemeinkosten	280,84 EUR	
=	Fertigungskosten		611,24 EUR
=	Herstellkosten		983,57 EUR
+	20 % Verwaltungsgemeinkosten	196,71 EUR	
+	18 % Vertriebsgemeinkosten	177,04 EUR	373,75 EUR
=	Selbstkosten		1 357,32 EUR
+	25 % Gewinn		339,33 EUR
=	Barverkaufspreis		1 696,65 EUR
+	2 % Kundenskonto		34,63 EUR
=	Zielverkaufspreis		1 731,28 EUR
+	10 % Kundenrabatt		192,36 EUR
=	Listenverkaufspreis (Angebotspreis)		1 923,64 EUR

2. 2.1

	Vorkalkulation			Nachkalkulation		
	%	EUR	EUR	%	EUR	EUR
Materialeinzelkosten		275,80			260,75	
+ Materialgemeinkosten	35,00	96,53		32,50	84,74	
= Materialkosten			372,33			345,49
Fertigungslöhne		330,40			310,80	
+ Fertigungsgemeinkosten	85,00	280,84		79,50	247,09	
= Fertigungskosten			611,24			557,89
Herstellkosten			983,57			903,38
+ Verwaltungsgemeinkosten	20,00	196,71		21,50	194,23	
+ Vertriebsgemeinkosten	18,00	177,04	373,75	17,20	155,38	349,61
= Selbstkosten			**1 357,32**			**1 252,99**
+ Gewinnzuschlag	25,00		339,33	35,41		443,66
= Barverkaufspreis			**1 696,65**			**1 696,65**
+ Skonto	2,00		34,63			
= Zielverkaufspreis			1 731,28			
+ Rabatt	10,00		192,36			
= Listenverkaufspreis			**1 923,64**			

2.2				
	Materialeinzelkosten	260,75 EUR		
+	32,5 % Materialgemeinkosten	84,74 EUR		
=	Materialkosten		345,49 EUR	
	Fertigungslöhne	310,80 EUR		
+	79,5 % Fertigungsgemeinkosten	247,09 EUR		
+	Sondereinzelkosten d. Fert.	0,00 EUR		
=	Fertigungskosten		557,89 EUR	
=	Herstellkosten		903,38 EUR	
+	21,5 % Verwaltungsgemeinkosten	194,23 EUR		**absolute**
+	17,2 % Vertriebsgemeinkosten	155,38 EUR		**Preis-**
+	Sondereinzelkosten Vertrieb	0,00 EUR	349,61 EUR	**untergrenze**
=	Selbstkosten		1 252,99 EUR	**1 252,99 EUR**
+	25 % Gewinn		313,25 EUR	0,00 EUR
=	Barverkaufspreis		1 566,24 EUR	1 252,99 EUR
+	Vertreterprovision		0,00 EUR	0,00 EUR
+	2 % Kundenskonto		31,96 EUR	25,57 EUR
=	Zielverkaufspreis		1 598,20 EUR	1 278,56 EUR
+	10 % Kundenrabatt		177,58 EUR	142,06 EUR
=	Listenverkaufspreis (Angebotspreis)		1 775,78 EUR	1 420,62 EUR

Übungsaufgabe 68

	Vorkalkulation				Nachkalkulation		
	Materialeinzelkosten	8 420,00 EUR				8 720,00 EUR	
+	10,5 % MGK	884,10 EUR			10,4 %	906,88 EUR	
	Materialkosten		9 304,10 EUR				9 626,88 EUR
+	Fertigungslöhne	3 720,00 EUR				3 165,00 EUR	
+	145 % FGK	5 394,00 EUR			151 %	4 779,15 EUR	
+	SEKF	890,00 EUR			SEKF	795,00 EUR	
	Fertigungskosten		10 004,00 EUR				8 739,15 EUR
	Herstellkosten		19 308,10 EUR				18 366,03 EUR
+	13,7 % VerwGK u. VertrGK		2 645,21 EUR		14,9 %		2 736,54 EUR
	Selbstkosten		21 953,31 EUR		Selbstkosten		21 102,57 EUR
+	12 % Gewinn		2 634,40 EUR	–	Gewinn in EUR		3 485,14 EUR
	Barverkaufspreis		24 587,71 EUR		Barverkaufspreis		24 587,71 EUR
+	2 % Kundenskonto		501,79 EUR	–	2 % Kundenskonto		501,79 EUR
	Zielverkaufspreis		25 089,50 EUR		Zielverkaufspreis		25 089,50 EUR
+	15 % Kundenrabatt		4 427,56 EUR	–	15 % Kundenrabatt		4 427,56 EUR
	Listenverkaufspreis		29 517,06 EUR		Listenverkaufspreis		29 517,06 EUR

Gewinn in %

21 102,57 EUR ≙ 100 %
3 485,14 EUR ≙ x %

$$x = \frac{100 \cdot 3485{,}14}{21\,102{,}57} = \underline{\underline{16{,}52\,\%}}$$

Übungsaufgabe 69

1. MGK $= \frac{9936 \cdot 100}{108000} = \underline{\underline{9,2\,\%}}$

FGK $= \frac{181935 \cdot 100}{195000} = \underline{\underline{93,3\,\%}}$

VerwGK $= \frac{56910 \cdot 100}{505871} = \underline{\underline{11,3\,\%}}$

VertrGK $= \frac{36929 \cdot 100}{505871} = \underline{\underline{7,3\,\%}}$

Berechnung der Herstellkosten

	Verbrauch v. Fertig.–Mat.	108 000,00 EUR
+	MGK	9 936,00 EUR
+	Fertigungslöhne	195 000,00 EUR
+	FGK	181 935,00 EUR
	Herstellkosten d. Rp.	494 871,00 EUR
–	Bestandsmehrung UE	14 000,00 EUR
+	Bestandsminderung FE	25 000,00 EUR
	Herstellkosten d. Umsatzes	505 871,00 EUR

2.

	Materialeinzelkosten	480,00 EUR
+	9,2 % MGK	44,16 EUR
+	Fertigungslöhne	760,00 EUR
+	93,3 % FGK	709,08 EUR
+	SEKF	120,00 EUR
	Herstellkosten	2 113,24 EUR
	11,3 % VerwGK	238,80 EUR
+	7,3% VertrGK	154,27 EUR
	Selbstkosten	2 506,31 EUR
–	Gewinn	515,17 EUR
	Barverkaufspreis	3 021,48 EUR

Der erzielte Gewinn liegt um 12,72 EUR über dem einkalkulierten Gewinn (515,17 EUR – 502,45 EUR).

Übungsaufgabe 70

1.

	Materialeinzelkosten	9 400,00 EUR	
+	12,4 % MGK	1 165,60 EUR	
=	Materialkosten		10 565,60 EUR
	Fertigungslohn	16 200,00 EUR	
+	104 % FGK	16 848,00 EUR	
=	Fertigungskosten		33 048,00 EUR
=	Herstellkosten		43 613,60 EUR
+	6 % VerwGK		2 616,82 EUR
+	8 % VertrGK		3 489,09 EUR
=	Selbstkosten		49 719,51 EUR
+	18 % Gewinn		8 949,51 EUR
=	Barverkaufspreis		58 669,02 EUR
+	Kundenskonto 2 % i. H.		1 197,33 EUR
=	Angebotspreis		59 866,35 EUR

2.

	Selbstkosten	49719,51 EUR	↓
–	Gewinn	7185,51 EUR	≙ 14,45 %*
=	Barverkaufspreis	56905,02 EUR	↑
–	Kundenskonto 2 % v. H.	1161,33 EUR	
=	Neuer Angebotspreis (58866,35 EUR – 800,00 EUR)	58066,35 EUR	

* Nebenrechnung:

49719,51 EUR ≙ 100 %
7185,51 EUR ≙ x %

$$x = \frac{7185{,}51 \cdot 100}{49719{,}51} = 14{,}45\,\%$$

3. 3.1 **Berechnung der Istzuschlagssätze:**

$$\text{MGK} = \frac{83800 \cdot 100}{647700} = 12{,}9\,\%$$

$$\text{FGK} = \frac{589260 \cdot 100}{561200} = 105{,}0\,\%$$

$$\text{VerwGK} = \frac{133620 \cdot 100}{1881960} = 7{,}1\,\%$$

$$\text{VertrGK} = \frac{163730 \cdot 100}{1881960} = 8{,}7\,\%$$

Verbrauch v. Fertig.-Mat.	647700,00 EUR
+ MGK	83800,00 EUR
+ Fertigungslöhne	561200,00 EUR
+ FGK	589260,00 EUR
Herstellkosten d. Rp.	1881960,00 EUR

3.2 **Nachkalkulation der Selbstkosten:**

	Materialeinzelkosten	9400,00 EUR	
+	12,9 % Materialgemeinkosten	1212,60 EUR	
=	**Materialkosten**		10612,60 EUR
	Fertigungslöhne	16200,00 EUR	
+	105,0 % Fertigungsgemeinkosten	17010,00 EUR	
=	**Fertigungskosten**		33210,00 EUR
=	**Herstellkosten**		43822,60 EUR
+	7,1 % Verwaltungsgemeinkosten		3111,40 EUR
+	8,7 % Vertriebsgemeinkosten		3812,57 EUR
=	Selbstkosten		50746,57 EUR

Die Istselbstkosten liegen um 1027,06 EUR (50746,57 EUR – 49719,51 EUR) höher als die Normalselbstkosten.

4. 4.1
- Geplante Fertigungszeit, geplante Materialvorgaben, geplanter Energieverbrauch wird überschritten.
- Wegen mangelnder Organisation müssen Lohnzuschläge für Überstunden gezahlt werden; vermehrte Ausschussprodukte.
- Aufgrund mehrerer kleinerer Bestellmengen liegen die tatsächlichen Materialkosten über den geplanten Materialkosten.

4.2 Wenn in der Istkalkulation die Material- und/oder Fertigungsgemeinkosten von der Normalkalkulation abweichen, ergeben sich Istherstellkosten, die von den Normalherstellkosten abweichen.

Da die Zuschlagsgrundlage für die Verwaltungsgemeinkosten die Normalherstellkosten sind, kann es daher trotz gleichem Verwaltungs-Gemeinkostenzuschlagssatz zu Kostenabweichungen im Verwaltungsbereich kommen. Dies kann nicht vom Leiter der Kostenstelle Verwaltung beeinflusst werden.

4.3 – Bei einem Rückgang der Auslastung wird weniger Material verbraucht. Bei konstantem Normalzuschlagssatz führt dies zu einem Rückgang der verrechneten Materialgemeinkosten (proportional variable Kosten).

Da die Materialgemeinkosten auch fixe Kosten enthalten, die als Istkosten kurzfristig nicht abgesenkt werden können, gehen die Istgemeinkosten nicht im gleichen Ausmaß zurück, wie die verrechneten Normalgemeinkosten. Diese Kostensteigerung hat der Kostenstellenleiter nicht zu vertreten.

Sind die Einzelkosten in der Vor- und Nachkalkulation konstant, dann können die Ursachen der Gemeinkostensteigerung dem Kostenbereich eindeutig zugerechnet werden.

– Preisabweichungen hat der Kostenstellenleiter in der Regel nicht zu vertreten, z. B. Energiekosten, steigende Preise für Hilfs- und Betriebsstoffe, Lohnsteigerung bei den Gehältern für Lagerarbeiter.

5. Bei einem Anstieg der Auslastung sinken die Selbstkosten. Die Ursache liegt darin, dass der Fixkostenanteil, der in den Gemeinkosten enthalten ist, sich auf mehr Produkte verteilt (Fixkostendegression). Die Gemeinkostenzuschlagssätze können gesenkt und damit der Angebotspreis verringert werden.

Da der Absatz steigt, ist es jedoch aus Sicht des Unternehmens nicht sinnvoll den sinkenden Preis an den Käufer weiterzugeben. Vielmehr sollte das Unternehmen die Preise erhöhen, um das Betriebsergebnis zu steigern.

Übungsaufgabe 71

1.

	Fertigungsmaterial	110,26 EUR
–	15 % Materialgemeinkosten	16,54 EUR
=	Materialkosten	126,80 EUR
–	Fertigungskosten	293,50 EUR
=	Herstellkosten	420,30 EUR
–	4,8 % Verwaltungsgemeinkosten	20,17 EUR
–	2,2 % Vertriebsgemeinkosten	9,25 EUR
=	Zwischensumme	449,72 EUR
–	Sondereinzelkosten des Vertriebs	4,52 EUR
=	Selbstkosten	454,24 EUR
–	19,0 % Gewinnzuschlag	86,31 EUR
=	Barverkaufspreis	540,55 EUR
–	3,0 % Kundenskonto	16,72 EUR
=	Zielverkaufspreis	557,27 EUR
–	17 % Kundenrabatt	114,14 EUR
=	Listenverkaufspreis	671,41 EUR

Fertigungsmaterial bisher	118,70 EUR
Fertigungsmaterial neu	110,26 EUR
Kostendifferenz	8,44 EUR

$$\text{Preisreduzierung in \%} = \frac{8{,}44 \cdot 100}{118{,}70} = \underline{\underline{7{,}11\,\%}}$$

2.

	Fertigungsmaterial	110,26 EUR
+	18 % Materialgemeinkosten	19,85 EUR
=	Materialkosten	130,11 EUR
+	Fertigungskosten	295,10 EUR
=	Herstellkosten	425,21 EUR
+	6,5 % Verwaltungsgemeinkosten	27,64 EUR
+	2,8 % Vertriebsgemeinkosten	11,91 EUR
+	Sondereinzelkosten des Vertriebs	5,29 EUR
=	Herstellkosten	470,05 EUR
–	Gewinnzuschlag	70,50 EUR
=	Barverkaufspreis	540,55 EUR

$$\text{Gewinnzuschlagssatz} = \frac{70{,}50 \cdot 100}{470{,}05} = \underline{\underline{15\,\%}}$$

Die in 1. berechnete Preisreduktion des Fertigungsmaterials reicht nicht aus, um den gewünschten Gewinn zu erzielen.

Die höheren Istgemeinkosten werden durch die verrechneten Normalgemeinkosten nicht abgedeckt. Um den gewünschten Gewinn zu erzielen, müsste das Fertigungsmaterial noch günstiger eingekauft werden.

6 Speth u.a. - ISBN 978-3-8120-3576-7

Übungsaufgabe 72

1. $\text{FGK-Satz} = \frac{10340 \cdot 100}{9400} = \underline{\underline{110\,\%}}$

Berechnung der Fertigungsgemeinkosten Monat April

variable Gemeinkosten: 35 % von 10 340,00 EUR	3 619,00 EUR
+ fixe Gemeinkosten	6 721,00 EUR
=	10 340,00 EUR

Berechnung der Fertigungsgemeinkosten Monat Mai

30 % Beschäftigungsrückgang:

variable Gemeinkosten: 70 % von 3 619,00 EUR	2 533,30 EUR
+ fixe Gemeinkosten	6 721,00 EUR
=	9 254,30 EUR

Kostenabweichung: 10 340,00 EUR – 9 254,30 EUR = 1 085,70 EUR

2. $\text{FGK} = \frac{9254{,}30 \cdot 100}{6580^{*}} = 140{,}64\,\%$

* 70 % von 9 400,00 EUR

12.2

Übungsaufgabe 73

1.

Bezeichnung	Berechnung		Maschinen-stundensatz
Laufstunden	240 Tage · 8 $\frac{1}{2}$ Std. – Ausfallzeiten tatsächliche Laufstunden	2 040 Stunden/Jahr 220 Stunden/Jahr 1 820 Stunden/Jahr	
Abschreibungen	$\frac{36400}{8 \cdot 1820}$ =		2,50 EUR/h
Zinskosten	$\frac{32600 \cdot 7{,}5}{2 \cdot 100 \cdot 1820}$ =		0,67 EUR/h
Instandhaltung	$\frac{48594}{1820 \cdot 8}$ =		3,34 EUR/h
Raumbedarf	$\frac{32 \cdot 164}{1820}$ =		2,88 EUR/h
Strombedarf	72 · 0,16 =		11,52 EUR/h
			20,91 EUR/h

2. 2.1 Abschreibungen	Sägemaschine:	$\frac{42\,000}{8 \cdot 2400}$ =	2,19 EUR/h
	Schleifmaschine:	$\frac{28\,000}{10 \cdot 2400}$ =	1,17 EUR/h
	Hobelmaschine:	$\frac{56\,000}{12 \cdot 2400}$ =	1,94 EUR/h
Zinsen	Sägemaschine:	$\frac{42\,000 \cdot 9}{2 \cdot 100 \cdot 2400}$ =	0,79 EUR/h
	Schleifmaschine:	$\frac{28\,000 \cdot 9}{2 \cdot 100 \cdot 2400}$ =	0,53 EUR/h
	Hobelmaschine:	$\frac{56\,000 \cdot 9}{2 \cdot 100 \cdot 2400}$ =	1,05 EUR/h
Raumkosten	Raumkosten je m^2/Jahr:	$\frac{37\,800}{4\,200}$ = 9,00 EUR	
		$\frac{13\,320}{3\,700}$ = 3,60 EUR	
		12,60 EUR · 4 =	50,40 EUR
	Sägemaschine:	$\frac{24 \cdot 50{,}40}{2400}$ =	0,50 EUR/h
	Schleifmaschine:	$\frac{16 \cdot 50{,}40}{2400}$ =	0,34 EUR/h
	Hobelmaschine:	$\frac{26 \cdot 50{,}40}{2400}$ =	0,55 EUR/h
Instandhaltungskosten	Sägemaschine:	$\frac{8\,400}{8 \cdot 2400}$ =	0,44 EUR/h
	Schleifmaschine:	$\frac{7\,000}{10 \cdot 2400}$ =	0,29 EUR/h
	Hobelmaschine:	$\frac{16\,800}{12 \cdot 2400}$ =	0,58 EUR/h
Energiekosten	Sägemaschine:	0,16 · 12 =	1,92 EUR/h
	Schleifmaschine:	0,16 · 14 =	2,24 EUR/h
	Hobelmaschine:	0,16 · 16 =	2,56 EUR/h

Kostenarten	Sägemaschine	Schleifmaschine	Hobelmaschine
Abschreibungen	2,19 EUR/h	1,17 EUR/h	1,94 EUR/h
Zinsen	0,79 EUR/h	0,53 EUR/h	1,05 EUR/h
Raumkosten	0,50 EUR/h	0,34 EUR/h	0,55 EUR/h
Instandhaltung	0,44 EUR/h	0,29 EUR/h	0,58 EUR/h
Energiekosten	1,92 EUR/h	2,24 EUR/h	2,56 EUR/h
Maschinenstundensätze	5,84 EUR/h	4,57 EUR/h	6,68 EUR/h

2.2	Sägemaschine	5,84 · 10 · 200 =	11 680,00 EUR/h
	Schleifmaschine	4,57 · 8 · 200 =	7 312,00 EUR/h
	Hobelmaschine	6,68 · 14 · 200 =	18 704,00 EUR/h
	Maschinenkosten/Monat		37 696,00 EUR/h

Übungsaufgabe 74

1. Laufzeit

	260 Tage · 8 Stunden	= 2 080 Stunden/Jahr
	– Ausfallzeiten 12 Monate · 8 Stunden	= 96 Stunden/Jahr
	tatsächliche Laufzeit	1 984 Stunden/Jahr
Abschreibungen	$\frac{62\,000}{8 \cdot 1984}$	= 3,91 EUR/h
Zinsen	$\frac{60\,500 \cdot 7{,}5}{2 \cdot 100 \cdot 1984}$	= 1,14 EUR/h
Instandhaltung	$\frac{4\,600}{1984}$	= 2,32 EUR/h
Raumkosten	$30 \cdot \frac{99{,}20}{1984}$	= 1,50 EUR/h
Energiekosten	18 · 0,19	= 3,42 EUR/h
		12,29 EUR/h

2.

Abschreibungen/Jahr:	12 · 1984 · 3,91 =	93 089,28 EUR
Zinsen/Jahr:	12 · 1984 · 1,14 =	27 141,12 EUR
Instandhaltung/Jahr:	12 · 1984 · 2,32 =	55 234,56 EUR
Raumkosten/Jahr:	12 · 1984 · 1,50 =	35 712,00 EUR
Energiekosten:	12 · 1984 · 3,42 =	81 423,36 EUR

Kostenarten	Fertigung		
	Summe der Gemeinkosten	Maschinenkosten	Rest-Fertigungs-gemeinkosten
Hilfsstoffe	571 800,00 EUR		571 800,00 EUR
Betriebsstoffe	223 400,00 EUR		223 400,00 EUR
Energiekosten	114 980,00 EUR	81 423,36 EUR	33 556,64 EUR
Personalkosten	739 545,00 EUR		739 545,00 EUR
Instandhaltungskosten	268 820,00 EUR	55 234,56 EUR	213 585,44 EUR
Betriebssteuern	96 300,00 EUR		96 300,00 EUR
Raumkosten	77 245,30 EUR	35 712,00 EUR	41 533,30 EUR
Abschreibungen	1 591 885,12 EUR	93 089,28 EUR	1 498 795,84 EUR
Zinsen	81 140,00 EUR	27 141,12 EUR	53 998,88 EUR
	3 765 115,42 EUR	292 600,32 EUR	3 472 515,10 EUR

3. $x = \frac{3\,472\,515{,}10 \cdot 100}{4\,114\,506}$ = 84,40 % Rest-FGK-Satz

Übungsaufgabe 75

1. 1.1

$$\text{MGK} = \frac{75\,000 \cdot 100}{600\,000} = \underline{\underline{12{,}5\,\%}}$$

$$\text{Maschine A} = \frac{320\,000}{1\,600} = \underline{\underline{200{,}00\text{ EUR}}}$$

$$\text{Maschine B} = \frac{400\,000}{5\,000} = \underline{\underline{80{,}00\text{ EUR}}}$$

$$\text{Maschine C} = \frac{500\,000}{4\,000} = \underline{\underline{125{,}00\text{ EUR}}}$$

$$\text{Rest-FGK} = \frac{396\,000 \cdot 100}{360\,000} = \underline{\underline{110\,\%}}$$

$$\text{VerwGK} = \frac{201\,476 \cdot 100}{2\,651\,000} = \underline{\underline{7{,}6\,\%}}$$

$$\text{VertrGK} = \frac{323\,422 \cdot 100}{2\,651\,000} = \underline{\underline{12{,}2\,\%}}$$

Verbr. v. FMat.	600 000,00 EUR
+ MGK	75 000,00 EUR
+ Fertigungslöhne	360 000,00 EUR
+ Rest-FGK	396 000,00 EUR
+ Maschine A	320 000,00 EUR
+ Maschine B	400 000,00 EUR
+ Maschine C	500 000,00 EUR
HK d. Rp.	2 651 000,00 EUR

1.2

Materialeinzelkosten	210,00 EUR
+ 12,5 % MGK	26,25 EUR
+ Fertigungslöhne	170,00 EUR
+ 110 % Rest-FGK	187,00 EUR
+ Maschine A $\frac{200 \cdot 12}{60}$ =	40,00 EUR
+ Maschine B $\frac{80 \cdot 9}{60}$ =	12,00 EUR
+ Maschine C $\frac{125 \cdot 18}{60}$ =	37,50 EUR
Herstellkosten	682,75 EUR
+ 7,6 % VerwGK	51,89 EUR
+ 12,2 % VertrGK	83,30 EUR
Selbstkosten	817,94 EUR
+ 25 % Gewinn	204,49 EUR
Barverkaufspreis	1 022,43 EUR
+ 12 % Vertreterprovision	144,34 EUR
+ 3 % Kundenskonto	36,09 EUR
Zielverkaufspreis	1 202,86 EUR
+ 20 % Kundenrabatt	300,72 EUR
Listenverkaufspreis	1 503,58 EUR

1.3 Kalkulatorische Abschreibungen
Kalkulatorische Zinsen
Raumkosten
Energiekosten
Instandhaltungskosten
Werkzeugkosten

Die maschinenabhängigen Kosten werden je Maschinenstunde ermittelt: entweder direkt durch Addition der maschinenabhängigen Kosten je Stunde zum Maschinenstundensatz oder durch Division der Gesamtkosten der Maschine durch die gesamten Laufstunden der Maschine.

1.4 Zusätzliche Spalten für maschinenabhängige Kosten und Rest-Fertigungsgemeinkosten in den einzelnen Fertigungsstellen oder nur einmalig vor den Spalten der Kostenstellen. Die Gesamtbeträge der Gemeinkosten werden bei den einzelnen Kostenarten um die als Einzelkosten verrechneten maschinenabhängigen Kosten vermindert.

1.5 Bei den Herstellkosten des Umsatzes werden die Bestandsveränderungen berücksichtigt.

2.

Kalk. Abschreibung	= 600 000,00 EUR : 10 Jahre	= 60 000,00 EUR/Jahr
Kalk. Zinsen	= 600 000,00 EUR : 2, davon 9 %	= 27 000,00 EUR/Jahr
Instandhaltung		= 22 770,00 EUR/Jahr
Raumkosten	= 104,00 EUR/m² und Jahr · 30 m²	= 3 120,00 EUR/Jahr
Energiekosten	= 80,00 EUR/Mo. · 12 Mo. + 25 kW · 0,15 EUR/kWh · 1 944 h/Jahr	= 8 250,00 EUR/Jahr
Maschinenkosten		= 121 140,00 EUR/Jahr
Ma. Std. Satz	= Maschinenkosten pro Jahr : Maschinenlaufzeit pro Jahr	
	= 121 140,00 EUR : 1 944 h	= 62,31 EUR/h

Übungsaufgabe 76

1. MGK $= \frac{380\,000 \cdot 100}{304\,000} = \underline{\underline{125\,\%}}$

Maschine A $= \frac{159\,225}{1\,650} = \underline{\underline{96{,}50\text{ EUR}}}$

Maschine B $= \frac{207\,400}{1\,700} = \underline{\underline{122{,}00\text{ EUR}}}$

Rest-FGK $= \frac{148\,500 \cdot 100}{135\,000} = \underline{\underline{110\,\%}}$

VerwGK $= \frac{308\,688{,}75 \cdot 100}{1\,342\,125} = \underline{\underline{23\,\%}}$

VertrGK $= \frac{228\,161{,}25 \cdot 100}{1\,342\,125} = \underline{\underline{17\,\%}}$

	Verbrauch v. Fertigungsmaterial	304 000,00 EUR
+	MGK	380 000,00 EUR
+	Fertigungslöhne	135 000,00 EUR
+	Maschine A	159 225,00 EUR
+	Maschine B	207 400,00 EUR
+	Rest-FGK	148 500,00 EUR
	Herstellkosten d. Rp.	1 334 125,00 EUR
+	Bestandsminderung UE	2 000,00 EUR
+	Bestandsminderung FE	6 000,00 EUR
	Herstell-Kost. d. U.	1 342 125,00 EUR

2.

Materialeinzelkosten	16,50 EUR
+ 125 % MGK	20,63 EUR
+ Fertigungslöhne	24,00 EUR
+ 110 % Rest-FGK	26,40 EUR
+ Maschinenkosten A $\frac{96{,}50 \cdot 9}{60}$ =	14,48 EUR
+ Maschinenkosten B $\frac{122 \cdot 18}{60}$ =	36,60 EUR
Herstellkosten	138,61 EUR
+ 23 % VerwGK	31,88 EUR
+ 17 % VertrGK	23,56 EUR
Selbstkosten	194,05 EUR
+ 7,93 % Gewinn	15,39 EUR
Barverkaufspreis	209,44 EUR
+ 10 % Vertreterprovision	23,80 EUR
+ 2 % Kundenskonto	4,76 EUR
Listenverkaufspreis	238,00 EUR

Übungsaufgabe 77

1. 1.1

Materialeinzelkosten	1 040,00 EUR
+ 5 % MGK	52,00 EUR
+ Fertigungslöhne	870,00 EUR
+ 85 % Rest-FGK	739,50 EUR
+ Maschinenkosten A $\frac{25 \cdot 108}{60}$ =	45,00 EUR
+ Maschinenkosten B $\frac{13 \cdot 78}{60}$ =	16,90 EUR
Herstellkosten	2 763,40 EUR
+ 16 % VerwGK/VertrGK	442,14 EUR
Selbstkosten	3 205,54 EUR
+ $33^1/_3$ % Gewinn	1 068,51 EUR
Barverkaufspreis (85 %)	4 274,05 EUR
+ 12,5 % Vertreterprovision	628,54 EUR
+ 2,5 % Kundenskonto	125,70 EUR
Zielverkaufspreis (80 %)	5 028,29 EUR
+ 20 % Kundenrabatt	1 257,07 EUR
Listenverkaufspreis	6 285,36 EUR

1.2

Selbstkosten	3 205,54 EUR
– Gewinn	480,84 EUR
Barverkaufspreis	3 686,38 EUR
– 12,5 % Vertreterprovision	542,11 EUR
– 2,5 % Kundenskonto	108,42 EUR
Zielverkaufspreis	4 336,91 EUR
– 20 % Kundenrabatt	1 084,23 EUR
Listenverkaufspreis	5 421,14 EUR

Gewinnzuschlag: $\frac{480{,}84 \cdot 100}{3\,205{,}54} = 15\,\%$

2. 2.1

Materialeinzelkosten		195,80 EUR
+ 7,5 % MGK		14,69 EUR
Materialkosten		210,49 EUR
+ Fertigungslöhne	2,6 Std. · 45,00 EUR	117,00 EUR
+ 101,8 % Rest-FGK		119,11 EUR
Maschine I:	0,6 Std. · 104,90 EUR	62,94 EUR
Maschine II:	1,3 Std. · 63,50 EUR	82,55 EUR
Fertigungskosten		381,60 EUR
Herstellkosten		592,09 EUR
+ 9,4 % VerwGK	55,66 EUR	
+ 8,8 % VertrGK	52,10 EUR	107,76 EUR
Selbstkosten		699,85 EUR
+ 20 % Gewinn		139,97 EUR
Netto-Angebotspreis		839,82 EUR

2.2 Nachkalkulation

Materialeinzelkosten	210,50 EUR
+ 9 % MGK	18,95 EUR
Materialkosten	229,45 EUR
Fert.-Löhne	
2,8 Std. · 46,70 EUR/Std.	130,76 EUR
+ 104 % Rest-FGK	135,99 EUR
+ Maschine I:	
+ 0,75 Std. · 104,90 EUR	78,68 EUR
+ Maschine II:	
+ 1,2 Std. · 63,50 EUR	76,20 EUR
Fertigungskosten	421,63 EUR
Herstellkosten	651,08 EUR
+ 10,3 % VerwGK	67,06 EUR
+ 7 % VertrGK	45,58 EUR
2.2.1 Selbstkosten	763,72 EUR

2.2.2 **Kostenabweichung in EUR (Kostenunterdeckung):**

763,72 EUR – 699,85 EUR[1] = 63,87 EUR

Kostenabweichung in %:

699,85 EUR ≙ 100 %
63,87 EUR ≙ x %

$$x = \frac{100 \cdot 63{,}87}{699{,}85} = 9{,}13\,\%$$

3. Exaktere Kostenzurechnung bei Aufträgen, die in der gleichen Fertigungsstelle den Einsatz von Maschinen mit hohen Kosten erfordern, im Verhältnis zu solchen mit niedrigen Kosten.

Exaktere Kostenzurechnung bei Aufträgen mit unterschiedlicher Maschinenbelegungsdauer.

1 Siehe Aufgabe 2.1

Übungsaufgabe 78

1. 1.1

	RHB-Stoffverbrauch	190 108,00 EUR	
	MGK	161 592,00 EUR	
+	Löhne und Gehälter	89 528,00 EUR	
	FGK	100 272,00 EUR	
+	VerwK	75 200,00 EUR	} 94 100,00 EUR
+	VertrK	18 900,00 EUR	
+	Kalk. Abschreibung	105 340,00 EUR	
	Selbstkosten	740 940,00 EUR	

$$\text{SK je PE} = \frac{740\,940}{34\,950} = \underline{\underline{21{,}20 \text{ EUR}}}$$

1.2

	Selbstkosten	21,20 EUR
+	18 % Gewinn	3,82 EUR
	Barverkaufspreis (90 %)	25,02 EUR
+	7 % Vertreterprovision	1,95 EUR
+	3 % Kundenskonto	0,83 EUR
	Zielverkaufspreis (85 %)	27,80 EUR
+	15 % Kundenrabatt	4,91 EUR
	Listenverkaufspreis	32,71 EUR

1.3 $$\text{SK je PE} = \frac{646\,840}{34\,950} + \frac{94\,100}{36\,450} = \underline{\underline{21{,}09 \text{ EUR}}}$$

1.4 Durch die Verteilung der Verwaltungs- und Vertriebskosten auf eine größere Stückzahl sinken die Verwaltungs- und Vertriebskosten je Stück, und als Folge dessen sinkt der Angebotspreis.

2. 2.1

	Materialeinzelkosten	74 915,00 EUR	
+	MGK	22 700,00 EUR	
+	Fertigungslöhne	38 100,00 EUR	
+	FGK	36 500,00 EUR	
+	VerwK/VertrK	62 900,00 EUR	
+	SEKV	4 000,00 EUR	
	Selbstkosten	239 115,00 EUR	: 251 700 Liter = 0,95 EUR je Flasche

2.2

	Selbstkosten	0,95 EUR
+	12 % Gewinn	0,11 EUR
	Barverkaufspreis (92,5 %)	1,06 EUR
+	5 % Vertreterprovision	0,06 EUR
+	2,5 % Kundenskonto	0,03 EUR
	Zielverkaufspreis (75 %)	1,15 EUR
+	25 % Kundenrabatt	0,38 EUR
	Listenverkaufspreis	1,53 EUR

2.3

	Materialeinzelkosten	74 915,00 EUR		
+	MGK	22 700,00 EUR		
+	Fertigungslöhne	38 100,00 EUR		
+	FGK	36 500,00 EUR		
	Herstellkosten	172 215,00 EUR	: 251 700 Liter =	0,68 EUR
	VerwK/VertrK	62 900,00 EUR		
+	SEKV	4 000,00 EUR		
		66 900,00 EUR	: 221 500 Liter =	0,30 EUR
			Selbstkosten je Liter:	0,98 EUR

3. 3.1 **Stufe I:** $\frac{\text{Kosten}}{\text{Menge}} = \frac{63\,000}{10\,500} = \underline{\underline{6{,}00 \text{ EUR/St.}}}$

Stufe II: $\frac{\text{Kosten}}{\text{Menge}} + \text{Vorstufe} = \frac{143\,000}{13\,000} + 6{,}00 \text{ EUR} = \underline{\underline{17{,}00 \text{ EUR/St.}}}$

Stufe III: $\frac{\text{Kosten}}{\text{Menge}} + \text{Vorstufe} = \frac{48\,000}{12\,000} + 17{,}00 \text{ EUR} = \underline{\underline{21{,}00 \text{ EUR/St.}}}$

Ergebnis: Herstellkosten je Stück: 21,00 EUR

3.2

Herstellkosten je Torte	21,00 EUR
+ 15 % VerwK/VertrK	3,15 EUR
Selbstkosten	24,15 EUR
+ 12 % Gewinn	2,90 EUR
Barverkaufspreis (98 %)	27,05 EUR
+ 2 % Kundenskonto	0,55 EUR
Zielverkaufspreis (95 %)	27,60 EUR
+ 5 % Kundenrabatt	1,45 EUR
Listenverkaufspreis	29,05 EUR

3.3 Stufe I – Stufe II (10 500 – 13 000) · 6,00 EUR = – 15 000,00 EUR
Stufe II – Stufe III (13 000 – 12 000) · 17,00 EUR = + 17 000,00 EUR
= Bestandsmehrung 2 000,00 EUR

Übungsaufgabe 79

1.

Papiersorten	Herstellkosten je t	Äquivalenzziffern	Rechnungseinheit	Gesamtkosten	Selbstkosten je Sorte
A	2 000	1	2 000	7 364 000,00	3 682,00
B	1 500	0,75	1 125	4 142 250,00	2 761,50
C	2 400	1,2	2 880	10 604 160,00	4 418,40
D	2 700	1,35	3 645	13 420 890,00	4 970,70
			9 650	35 531 300,00	

$$\text{Kosten je Rechnungseinheit} = \frac{35\,531\,300{,}00 \text{ EUR}}{9\,650 \text{ RE}} = 3\,682{,}00 \text{ EUR/RE}$$

2. 2.1 / 2.2

Blechsorten	Produktionsmenge/Stück	Äquivalenzziffer	Rechnungseinheiten	Gemeinkosten	Gesamtselbstkosten
A	3 000	1	3 000	1 847,77	17 002,77
B	7 500	2,5	18 750	11 548,58	23 148,58
C	3 750	1,25	4 625	2 848,65	23 148,65
Summe			26 375	16 245,00	63 300,00

Verteilung der Gemeinkosten:

$$\text{Gemeinkosten je Rechnungseinheit} = \frac{16\,245}{26\,375} = 0{,}6159242 \text{ EUR}$$

Gemeinkosten A:	1847,77 EUR
Gemeinkosten B:	11548,58 EUR
Gemeinkosten C:	2848,65 EUR
	16245,00 EUR

2.3 **Stückselbstkosten:**

A: 17002,77 : 3000 = 5,67
B: 23148,58 : 7500 = 3,09
C: 23148,65 : 3750 = 6,17

Übungsaufgabe 80

1. – Die konsequente Anwendung der Vollkostenrechnung würde bei rückläufiger Ausbringungsmenge wegen des Ansteigens der fixen Kosten zu steigenden Preisen führen, wodurch die Ausbringungsmenge weiter absinken würde.

– Die Vollkostenrechnung kann zu einer falschen Produktpolitik führen. Jeder Verlustartikel muss bei der Vollkostenrechnung aus dem Produktprogramm ausscheiden. Dadurch kann die Gewinnsituation insgesamt schlechter ausfallen als bei Weiterführung der (des) Verlustartikel(s). Solange der Erlös eines Artikels über den variablen Kosten liegt, kann er zur Deckung der fixen Kosten beitragen und damit die Gewinnsituation insgesamt verbessern.

2. Die fixen Kosten. Sie werden bei der Anwendung der Zuschlagssätze wie variable Kosten behandelt, d.h., sie steigen oder fallen proportional zur Ausbringungsmenge. Dies ist falsch, da die fixen Gemeinkosten bei einer Änderung der Ausbringungsmenge konstant bleiben.

3. Weil er trotz des Verlustes zur Deckung der fixen Kosten beitragen kann. Das ist der Fall, solange die erzielbaren Preise über den variablen Kosten liegen.

Übungsaufgabe 81

1. Überschuss der Nettoverkaufserlöse über die variablen Kosten der Kostenträger.

2. Preispolitik, Entscheidung über die Annahme von Zusatzaufträgen, Entscheidung bei der Produktplanung und der Frage Eigenfertigung oder Fremdbezug.

3. In der **Vollkostenrechnung** werden sämtliche im Zusammenhang mit der Fertigung, der Verwaltung und dem Vertrieb angefallenen Kosten in die Kostenträgerrechnung einbezogen.

In der **Deckungsbeitragsrechnung** begnügt man sich zunächst mit der Zurechnung der variablen Kosten auf die Kostenträger. Zur Ermittlung des Betriebsgewinns werden die fixen Kosten von der Summe der Deckungsbeiträge abgezogen.

4. Nr. 4.3

Übungsaufgabe 82

1.

	Listenverkaufspreis (netto)	2 448,96 EUR
–	25 % Rabatt	612,24 EUR
=	Zielverkaufspreis	1 836,72 EUR
–	2 % Skonto	36,73 EUR
=	Nettoverkaufserlös (Barverkaufspreis)	1 799,99 EUR
–	variable Kosten	1 200,00 EUR
=	Deckungsbeitrag	599,99 EUR

$$\text{db-Satz} = \frac{599{,}99 \cdot 100}{1\,799{,}99} = 33\tfrac{1}{3}\,\%$$

2.

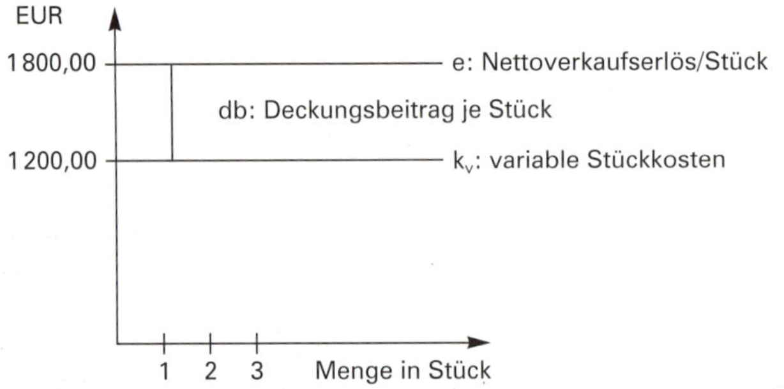

3. Sofern ein Deckungsbeitrag erzielt wird, liegt der Nettoverkaufspreis über den variablen Kosten. In Höhe des Deckungsbeitrags ist das Produkt an der Deckung der fixen Kosten beteiligt. Bei noch nicht ausgelasteter Kapazität sollte ein Auftrag auf jeden Fall angenommen werden. Ob und in welcher Höhe bei diesem Preis auch bereits ein Gewinn erzielt werden kann, ist auf dieser Informationsgrundlage nicht zu entscheiden.

4. Das Hauptproblem der Deckungsbeitragsrechnung besteht darin, dass weder die Stückkosten noch die Stückgewinne ermittelt werden können. Für das Unternehmen besteht somit die Gefahr, dass durch die Übernahme zu niedriger Marktpreise die Gewinnsituation zu wenig beachtet wird.

Der Einsatz der Deckungsbeitragsrechnung ist vor allem dann sinnvoll, wenn es um die Kalkulation von Zusatzaufträgen und um Entscheidungen über das Produktprogramm geht und das Unternehmen sich bereits in einer Gewinnsituation befindet. Für diesen Fall führt auch der kleinste positive Deckungsbeitrag zur Erhöhung des Gesamtgewinns.

5. 5.1

	Listenverkaufspreis	1 297,84 EUR
+	30 % Kundenrabatt	389,35 EUR
=	Zielverkaufspreis	908,49 EUR
+	2,5 % Kundenskonto	22,71 EUR
=	Nettoverkaufserlös (Barverkaufspreis)	885,78 EUR
+	variable Kosten	260,00 EUR
=	Deckungsbeitrag	625,78 EUR

$$\frac{389{,}35 \cdot 100}{1\,297{,}84} = 30\,\%$$

5.2	Listenverkaufspreis	380,96 EUR
+	30 % Kundenrabatt	114,29 EUR
=	Zielverkaufspreis	266,67 EUR
+	2,5 % Kundenskonto	6,67 EUR
=	Nettoverkaufserlös (Barverkaufspreis)	260,00 EUR
+	variable Kosten	260,00 EUR
=	Deckungsbeitrag	0,00 EUR

6. Nr. 6.2

7. Der Nettoverkaufspreis muss mehr als 290,00 EUR betragen. In diesem Fall wird ein Deckungsbeitrag erwirtschaftet, der dazu beiträgt, die Fixkosten abzudecken.

Übungsaufgabe 83

1.

Bezeichnungen	Modell 1	Modell 2	Modell 3	Gesamt
Nettoverkaufserlöse	873 000,00 EUR	880 000,00 EUR	1 057 000,00 EUR	2 810 000,00 EUR
– Materialverbrauch	270 000,00 EUR	312 000,00 EUR	287 000,00 EUR	869 000,00 EUR
– Fertigungslöhne	126 000,00 EUR	210 000,00 EUR	133 000,00 EUR	469 000,00 EUR
– variable Gemeinkosten	108 000,00 EUR	122 000,00 EUR	196 000,00 EUR	426 000,00 EUR
Deckungsbeitrag	369 000,00 EUR	236 000,00 EUR	441 000,00 EUR	1 046 000,00 EUR
– fixe Kosten				820 000,00 EUR
= Betriebsergebnis				226 000,00 EUR

2. db-Satz für das Modell 1 $= \frac{369\,000 \cdot 100}{873\,000} = \underline{\underline{42{,}27\,\%}}$

3. DB-Satz $= \frac{1\,046\,000 \cdot 100}{2\,810\,000} = \underline{\underline{37{,}22\,\%}}$

Übungsaufgabe 84

1.

Bezeichnungen	Typ A	Typ B	Typ C
Nettoverkaufserlöse	120,00 EUR	85,00 EUR	76,00 EUR
– variable Kosten	85,00 EUR	69,00 EUR	65,00 EUR
= Deckungsbeitrag/Stück	35,00 EUR	16,00 EUR	11,00 EUR

2./4.

Bezeichnungen	Typ A	Typ B	Typ C	Gesamtbetrag
Nettoverkaufserlöse	180 000,00 EUR	297 500,00 EUR	395 200,00 EUR	872 700,00 EUR
– variable Kosten	127 500,00 EUR	241 500,00 EUR	338 000,00 EUR	707 000,00 EUR

Bezeichnungen	Typ A	Typ B	Typ C	Gesamtbetrag
= Deckungsbeitrag – fixe Kosten	52 500,00 EUR	56 000,00 EUR	57 200,00 EUR	165 700,00 EUR 95 000,00 EUR
= Betriebsgewinn				70 700,00 EUR

3. Rangfolge: A – B – C (siehe 1.)

5.

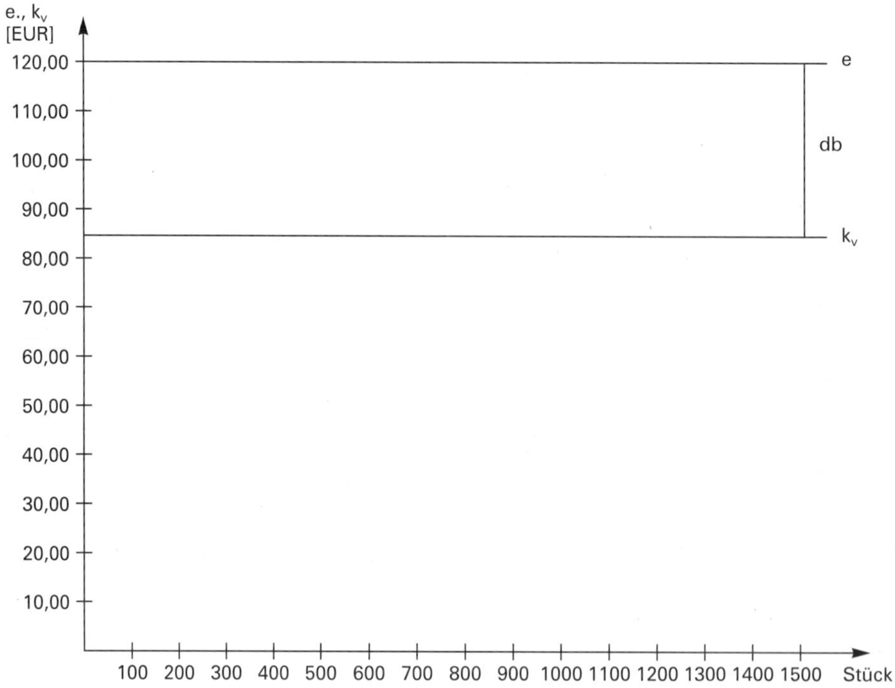

6. Das Modell C sollte aus dem Programm genommen werden, da es den geringsten Deckungsbeitrag aufweist.

Berechnung des neuen Betriebsergebnisses:

	DB Typ A	52 500,00 EUR
+	DB Typ B	56 000,00 EUR
=		108 500,00 EUR
–	Fixkosten	95 000,00 EUR
=	Betriebsgewinn	13 500,00 EUR

Der Betriebsgewinn sinkt um den Deckungsbeitrag des Modells C, da dessen fixe Kosten nicht kurzfristig abgebaut werden können. Langfristig ist die Aufgabe des Modells C nur sinnvoll, wenn die Rationalisierungseffekte den Verlust des Deckungsbeitrags C überschreiten.

Übungsaufgabe 85

1.

Menge	Gesamtkosten			Stückkosten			Gesamt-erlös	Gesamt-	
x	K_{fix}	K_v	K	k_{fix}	k_v	k	E	gewinn	verlust
100	10000,00	4000,00	14000,00	100,00	40,00	140,00	8000,00		6000,00
200	10000,00	8000,00	18000,00	50,00	40,00	90,00	16000,00		2000,00
300	10000,00	12000,00	22000,00	33,33	40,00	73,33	24000,00	2000,00	
400	10000,00	16000,00	26000,00	25,00	40,00	65,00	32000,00	6000,00	
500	10000,00	20000,00	30000,00	20,00	40,00	60,00	40000,00	10 000,00	

2. $10000 + 40x = 80x$
$40x = 10000$
$x = \underline{\underline{250 \text{ Stück}}}$

3. Das Gewinnmaximum liegt an der Kapazitätsgrenze von 500 Stück.

4. $10000 + 40x + 3520 = 80x$
$40x = 13520$
$x = \underline{\underline{338 \text{ Stück}}}$

5.

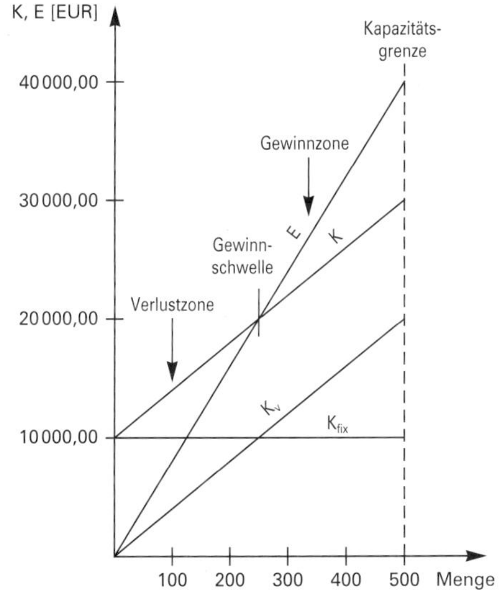

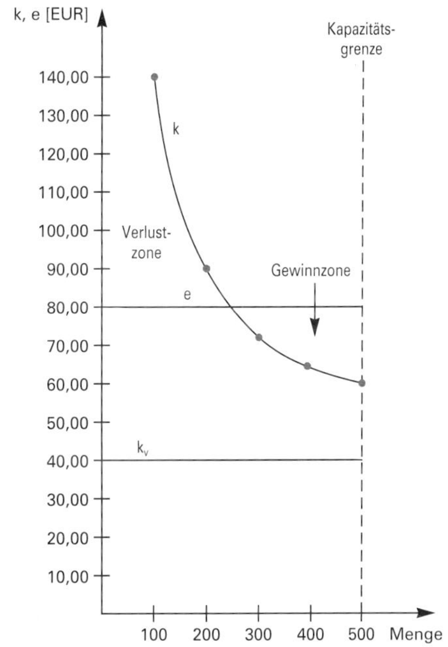

Übungsaufgabe 86

1. 1.1 $x = \frac{60\,000}{12 - 6} = 10\,000$; die Gewinnschwelle wird bei 10000 Stück erreicht.

1.2

Nettoverkaufserlöse (16000 x 12) =		192000,00 EUR
– Kosten		
variable (16000 x 6)	= 96000,00 EUR	
fixe	60000,00 EUR	156000,00 EUR
= Gewinn		36000,00 EUR

1.3 $x = \frac{60\,000}{12 - 7} = 12\,000$; die Gewinnschwelle wird bei 12000 Stück erreicht.

2.

	Strategie 1	**Strategie 2**	**Strategie 3**
Nettoverkaufserlös	30,00	35,00	40,00
variable Kosten	25,00	25,00	25,00
Deckungsbeitrag/Stück (db)	5,00	10,00	15,00
erwartete Absatzmenge*	30000,00	20000,00	8000,00
= Gesamtdeckungsbeitrag (DB)	150000,00	200000,00	120000,00
– Fixkosten	180000,00	180000,00	180000,00
= Betriebsergebnis	– 30000,00	+ 20000,00	– 60000,00

* Die **Strategie 2** verspricht ein positives Betriebsergebnis.

3. 3.1 $BEP = \frac{K_{fix}}{db}$

$BEP = \frac{450\,000}{120 - 70} = \underline{\underline{9\,000 \text{ Stück}}}$

3.2 Produktionsmenge $= \frac{K_{fix} + G}{db}$

$= \frac{450\,000 + 150\,000}{50}$

$= 12\,000$ Stück

3.3

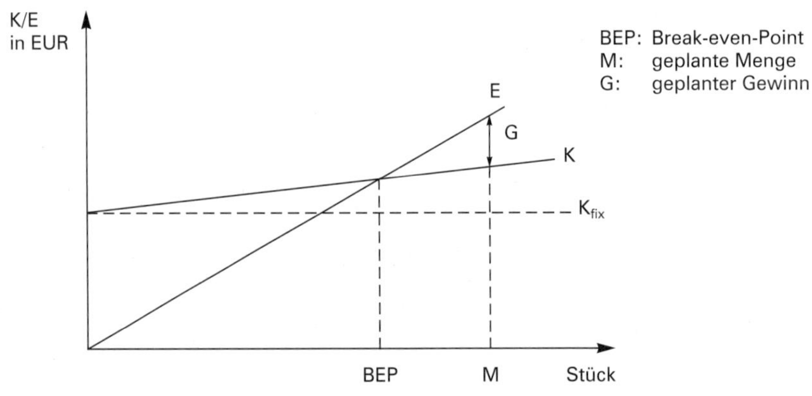

3.4 Stückdeckungsbeitrag bei üblichem Stückpreis: 50,00 EUR
Stückdeckungsbeitrag zum Vorzugspreis: 35,00 EUR
Fehlender Stückdeckungsbeitrag: 15,00 EUR
Fehlender Gesamtdeckungsbeitrag:
15,00 EUR/Stück · 700 Stück = 10500,00 EUR

Zusätzlich zu verkaufende Stückzahl: $\frac{10\,500{,}00 \text{ EUR}}{50{,}00 \text{ EUR/Stück}} = 210$ Stück

Übungsaufgabe 87

1.

Türen	gesamt	pro Stück
Nettoverkaufserlöse	240000,00 EUR	2400,00 EUR
– variable Kosten	162000,00 EUR	1620,00 EUR
= Deckungsbeitrag	78000,00 EUR	780,00 EUR

2. Absatzmenge November:
50700,00 EUR : 780,00 EUR/Stück = 65 Stück

65 Stück ≙ 100 %
35 Stück ≙ x % x = 53,8 % Absatzsteigerung

3. Deckungsbeitrag:

Nettoverkaufserlöse	108000,00 EUR
– variable Kosten	28500,00 EUR
= DB	79500,00 EUR

$$db = \frac{79\,500}{30} = 2\,650{,}00$$

Break-even-Point: $\frac{66\,000}{2\,650} = 24{,}5 \approx 25$ Garagentore

4.
$$3600x + 40\,000 = 950x + 66\,000$$
$$2650x = 106\,000$$
$$x = 40 \text{ Garagentore}$$

7 Speth u.a. - ISBN 978-3-8120-3576-7

5./6.

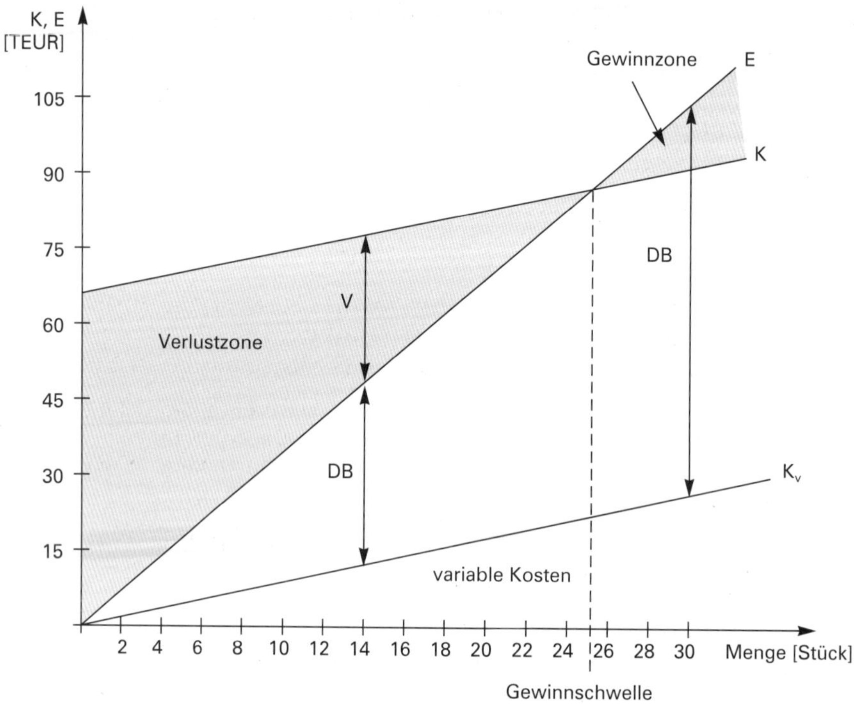

Übungsaufgabe 88

1. Betriebsergebnis $= DB - K_{fix}$
$= 672\,000{,}00 - 840\,000{,}00$ EUR
$= -168\,000{,}00$ EUR (Verlust)

2. Die Gewinnschwelle erfordert einen Deckungsbeitrag in Höhe der Fixkosten. Der Deckungsbeitrag muss um 168000,00 EUR steigen. Der bisherige Deckungsbeitrag muss daher um 25 % gesteigert werden.

$$\frac{168\,000 \cdot 100}{672\,000} = \underline{\underline{25\,\%}}$$

Bei linearem Verlauf von E, K_v und DB müssen die Erlöse um denselben Faktor gesteigert werden.

$$1\,400\,000{,}00 \cdot 1{,}25 = \underline{\underline{1\,750\,000{,}00 \text{ EUR}}}$$

3. Der maximale Gewinn wird an der Kapazitätsgrenze erreicht.

$66\,^2/_3$ % Beschäftigungsgrad → DB = 672000,00 EUR
100 % Beschäftigungsgrad → DB = 1008000,00 EUR

Betriebsergebnis $= DB - K_{fix}$
$= 1\,008\,000{,}00 - 840\,000{,}00 = \underline{\underline{168\,000{,}00 \text{ EUR}}}$

4. Die Auffassung des Filialleiters ist dann vertretbar, wenn der erzielte Preis über den variablen Stückkosten liegt und somit positive Deckungsbeiträge erwirtschaftet werden. Diese Vorgehensweise führt zu einer Verbesserung des Betriebsergebnisses.

   Bernd Brettle hat insoweit Recht, als ein Unternehmen nicht dauerhaft existieren kann, wenn das Unternehmen keinen Gewinn erzielt. Bernd Brettle hat insbesondere dann Recht, wenn das Unternehmen nahezu voll ausgelastet ist.

Übungsaufgabe 89

1. – Die **kurzfristige Preisuntergrenze** liegt bei der Abdeckung der variablen Kosten je Einheit. Der Deckungsbeitrag ist in diesem Fall gleich null.
   – Die **langfristige Preisuntergrenze** liegt bei der Abdeckung der Selbstkosten je Einheit.

2. Da der Preis gerade noch die Kosten deckt, kann der Betrieb zwar überleben, ein wesentliches Motiv zur Weiterführung des Betriebs, nämlich Gewinn zu erzielen, wäre jedoch nicht gegeben. Sollte keine Besserung der Situation zu erwarten sein, müsste der Betrieb geschlossen werden.

3. 3.1

		Erzeugnis A	Erzeugnis B
	Listenverkaufserlöse	406000,00 EUR	533000,00 EUR
	– Kundenrabatt	40600,00 EUR	63960,00 EUR
	= Zielverkaufspreis	365400,00 EUR	469040,00 EUR
	– Kundenskonto	10962,00 EUR	9380,80 EUR
	= Nettoverkaufserlös (Barverkaufspreis)	354438,00 EUR	459659,20 EUR
	– variable Kosten	196000,00 EUR	392600,00 EUR
	= Deckungsbeitrag	158438,00 EUR	67059,20 EUR
	– Fixkosten	98500,00 EUR	
3.2	= Betriebsergebnis	126997,20 EUR	

3.3 Preisuntergrenzen: A: 280,00 EUR
B: 302,00 EUR

3.4 Die variablen Kosten beziehen sich auf ein Stück. Durch eine Veränderung der Ausbringungsmenge ändern sich die variablen Kosten nicht.

Übungsaufgabe 90

1. **Berechnung der variablen Gesamtkosten:**

Materialeinzelkosten	170000,00 EUR
+ Fertigungseinzelkosten	80000,00 EUR
+ variable MGK	18000,00 EUR
+ variable FGK	24000,00 EUR
= K_v	292000,00 EUR
k_v	292000,00 EUR : 10 = 29200,00 EUR

Bei der kurzfristigen Preisuntergrenze decken die Erlöse die variablen Kosten in Höhe von 29200,00 EUR je Stück.

2. Die langfristige Preisuntergrenze liegt dort, wo die Nettoverkaufserlöse die Selbstkosten je Einheit abdecken.

$e = \frac{60\,000}{10} + 29\,200{,}00 \text{ EUR} \qquad e = \underline{\underline{35\,200{,}00 \text{ EUR}}}$

3. 3.1 Neue Kapazität: 12 Stück

fixe Kosten: 140 % von 60 000,00 EUR = 84 000,00 EUR

variable Stückkosten: 75 % von 29 200,00 EUR = 21 900,00 EUR

$k = \frac{84\,000}{12} + 21\,900 = \underline{\underline{28\,900{,}00 \text{ EUR}}}$

3.2 36 000,00 EUR – 28 900,00 EUR = 7 100,00 EUR

3.3

	Bisheriger Nettoverkaufserlös	36 000,00 EUR
–	15 % Preisrückgang	5 400,00 EUR
=	Neuer Nettoverkaufserlös	30 600,00 EUR

$$K_{fix} + k_v \cdot x = e \cdot x$$
$$84\,000 + 21\,900 \cdot x = 30\,600 \cdot x$$
$$8\,700\,x = 84\,000$$
$$x = \underline{\underline{9{,}65 \text{ Stück}}}$$

Ergebnis: Ab der Herstellung von 10 Maschinen erzielt das Unternehmen Gewinn.

4. 4.1 Sinkt die Beschäftigung (Produktion und Absatz) müsste der Verkaufspreis der Marktsituation entsprechend gesenkt werden, um die Absatzchancen zu verbessern. Allerdings führt die sinkende Beschäftigung zu einer Erhöhung der langfristigen Preisgrenze (die fixen Kosten verteilen sich auf weniger Produkte). Trotzdem wäre es sinnvoll die Preise zu senken, um den Absatz zu steigern und dadurch zu niedrigeren Stückkosten zu gelangen.

4.2 Bei einer Steigerung der Beschäftigung sinken die Stückkosten. Allerdings muss der Verkaufspreis nicht gesenkt werden, um die Produktion und den Absatz zu verbessern. Es wäre klug den Verkaufspreis zu belassen, um den zusätzlichen Gewinn für Investitionen zu nutzen.

Übungsaufgabe 91

1. Ergebnis bei Vollkostenrechnung:

	Verbrauch von Fertigungsmat.	25 000,00 EUR
+	MGK 5 %	1 250,00 EUR
	Fertigungslöhne	35 000,00 EUR
+	FGK	32 000,00 EUR
=	Herstellkosten	93 250,00 EUR
+	VerwGK/VertrGK 8 %	7 460,00 EUR
+	SEK des Vertriebs	5 000,00 EUR
=	Selbstkosten	105 710,00 EUR

	Bruttoverkaufserl.	115 500,00 EUR
–	15 % Rabatt	17 325,00 EUR
=	Nettoverkaufserlöse	98 175,00 EUR
–	Selbstkosten	105 710,00 EUR
=	Verlust	– 7 535,00 EUR

Auf Basis der Vollkostenrechnung sollte die Produktion der Hosen eingestellt werden, weil dadurch ein Verlust erwirtschaftet wird.

2. Ergebnis bei Teilkostenrechnung:

	Hosen	Jacken
Bruttoverkaufserlöse	115 500,00 EUR	297 500,00 EUR
– 15 % Rabatt	17 325,00 EUR	44 625,00 EUR
= Nettoverkaufserlöse	98 175,00 EUR	252 875,00 EUR
– variable Kosten		
SEK des Vertriebs	5 000,00 EUR	0,00 EUR
Verbr. v. Fertigungsmaterial	25 000,00 EUR	45 000,00 EUR
Fertigungslöhne	35 000,00 EUR	70 000,00 EUR
Materialgemeinkosten variabel	500,00 EUR	1 000,00 EUR
Fertigungsgemeinkosten variabel	14 000,00 EUR	35 000,00 EUR
= Deckungsbeitrag	18 675,00 EUR	101 875,00 EUR

Die Hosenproduktion sollte nicht eingestellt werden, da der Erlös hieraus nicht nur die variablen, sondern auch einen Teil der fixen Kosten deckt (18675,00 EUR). Würde die Hosenproduktion eingestellt, müsste die Jackenproduktion zumindest teilweise die fixen Kosten mitübernehmen mit der Folge einer Gewinnminderung bzw. Verlusterhöhung.

3. Kurzfristige Preisuntergrenze:

Materialeinzelkosten	25 000,00 EUR	
+ Fertigungseinzelkosten	35 000,00 EUR	
+ Sondereinzelkosten des Vertriebs	5 000,00 EUR	
+ Materialgemeinkosten	500,00 EUR	
+ Fertigungsgemeinkosten	14 000,00 EUR	
= variable Kosten für 2 100 Stück =	79 500,00 EUR	
= variable Kosten für 1 Stück =	37,86 EUR	kurzfristige Preisuntergrenze

4. Aufgaben von Voll- und Teilkostenrechnung:

Vollkostenrechnung: Ermöglicht die Feststellung der Herstell- und der Selbstkosten sowie des Angebotspreises.

Teilkostenrechnung: Instrument der Programmsteuerung und der Gewinnoptimierung; Feststellung von Preisuntergrenzen.

Übungsaufgabe 92

1.

Bezeichnungen	Erzeugnis I	Erzeugnis II	Erzeugnis III	Zusatzauftrag
Nettoverkaufserlöse	28 400,00 EUR	101 700,00 EUR	115 650,00 EUR	74 400,00 EUR
– variable Kosten	32 000,00 EUR	87 300,00 EUR	87 750,00 EUR	70 200,00 EUR
= Deckungsbeitrag	– 3 600,00 EUR	14 400,00 EUR	27 900,00 EUR	4 200,00 EUR
– fixe Kosten		45 100,00 EUR		
= Betriebsgewinn ohne Zusatzauftrag		– 6 400,00 EUR		
+ Deckungsbeitrag Zusatzauftrag		4 200,00 EUR		
= Betriebsgewinn mit Zusatzauftrag		– 2 200,00 EUR		

2. Lässt man absatzpolitische Überlegungen (z.B. Vollständigkeit des Produktionsprogramms) außer Betracht, dann sollte das Erzeugnis I aus dem Produktionsprogramm genommen werden, da es einen negativen Deckungsbeitrag erwirtschaftet.

3. Die Annahme empfiehlt sich, wenn
   - die Deckungsbeiträge die anfallenden Investitionskosten übersteigen.
   - die Zusatzaufträge längerfristig zu erwarten sind.

Übungsaufgabe 93

1.

Bezeichnungen	Typ A	Typ B	Typ C
Nettoverkaufserlöse/Stück	58,50 EUR	88,40 EUR	104,00 EUR
– variable Stückkosten	49,40 EUR	73,45 EUR	89,70 EUR
= Deckungsbeitrag/Stück	9,10 EUR	14,95 EUR	14,30 EUR
Deckungsbeitrag insgesamt	59150,00 EUR	145762,50 EUR	148720,00 EUR

2.

	Summe der Deckungsbeiträge	353632,50 EUR
–	Fixkosten insgesamt	241150,00 EUR
=	Betriebsergebnis	112482,50 EUR

3.

	Zusätzlicher Deckungsbeitrag von Typ B (14,95 EUR · 3900 Stück)	58305,00 EUR
–	ausfallender Deckungsbeitrag Typ C (14,30 EUR · 3900 Stück)	55770,00 EUR
=	Erhöhung des Betriebsergebnisses	2535,00 EUR

4.

	Nettoverkaufserlöse	5000 Stück · 91,52 EUR =	457600,00 EUR
–	variable Stückkosten	5000 Stück · 92,00 EUR =	460000,00 EUR
=	Betriebsverlust		–2400,00 EUR

- Aus kostenrechnerischen Gründen ist der Auftrag abzulehnen, da er die variablen Kosten nicht abdeckt.
- Da der Betriebsverlust gering ist, könnte der Auftrag die Beschäftigungslage der Belegschaft absichern, sofern dies erforderlich ist.
- Sind weitere Aufträge des Exporteurs zu erwarten, kann es sinnvoll sein, den Auftrag anzunehmen.

Übungsaufgabe 94

1.

	Produktgruppe A (350 Stück)	Produktgruppe B (800 Stück)
Nettoverkaufserlöse	157500,00 EUR	260000,00 EUR
– variable Kosten	105000,00 EUR	160000,00 EUR
= Deckungsbeitrag	52500,00 EUR	100000,00 EUR
= Summe der Deckungsbeiträge	152500,00 EUR	
– fixe Kosten	74000,00 EUR	
= Betriebsergebnis	78500,00 EUR	

2. Minimalziel: Zusatzauftrag muss variable Kosten decken:
Preisuntergrenze = <u>300,00 EUR.</u>

Maximalziel:

variable Kosten pro Stück	300,00 EUR
+ Gewinn pro Stück (2000 EUR : 40 Stück)	50,00 EUR
– Preis pro Stück (angestrebte Untergrenze)	350,00 EUR

3. Der Deckungsbeitrag zeigt, in welchem Maße ein Erzeugnis zur Deckung der Fixkosten beiträgt (Kostentragfähigkeit) und gibt damit Auskunft über dessen Förderungsfähigkeit.

Die Deckungsbeitragsrechnung erleichtert die Ermittlung der eigenen Preisuntergrenze.

Wegen ihrer im Vergleich zur Vollkostenrechnung leichteren Durchführbarkeit ermöglicht die Deckungsbeitragsrechnung schnelle Reaktionen auf Marktveränderungen.

Übungsaufgabe 95

1. $k_v = \frac{127400 - 100100}{1170 - 780} = \underline{\underline{70{,}00 \text{ EUR}}}$ je Regal

$127400 = K_{fix} + 70 \cdot 1170$
$K_{fix} = 45500{,}00$ EUR pro Monat

$E = K$

$161x = 70x + 45500$
$91x = 45500$
$x = \underline{\underline{500 \text{ Stück}}}$

2. $k = 70{,}00 \text{ EUR} + \frac{45500{,}00 \text{ EUR}}{1750 \text{ Stück}}$

$k = \underline{\underline{96{,}00 \text{ EUR}}}$

3.

	Erlös (EUR)	Kosten (EUR)	Betriebsergebnis (EUR)
Oktober	125580	100100	25480
November	188370	127400	60970
Dezember	219765	141050	78715
Summe	533715	368550	165165

4. $e = 161{,}00$ EUR
$e_{Zusatz} = 161{,}00 \text{ EUR} \cdot 0{,}75$
$= 120{,}75$ EUR

$k_v = 70{,}00$ EUR
$K_{v\ \text{Überstunden}} = 26{,}00 \text{ EUR} \cdot 0{,}2 = 5{,}20$ EUR
$k_{v\ neu} = 70{,}00 \text{ EUR} + 5{,}20 \text{ EUR} = 75{,}20$ EUR

Betriebsergebnis neu: (161,00 EUR – 75,20 EUR) · 120 Stück = <u>10296,00 EUR</u>

5. Die fixen Kosten verteilen sich auf eine große Anzahl der Produkte. Damit sinken die Stückkosten. Da der Verkaufspreis unverändert bleibt, erhöht sich der Stückgewinn und damit der Gesamtgewinn bei einem Anstieg der Verkaufszahlen.

6. – Für die Annahme des Auftrags: Gewinnung neuer Kunden.
   – Für die Ablehnung des Auftrags: Überlastung der Mitarbeiter durch Überstunden, höhere Abnutzung der Maschinen, Gefahr eines Qualitätsrückgangs.

Übungsaufgabe 96

1. Das Produkt A hat den geringsten und das Produkt C den höchsten Deckungsbeitrag. Die Mehrproduktion des Produkts C führt somit zu einer Erhöhung des Gesamtdeckungsbeitrags.

	Produkt A	Produkt B	Produkt C
Nettoverkaufserlöse	47 040,00 EUR	176 400,00 EUR	199 920,00 EUR
– variable Kosten	35 280,00 EUR	117 600,00 EUR	126 420,00 EUR
= Deckungsbeitrag	11 760,00 EUR	58 800,00 EUR	73 500,00 EUR
– fixe Kosten		82 000,00 EUR	
= Betriebsgewinn		62 060,00 EUR	

2. Die freie Kapazität von A beträgt 1 500 Stück. Die Produktion des Produkts C kann somit auf 3 600 Stück erhöht werden.

	Produkt B	Produkt C
Nettoverkaufserlöse	176 400,00 EUR	342 720,00 EUR
– variable Kosten	117 600,00 EUR	216 720,00 EUR
= Deckungsbeitrag	58 800,00 EUR	126 000,00 EUR
– fixe Kosten	82 000,00 EUR	
= Betriebsgewinn	102 800,00 EUR	

Durch die Eliminierung des Produkts A und die verstärkte Produktion des Produkts C erhöht sich der Betriebsgewinn um 40 740,00 EUR.

X Übungsaufgabe 97

1.

Typ	Zeitbedarf Engpassstufe	Produktion je Std. Engpassstufe	Absoluter Stückdeckungsbeitrag	Relativer Deckungsbeitrag
A	30 Min.	2	360,00 EUR	720,00 EUR
B	12 Min.	5	250,00 EUR	1 250,00 EUR
C	15 Min.	4	140,00 EUR	560,00 EUR
D	20 Min.	3	165,00 EUR	495,00 EUR

2.

Rang	Typ	Absetzbare Menge	Produktion je Std. Engpassstufe	Zeitbedarf/Engpassstufe in Std.	Optimales Produktionsprogramm
I	B	220	5	44	220
II	A	700	2	316	632
III	C	320	4	360	
IV	D	200	3		

Die Produkte C und D werden aus dem Produktprogramm genommen (eliminiert).

3.

Typ	Produzierte Menge	Absoluter Stückdeckungsbeitrag	Deckungsbeitrag insgesamt
A	632 Stück	360,00 EUR	227 520,00 EUR
B	220 Stück	250,00 EUR	55 000,00 EUR
C	0 Stück	0,00 EUR	0,00 EUR
D	0 Stück	0,00 EUR	0,00 EUR

Deckungsbetrag	282 520,00 EUR
– Fixkosten	279 900,00 EUR
= Betriebsgewinn	2 620,00 EUR

4.

Deckungsbeitragsrechnung	Vollkostenrechnung
▪ Ansatzpunkt ist der am Markt erzielbare Preis.	▪ Ansatzpunkt sind die Kosten.
▪ Untergliederung in fixe und variable Kosten.	▪ Untergliederung in Einzel- und Gemeinkosten.
▪ Die Stückkosten können nicht ermittelt werden.	▪ Die Stückkosten können ermittelt werden.
▪ Ein Angebotspreis kann nicht ermittelt werden, wohl aber die Preisuntergrenze.	▪ Ermöglicht die Ermittlung eines Angebotspreises.
▪ Instrument der Programmsteuerung und Gewinnoptimierung.	▪ Als Instrument zur Programmsteuerung und Gewinnoptimierung **nicht** geeignet.
▪ Eher marktorientierte Form der Kostenrechnung (Orientierung am Marktpreis).	▪ Eher planorientierte Form der Kostenrechnung (Orientierung an den Kosten).

Übungsaufgabe 98

1.

	A	B	C	Summe
Nettoverkaufserlös	56,00 EUR	90,00 EUR	120,00 EUR	
– k_v	40,00 EUR	64,00 EUR	84,00 EUR	
= db	16,00 EUR	26,00 EUR	36,00 EUR	
· Stückzahl	240	120	50	
= DB	3 840,00 EUR	3 120,00 EUR	1 800,00 EUR	8 760,00 EUR
– K_{fix}				6 100,00 EUR
= Betriebsgewinn				2 660,00 EUR

2. 2.1

Geplantes Programm	A	B	C	D
db	16,00 EUR	26,00 EUR	36,00 EUR	14,00 EUR
relativer db	0,53 EUR/Min.[1]	0,65 EUR/Min.	0,75 EUR/Min.	0,58 EUR/Min.
Stückzahl	120	30	200	200
DB	1 920,00 EUR	780,00 EUR	7 200,00 EUR	2 800,00 EUR

Das Sondermodell erfordert einen Zeitanspruch von 200 · 24 = 4 800 Minuten. Diese Kapazität wird dadurch frei, indem die anderen Produkte verdrängt werden. Verdrängt wird zunächst das Produkt A, das den geringsten relativen Deckungsbeitrag hat usw.

1 DB 16,00 EUR · 2 Stück/Std. = 32,00 EUR : 60 Min. = 0,53 EUR/Min.

A bringt 120 Stück · 30 Min. =	3600 Min.	↑
B bringt 30 Stück · 40 Min. =	1200 Min.	│
Notwendige Kapazität für D	4800 Min.	│

	Deckungsbeitrag von D: 200 · (60,00 – 46,00)	=	2800,00 EUR
–	Deckungsbeitrag von A und B (1920,00 EUR + 780,00 EUR)	=	2700,00 EUR
=	Gewinnerhöhung durch die Hereinnahme des Auftrages		100,00 EUR

Der Auftrag kann angenommen werden.

2.2 **Neues Produktionsprogramm:** Produkt C: 200 Stück
Produkt D: 200 Stück.

Übungsaufgabe 99

1. **Gesamte Fertigungszeit:**

A: $\frac{1560 \cdot 25}{60} = 650$ Stunden

B: $\frac{2080 \cdot 30}{60} = 1040$ Stunden

C: $\frac{1040 \cdot 15}{60} = 260$ Stunden

1950 Stunden

Kapazität: $\frac{1950 \cdot 100}{2600} = 75\,\%$ Freie Kapazität: 25 %

2. **Deckungsbeiträge/Stück:**

A: $\frac{312000}{1560} = 200{,}00 \text{ EUR} \cdot \frac{60}{25} = 480{,}00$ EUR je Stunde

B: $\frac{624000}{2080} = 300{,}00 \text{ EUR} \cdot \frac{60}{30} = 600{,}00$ EUR je Stunde

C: $\frac{228800}{1040} = 220{,}00 \text{ EUR} \cdot \frac{60}{15} = 880{,}00$ EUR je Stunde

Reihenfolge der Produkte:

2.1 bei freier Kapazität: B – C – A

2.2 bei Engpasssituation: C – B – A

3.

C: $\frac{1040 \text{ Stück}}{4 \text{ Stück je Std.}} =$ 260 Std.

B: $\frac{1820 \text{ Stück}}{2 \text{ Stück je Std.}} =$ 910 Std. (Rest)

Kapazität 1170 Std.

DB: 260 · 880,00 EUR	=	228800,00 EUR
DB: 910 · 600,00 EUR	=	546000,00 EUR
DB insgesamt		774800,00 EUR
– fixe Kosten		910000,00 EUR
Betriebsverlust		135200,00 EUR

4. 4.1

C:	260 Std.	DB: 260 · 880,00 EUR =	228800,00 EUR
B:	1040 Std.	DB: 1040 · 600,00 EUR =	624000,00 EUR
A:	390 Std. (Rest)	DB: 390 · 480,00 EUR =	187200,00 EUR
	1690 Std.		1040000,00 EUR
		– fixe Kosten	910000,00 EUR
		Betriebsgewinn	130000,00 EUR

4.2

C:	260 Std.	→	1040 Stück
B:	1040 Std.	→	2080 Stück
A:	390 Std.	→	936 Stück

5. 100 % ≙ 2600 Std.
90 % ≙ 2340 Std.

Bisherige Kapazitätsauslastung: 1950 Std. (siehe 1.)

1950 Std.:	Betriebsgewinn lt. Aufgabe	254800,00 EUR
390 Std.:	zusätzlicher DB: C (390 Std. · 880,00 EUR)	343200,00 EUR
2340 Std.	Neuer Betriebsgewinn	598000,00 EUR

Übungsaufgabe 100

	1.	2.	3.
Sorte	**Gesamte variable Kosten je Tafel**	**DB je Tafel**	**DB/Engpasseinheit**
A	2,28 EUR*	0,54 EUR	0,018 EUR**
B	2,16 EUR	0,60 EUR	0,03 EUR
C	1,98 EUR	0,12 EUR	0,024 EUR
D	1,44 EUR	0,48 EUR	0,048 EUR

* Berechnung:

Kakaokosten $\frac{36 \cdot 30}{1000}$ =	1,08 EUR
+ übr. var. Kosten:	1,20 EUR
= var. Kosten insg.	2,28 EUR

** Berechnung:
0,54 EUR : 30 g = 0,018 EUR/g
(absoluter DB) (relativer DB)

Reihenfolge nach dem DB/Engpass: D – B – C – A

4.

		erforderliche Kakaobutter
D	30000 Tafeln	300 kg*
B	30000 Tafeln	600 kg
C	12000 Tafeln**	60 kg**
A	–	–
		960 kg

* Berechnung:
30000 · 0,01 kg (≈ 10 g) = 300 kg

** Berechnung:
60 kg von erforderlichen 150 kg = 40 % → 40 % von 30000 Tafeln = 12000 Tafeln

Übungsaufgabe 101

1. Vollkostenrechnung

	Nettoverkaufserlöse insgesamt (56 000 · 25)		1 400 000,00 EUR
–	Gesamtkosten		
	proportional-variable Kosten	812 000,00 EUR	
	fixe Kosten der Spezialmaschine	388 000,00 EUR	
	anteilige unternehmensfixe Kosten	700 000,00 EUR	1 900 000,00 EUR
=	Verlust		500 000,00 EUR

Aus der Sicht der Vollkostenrechnung war es falsch „Stick" in das Produktionsprogramm aufzunehmen, da „Stick" einen Verlust von 500 000,00 EUR erwirtschaftete.

Deckungsbeitragsrechnung

	Nettoverkaufserlöse insgesamt	1 400 000,00 EUR
–	variable Kosten	– 812 000,00 EUR
=	Zwischensumme	588 000,00 EUR
–	fixe Kosten der Spezialmaschinen	388 000,00 EUR
=	Deckungsbeitrag	200 000,00 EUR

„Stick" erbringt zur Abdeckung der restlichen fixen Kosten einen positiven Deckungsbeitrag von 200 000,00 EUR; „Stick" verbesserte somit das Gesamtergebnis um 200 000,00 EUR. Folglich war es sinnvoll, „Stick" in das Produktionsprogramm aufzunehmen. Langfristig sollte Vollkostendeckung erreicht werden.

2. Komplettierung des Produktionsprogramms; Image des Unternehmens; Einstieg der Konkurrenz verhindern; Arbeitsplätze erhalten.

3.

	Nettoverkaufserlös pro Stück im Auslandsgeschäft	18,50 EUR
–	variable Kosten je Stück (812 000,00 EUR : 56 000 Stück)	14,50 EUR
=	Deckungsbeitrag je Stück	4,00 EUR

Ja, die Herzog GmbH sollte diese Strategie verfolgen, da dieses Zusatzgeschäft einen positiven Deckungsbeitrag von 4,00 EUR pro Kasten erbringt. Dieser Deckungsbeitrag trägt zur Abdeckung der fixen Kosten der Spezialmaschinen und unternehmensfixen Kosten bei.

Unterrichtsvorschlag: Eigenfertigung zulasten eines anderen Produkts

Beispiel: Ausgelastete Kapazität

Die Möbelfabrik Bruno Bernhardt OHG stellt einen Kleiderschrank unter folgenden Bedingungen her: Materialaufwand 420,00 EUR, variable MGK 7 %, Fertigungslohn je Stunde 42,00 EUR, variable FGK 90 %, Maschinenstundensatz 129,00 EUR, Produktionszeit und Maschineneinsatz je Kleiderschrank 30 Minuten. Der Nettoverkaufserlös beträgt 613,00 EUR.

Die Geschäftsleitung plant, anstelle des Kleiderschranks einen bisher fremdbezogenen Schreibtisch selbst herzustellen und die Produktion und den Verkauf des Kleiderschranks aufzugeben. Die Produktion des Schreibtischs verursacht folgende Kosten:

Verbrauch von Fertigungsmaterial 360,00 EUR, variable MGK 7 %, Fertigungslohn je Stunde 42,00 EUR, variable FGK 90 %, Maschinenstundensatz 129,00 EUR, Produktionszeit und Maschineneinsatz je Schreibtisch 35 Minuten.

Der Schreibtisch wird zum Nettoverkaufspreis von 616,80 EUR angeboten. Der Einstandspreis des Zulieferers für den Schreibtisch beträgt 594,80 EUR.

Aufgaben:

1. Berechnen Sie die variablen Gesamtkosten der Eigenproduktion für den Kleiderschrank und den Schreibtisch!
2. Berechnen Sie den absoluten Deckungsbeitragssatz bei Eigenfertigung und bei Fremdbezug!
3. Berechnen Sie den absoluten und den relativen Differenzdeckungsbeitrag bei Eigenfertigung des Kleiderschrankes bzw. des Schreibtisches!
4. Beurteilen Sie, inwieweit der Plan der Geschäftsleitung ökonomisch sinnvoll ist!

Bearbeitungshinweis:

Aufgrund der ausgelasteten Kapazität verdrängt die Herstellung des Schreibtischs die Herstellung des Kleiderschranks. Geht man davon aus, dass die Eigenfertigung des Kleiderschranks bisher einen Deckungsbeitrag erwirtschaftet hat, dann setzen sich die relevanten Kosten des Schreibtischs zusammen aus:

(1) den variablen Kosten der Eigenfertigung[1] und

(2) dem Deckungsbeitrag des verdrängten Produkts (entgangener Nutzen durch Verzicht auf Alternativanlagen. Der Fachbegriff hierfür lautet **Opportunitätskosten**).[2]

Eine Verdrängung des bisherigen Produkts ist daher nur dann sinnvoll, wenn alle relevanten Kosten der Eigenfertigung für den Schreibtisch (variable Kosten + Opportunitätskosten, d. h. Deckungsbeitrag des verdrängten Kleiderschranks) unter den Fremdbezugskosten liegen.

Lösungen:

Zu 1.: Berechnung der Kosten für die Eigenfertigung von Kleiderschrank und Schreibtisch

	Kleiderschrank	Schreibtisch
Materialeinzelkosten	420,00 EUR	360,00 EUR
+ 7 % variable MGK	29,40 EUR	25,20 EUR
+ Fertigungslöhne	21,00 EUR	24,50 EUR
+ 90 % variable FGK	18,90 EUR	22,05 EUR
+ Maschinenstundensätze	64,50 EUR	75,25 EUR
variable Herstellkosten je Stück	553,80 EUR	507,00 EUR

1 Auf die Höhe der Fixkosten hat die Verdrängung keinen Einfluss, da sich diese nicht verändern.

2 Opportunität: passende Gelegenheit.

Zu 2. und 3.: Berechnung der Deckungsbeiträge

Erzeugnis	Nettoverkaufserlös (EUR)	variable Stückkosten Eigenfertig. (EUR)	variable Stückkosten Fremdbezug (EUR)	absoluter Deckungsbeitrag Eigenfert. (EUR)	absoluter Deckungsbeitrag Fremdbez. (EUR)	absoluter Differenzdeckungsbeitrag (EUR)	Produktionszeit (Minuten)	relativer Differenzdeckungsbeitrag (EUR/Min.)
Kleiderschrank	613,00	553,80	–	59,20	–	59,20	30	1,97
Schreibtisch	616,80	507,00	594,80	109,80	22,00	87,80[1]	35	2,51

Zu 4.: Beurteilung des Plans der Geschäftsleitung

1. Die Eigenfertigung des Schreibtischs ist sinnvoll, da die relevanten Kosten der Eigenfertigung[1] (507,00 EUR + 59,20 EUR = 566,20 EUR) niedriger sind als die Kosten für den Fremdbezug (594,80 EUR).
2. Da der relative Differenzdeckungsbeitrag bei der Eigenfertigung von Schreibtischen wesentlich höher liegt als bei der Eigenfertigung von Kleiderschränken, ist es ökonomisch sinnvoll, die vorhandenen Kapazitäten für die Produktion von Schreibtischen zu verwenden.

Bei **ausgelasteter Kapazität** ist die Eigenfertigung dem Fremdbezug vorzuziehen, wenn alle relevanten Kosten der Eigenfertigung (variable Kosten der Eigenfertigung + Deckungsbeitrag des verdrängten Produkts) unter den Fremdbezugskosten liegen.

Übungsaufgabe

Ein Baumaschinenhersteller stellt einen Motor unter folgenden Bedingungen her: Verbrauch von Fertigungsmaterial 224,00 EUR, variable MGK 7,5 %, Fertigungslohn je Stunde 43,80 EUR, variable FGK 101 %, Maschinenstundensatz 159,00 EUR, Produktionszeit und Maschinenzeit je Motor 45 Minuten. Der angenommene Nettoverkaufserlös beträgt 562,25 EUR.

Der Vorstand plant, statt des Motors ein bisher fremdbezogenes Motorengehäuse selbst her-zustellen. Die Produktion des Motorengehäuses verursacht folgende Kosten: Materialaufwand 195,00 EUR, variable MGK 7,5 %, Fertigungslohn je Stunde 43,80 EUR, variable FGK 101 %, Maschinenstundensatz 159,00 EUR, Produktionszeit und Maschineneinsatz je Motorengehäuse 50 Minuten. Der Einstandspreis des Zulieferers für das Motorengehäuse beträgt 564,95 EUR. Der Nettoverkaufserlös des Motorengehäuses beläuft sich auf 634,95 EUR.

Aufgaben:

1. Berechnen Sie die Gesamtkosten der Eigenproduktion für den Motor und das Motorengehäuse!
2. Berechnen Sie den absoluten Deckungsbeitrag bei Eigenfertigung und bei Fremdbezug!
3. Berechnen Sie den absoluten und den relativen Deckungsbeitrag bei Eigenfertigung der Motoren bzw. der Motorengehäuse!
4. Beurteilen Sie, ob sich die Eigenfertigung der Motorengehäuse lohnt!

1 Bei der Eigenfertigung des Schreibtischs geht der absolute Deckungsbeitrag des Schreibtischs bei Fremdbezug verloren. Der erzielbare Deckungsbeitrag bei Eigenfertigung des Schreibtischs in Höhe von 109,80 EUR muss daher um den entgangenen Deckungsbeitrag des Schreibtischs bei Fremdbezug in Höhe von 22,00 EUR (616,80 EUR – 594,80 EUR) gekürzt werden.

Lösung:

1.

	Motor	Motorengehäuse	
Materialeinzelkosten	224,00 EUR	195,00 EUR	
+ 7,5 % MGK	16,80 EUR	14,63 EUR	
+ Fertigungslöhne 45 Min.	32,85 EUR	36,50 EUR	50 Min.
+ 101 % FGK	33,18 EUR	36,87 EUR	
+ Maschinenstunden 45 Min.	119,25 EUR	132,50 EUR	50 Min.
variable Herstellungskosten je Stück	426,08 EUR	415,50 EUR	

2./3.

Erzeugnis	Netto-verkaufs-erlös in EUR	Variable Stückkosten Eigen-fertigung	Variable Stückkosten Fremdbezug	Absoluter Deckungs-beitrag EF	Absoluter Deckungs-beitrag FB	Differenz-deckungs-beitrag	Engpass-sektor (Minuten)	Relativer Differenz-deckungs-beitrag je Minute
Motoren	562,25	426,08	–	136,17	–	136,17	45	3,026
Motoren-gehäuse	634,95	415,50	564,95	219,45	70,00	149,55	50	2,989

4. – Die Eigenfertigung der Motorengehäuse lohnt sich, da die relevanten Kosten der Eigenfertigung (415,50 EUR + 136,17 EUR = 551,67 EUR) niedriger sind als die Kosten für den Fremdbezug (564,95 EUR).
   – Da der relative Differenzdeckungsbeitrag bei der Eigenfertigung von Motoren jedoch höher liegt als bei der Eigenfertigung von Motorengehäusen, ist es ökonomisch sinnvoll, die vorhandenen Kapazitäten für die Produktion von Motoren zu verwenden. Der Fremdbezug der Motorengehäuse sollte weiterhin erfolgen.

Übungsaufgabe 102

1.

	Motorengehäuse	
Materialeinzelkosten	195,00 EUR	
+ 7,5 % MGK	14,63 EUR	
+ Fertigungslöhne	36,50 EUR	50 Min.
+ 101 % FGK	36,87 EUR	
+ Sondereinzelkosten der Fertigung	132,50 EUR	
= variable Herstellkosten je Stück	415,50 EUR	

2. Die Eigenfertigung der Motorengehäuse lohnt sich, da die relevanten Kosten der Eigenfertigung (415,50 EUR) niedriger sind als die Kosten für den Fremdbezug (564,95 EUR). Die fixen Kosten sind nicht zu berücksichtigen, da sie auch anfallen, wenn die Eigenfertigung nicht erfolgt.

3. – Unabhängigkeit von Zulieferern
   – Beschäftigung der eigenen Belegschaft
   – Verlust von Know-how
   – Schwankende Qualität des Zulieferers, mangelnde Termintreue

Übungsaufgabe 103

1. Hergestellte Menge: $14400 \cdot 0{,}85 = 12240$ Stück

Nettoverkaufserlös je Stück: $\frac{1503000}{12240} = 122{,}79$ EUR

db/Stück: 122,79 EUR – 64,79 EUR = 58,00 EUR

Break-even-Point (BEP): $\frac{551986}{58} = \underline{\underline{9517 \text{ Stück}}}$

2.

	Nettoverkaufserlöse	1503000,00 EUR
–	variable Kosten (12240 · 64,79 EUR)	793029,60 EUR
=	Deckungsbeitrag	709970,40 EUR
–	Fixkosten	551986,00 EUR
=	Betriebsgewinn	157984,40 EUR

Gewinn je Stück $= \frac{157984{,}40}{12240} = \underline{\underline{12{,}91 \text{ EUR}}}$

3. Da noch freie Kapazität vorhanden ist, dürfen die anteiligen Fixkosten nicht in den Vergleich einbezogen werden, sie fallen auch bei Fremdbezug weiterhin an.

Die Verwaltungs- und Vertriebsgemeinkosten (auch die variablen) fallen ebenfalls sowohl bei Eigenfertigung an wie auch bei Fremdbezug.

In den Vergleich dürfen demnach nur die variablen Herstellkosten einbezogen werden.

Fremdbezug:	Listeneinkaufspreis	56,40 EUR
	+ Bezugskosten	1,15 EUR
	= Einstandspreis	57,55 EUR
Eigenfertigung:	variable Herstellkosten	52,20 EUR

Das Angebot des Zulieferers ist abzulehnen.

4. Die Entscheidung fällt aufgrund des Kostenvergleichs (Fixkosten + variable Herstellkosten je Stück)

k_v alt = 52,20 EUR
k_v neu = 40,50 EUR

$$x = \frac{k_{fix}\text{ neu} - K_{fix}\text{ alt}}{k_v\text{ neu} - k_v\text{ alt}} = \frac{674836 - 551986}{40{,}50 - 52{,}20} = \underline{\underline{10500 \text{ Stück}}}$$

Übungsaufgabe 104

1.

		Radkappe A	Radkappe B	Radkappe C
	DB = db · x	101400,00	25000,00	243000,00
–	fixe Kosten	70000,00	39200,00	170800,00
	Betriebsergebnis je Produkt	31400,00	– 14200,00	72200,00

	Deckungsbeiträge insgesamt	369400,00 EUR
–	Gesamte Fixkosten	280000,00 EUR
=	Betriebsergebnis insgesamt	89400,00 EUR

2. Die Produktion von Produkt B wird eingestellt werden.

Betriebsergebnis bei Produktion der Radkappe B	– 14 200,00 EUR	
Betriebsergebnis bei Nicht-Produktion der Radkappe B	– (–) 7 840,00 EUR	(20 % von 39 200,00 EUR)
Betriebsergebnis (Verbesserung)	– 6 360,00 EUR	

Das Betriebsergebnis verbessert sich um 6 360,00 EUR. Die Maßnahme ist zu begrüßen.

3. Break-even-Point $= \frac{K_{fix}}{db}$

K_{fix} (neu) = fixe Kosten (Radkappe B) + zusätzliche Fixkosten
= 39 200,00 EUR + 5 800,00 EUR
= 45 000,00 EUR

db (neu) = db (alt) – Preissenkung
= 10,00 EUR/St. – 4,00 EUR/St. (10 % von 40,00 EUR)
= 6,00 EUR/St.

Break-even-Point $= \frac{45\,000 \text{ EUR}}{6{,}00 \text{ EUR/St.}}$

= 7 500 Stück

Ergebnis: Die Autosport GmbH müsste mindestens 7 500 Stück abnehmen.

4. K_{fix} bei Eigenfertigung ≙ fixe Kosten
= 39 200,00 EUR

K_{fix} bei Fremdbezug ≙ nicht abbaubare fixe Kosten
= 55 % von 39 200,00 EUR
= 21 560,00 EUR

k_v bei Eigenfertigung = e – db
= 40,00 EUR/St. – 10,00 EUR/St.
≙ 30,00 EUR/St.

k_v bei Fremdbezug ≙ Einkaufspreis je Radkappe
= 50,00 EUR/St.

$= \frac{39\,200{,}00 \text{ EUR/St.} - 21\,560{,}00 \text{ EUR/St.}}{50{,}00 - 30{,}00 \text{ EUR/St.}}$

kritische Menge = 882 Stück

Ergebnis: Bei einer Menge von 882 Stück sind Eigenfertigung und Fremdbezug kostengleich. Bis unter 882 Stück ist der Fremdbezug aufgrund der geringeren Fixkosten günstiger.

Übungsaufgabe 105

1. $k_v = \frac{\Delta K}{\Delta x} = \frac{1\,020\,000 - 900\,000}{3\,150 - 1\,750} = 85{,}71$ EUR/Stück

$K_{fix} = K - K_v$

$K_{fix} = 900\,000 - 149\,992{,}50$

$K_{fix} = 750\,007{,}50$ EUR

8 Speth u.a. - ISBN 978-3-8120-3576-7

Gewinnschwelle: $E = K$

$$490x = 85{,}71x + 750\,007{,}50$$

$$x = 1855{,}1 = \underline{\underline{1856 \text{ Stück}}}$$

Der maximale Gesamtgewinn liegt bei der Kapazitätsgrenze von 3500 Stück. Er beträgt dann 665 007,50 EUR.

2. 2.1 Nicht alle Fixkosten erhöhen sich proportional. So müssen z.B. die Verwaltung und die EDV nicht in gleichem Maße aufgestockt werden. Auch bauliche Veränderungen sind nicht im gleichen Verhältnis erforderlich.

2.2 Neue Gewinnschwelle: $490x = 85{,}71x + 1\,050\,010{,}50$

$$x = 2597{,}2 = \underline{\underline{2598 \text{ Stück}}}$$

2.3 Das Risiko des Unternehmens hat sich vergrößert, da die Fixkosten nicht ohne Weiteres abbaubar sind (Kostenremanenz). Das Unternehmen gerät bereits bei einem Umsatzrückgang auf 2597 Stück in die Verlustzone!

3. 70 % = 3675 Stück

langfristige Preisuntergrenze: $p = k$

$$k = \frac{85{,}71 \cdot 3675 + 1\,050\,010{,}50}{3675}$$

$$k = \frac{1\,364\,994{,}75}{3675}$$

$$k = \underline{\underline{371{,}43 \text{ EUR}}}$$

Übungsaufgabe 106

1.

Fertigungsmaterial	(20 + 50 + 60 TEUR)	130 000,00 EUR
Fertigungslöhne	(30 + 80 + 90 TEUR)	200 000,00 EUR
Herstellkosten	(130 + 13 + 200 + 160 TEUR)	503 000,00 EUR

$$\text{MGK in \%} = \frac{13\,000 \cdot 100}{130\,000} = \underline{\underline{10\,\%}}$$

$$\text{FGK in \%} = \frac{160\,000 \cdot 100}{200\,000} = \underline{\underline{80\,\%}} \qquad \text{VwGK/VtrGK in \%} = \frac{100\,600 \cdot 100}{503\,000} = \underline{\underline{20\,\%}}$$

2.

	Gesamt	Kostenträger		
		Miniwing	**Woodwing**	**Graphitwing**
Verbr. v. Fertigungsmaterial	130 000,00	20 000,00	50 000,00	60 000,00
+ MGK 10 %	13 000,00	2 000,00	5 000,00	6 000,00
+ FL	200 000,00	30 000,00	80 000,00	90 000,00
+ FGK 80 %	160 000,00	24 000,00	64 000,00	72 000,00
= Herstellkosten	503 000,00	76 000,00	199 000,00	228 000,00
+ VwGK/VtrGK	100 600,00	15 200,00	39 800,00	45 600,00
= Selbstkosten	603 600,00	91 200,00	238 800,00	273 600,00
– Umsatzerlöse	635 000,00	80 000,00	240 000,00	315 000,00
= Betriebsergebnis	+ 31 400,00	– 11 200,00	+ 1 200,00	+ 41 400,00

3. 3.1 **Verlustartikel Miniwing**

	variable Kosten	fixe Kosten
Verbrauch von Fertigungsmaterial	20 000,00 EUR	–
+ Materialgemeinkosten	–	2 000,00 EUR
+ Fertigungslöhne	30 000,00 EUR	–
+ Fertigungsgemeinkosten	(20 %) 4 800,00 EUR	(80 %) 19 200,00 EUR
= Herstellkosten	54 800,00 EUR	21 200,00 EUR
+ VwGK/VtrGK	(50 %) 7 600,00 EUR	(50 %) 7 600,00 EUR
= Selbstkosten	62 400,00 EUR	28 800,00 EUR
– Nettoverkaufserlöse	80 000,00 EUR	
= **Deckungsbeitrag**	+ 17 600,00 EUR	

3.2 Bei Aufgabe des Tennisschlägers Miniwing würde die Sportgerätefabrik auf einen Deckungsbeitrag in Höhe von 17 600,00 EUR verzichten. Das Umsatzergebnis würde sich von 31 400,00 EUR auf 13 800,00 EUR verschlechtern.

3.3 – Das Marktsegment ginge an die Konkurrenz verloren.
– Es handelt sich um das Einstiegsmodell im Sortiment zur Schaffung von Markentreue.

4. Die Annahme des Auftrages würde einen Zusatzerlös von 500 Stück · 110,00 EUR = 55 000,00 EUR erbringen.

An zusätzlichen Kosten würden anfallen:

Verbrauch von Fertigungsmaterial	(500 · 25,00)	=	12 500,00 EUR
+ Materialgemeinkosten			0,00 EUR
+ Fertigungslöhne	(500 · 40,00)	=	20 000,00 EUR
+ variable FGK	(500 · 6,40)	=	3 200,00 EUR
+ variable VwGK/VtrGK	(500 · 9,95)	=	4 975,00 EUR
variable Auftragskosten			40 675,00 EUR
Zusatzerlöse	(500 · 110,00)	=	55 000,00 EUR

Obwohl der Nettoverkaufserlös unter den Selbstkosten (Vollkostenbasis) liegt, könnte das Unternehmensergebnis bei Annahme des Auftrags um 14 325,00 EUR auf insgesamt 45 725,00 EUR gesteigert werden.

5. **Verwaltung:** Geschäftsführung, Personalabteilung, Buchhaltung, ...
Vertrieb: Werbung, Verkauf, Versand, ...

6. – In der Zuschlagskalkulation werden die fixen Kosten proportional zur Ausbringungsmenge angenommen. Fixe Kosten sind jedoch konstant.
– Bei den Gemeinkosten wird keine Aufteilung in fixe und variable Kosten vorgenommen. Dies führt bei Änderung der Ausbringungsmenge zu
  – falschen Kalkulationsergebnissen,
  – falschen Empfehlungen bei der Preispolitik und zu
  – falschen Entscheidungen bei der Produktpolitik.
– Keine verursachungsgerechte Verteilung der Stellengemeinkosten auf die Kostenstellen des Unternehmens, z. B. betriebliche Steuern, Unternehmerlohn.

Übungsaufgabe 107

1. $k_v = \frac{1400000 - 1200000}{182000 - 142000} = 5{,}00$ EUR/Stück

$$1400000 = K_{fix} + 182000 \cdot 5$$

$$K_{fix} = 490000{,}00 \text{ EUR}$$

$$x = \frac{490000}{9{,}90 - 5} = 100000 \text{ Stück}$$

Der Beschäftigungsgrad liegt somit bei 50 %.

2. Der maximale Stückgewinn liegt bei linearem Kosten- und Erlösverlauf an der Kapazitätsgrenze.

$$\text{Gewinn} = 9{,}90 - \left(5 + \frac{490000}{200000}\right)$$

$$= 9{,}90 - 7{,}45$$

$$= \underline{\underline{2{,}45 \text{ EUR je Stück}}}$$

3.

Menge	K_{fix}	K_v	Stückkosten	Stückerlös	Stückgewinn/ -verlust
20000	490000	100000	29,50	9,90	− 19,60
40000	490000	200000	17,25	9,90	− 7,35
60000	490000	300000	13,17	9,90	− 3,27
80000	490000	400000	11,13	9,90	− 1,23
100000	490000	500000	9,90	9,90	0,00
120000	490000	600000	9,08	9,90	+ 0,82
140000	490000	700000	8,50	9,90	+ 1,40
160000	490000	800000	8,06	9,90	+ 1,84
180000	490000	900000	7,72	9,90	+ 2,18
200000	490000	1000000	7,45	9,90	+ 2,45

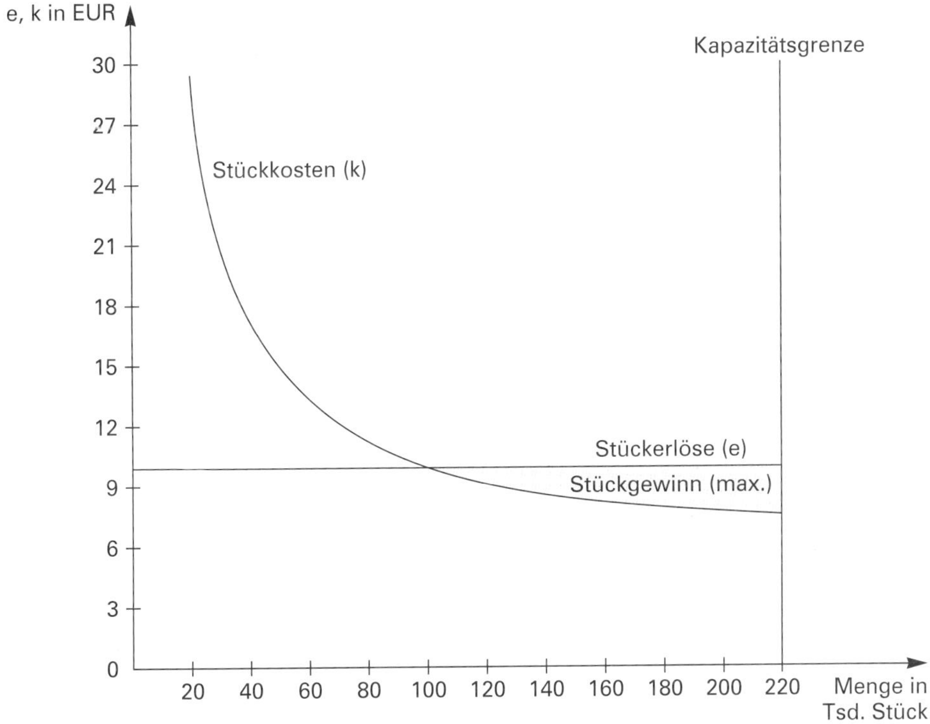

4. 4.1

Typ	A	B	C
Verkaufspreis	19,50	30,20	17,40
Fertigungszeit (Min.)	6	12	8
Fertigungslohn (Stück)	4,80	9,60	6,40
sonstige variable Stückkosten (EUR)	9,10	15,60	6,60
Summe variable Stückkosten (EUR)	13,90	25,20	13,00
Stückdeckungsbeitrag (EUR)	5,60	5,00	4,40
Produktrangfolge	1	2	3

Die Produktrangfolge ergibt folgende Zusammensetzung der Lieferung

A: 680 Stück

B: 260 Stück

C. 260 Stück

4.2

Typ	A	B	C	Summe
Fertigungszeit (Min.)	6	12	8	
Max. Absatzmenge (Stück)	13000	13000	13000	
Fertigungsminuten insgesamt	78000	156000	104000	338000
Kapazität (Min.)				234000

Es liegt eine Engpasssituation vor.

Typ	A	B	C
Stückdeckungsbeitrag (EUR)	5,60	5,00	4,40
relativer Deckungsbeitrag (Min.)	0,93	0,42	0,55
Rangfolge	1	3	2
Optimales Produktionsprogramm (St.)	13000	833	13000
Fertigungszeit in Min.	68000	10000	156000

4.3 Die kurzfristige Preisuntergrenze für den Typ A beträgt 13,90 EUR.

4.4 Die langfristige Preisuntergrenze kann nicht genau berechnet werden, da bei Mehrproduktunternehmen eine Zuordnung der Fixkosten auf die einzelnen Produkte nicht möglich/sinnvoll ist.

Übungsaufgabe 108

1. 1.1 Verkaufte Menge $= \frac{\text{Gesamtumsatz}}{\text{Verkaufspreis je Stück}} = \frac{115\,200 \text{ EUR}}{6{,}40 \text{ EUR/Stück}} = 18\,000$ Stück

Erlös – Selbstkosten = Gewinn
115 200,00 EUR – 107 220,00 EUR = 7 980,00 EUR

Verkaufte Menge = 18 000 Stück
Gewinnschwellenmenge = 10 400 Stück
Bei 7 600 Stück (18 000 – 10 400) über Gewinnschwellenmenge 7 980,00 EUR Gewinn

Stückdeckungsbeitrag (db) $= \frac{7\,980{,}00 \text{ EUR}}{7\,600 \text{ St.}} = \underline{\underline{1{,}05 \text{ EUR/Stück}}}$

1.2 $k_v = VP - db$
6,40 – 1,05 = 5,35 EUR

$K_{fix} = \text{Selbstkosten} - k_v \cdot x$
$= 107\,220{,}00 - 96\,300{,}00 = \underline{\underline{10\,920{,}00 \text{ EUR}}}$

1.3 kurzfristige Preisuntergrenze
$k_v = 5{,}35$ EUR

1.4

db/Stück	1,05	
db/Stunde	19,20	
db/Minute	0,32	(19,20 : 60 Min.)
Fert.-Zeit in Min.	3,28	(1,05 : 0,32)

1.5 VP neu = 7,04 EUR

Gewinnschwellenmenge neu: 6462 Stück $\left(\frac{10\,920{,}00}{7{,}04 - 5{,}35} = 6\,461{,}54\right)$

2. Die Grafik zeigt den Verlauf zweier alternativer Kostensituationen:
- Eigenfertigung mit Fixkosten
- Fremdbezug (z. B. von Handelswaren) ohne Fixkosten

3.

	P1	P2
db (EUR)	160,00	150,00
Zeit (Min.)	25	20
rel. db (EUR/Min.)	6,40	7,50
Rang	2	1

Für Bauteil P3 muss mindestens ein rel. db von 6,40 EUR/Min. erreicht werden.

	P3
rel. db (EUR/Min.)	6,40
Zeit (Min.)	20
db (EUR)	128,00
Preis (EUR)	200,50
max. k_v (EUR)	72,50

Übungsaufgabe 109

1. Mit dem Wandel vom Verkäufermarkt zum Käufermarkt sind die Unternehmen gezwungen, sich mit ihren Leistungen (Produkten, Dienstleistungen) auf die Probleme, Wünsche und Bedürfnisse der (potenziellen) Abnehmer einzustellen. Es ist also erforderlich, das Unternehmen vom Absatzmarkt her zu führen.

2. Siehe Definition im Lehrbuch S. 257 ff.

3. Schülerindividuelle Lösungen. Vorschlag:

3.1 **Ziel: Gewinnung eines kleinen Marktanteils auf einem neuen Absatzmarkt.**

Wir wollen innerhalb von drei Jahren ab Markteintritt für unsere Marke in Deutschland einen Marktanteil von 2,5 % erreichen.

3.2 **Ziel: Sicherung einer Stammkundschaft.**

Wir wollen bis zum Ende des nächsten Jahres in der Filiale X eine Wiederkäuferrate von 45 % erreichen.

3.3 **Geeignete Maßnahmen sind z. B.**

- Klassische Werbung in lokalen Tageszeitungen.
- Direktwerbung über Werbebriefe oder Aufnahme in einen Newsletterdienst mit jeweils neuesten Produktinformationen und Aktionen per Internet.
- Aufbau von traditionellen Kundenbindungsprogrammen, z. B. Bonuskarten.
- Psychologische Kundenbindungsmaßnahmen (Erlebnismanagement), die geeignet sind die emotionale Bindung an die Parfümeriefiliale zu stärken: Durchführung von Events, z. B. der Visagist einer bekannten Kosmetikmarke gibt eine kostenlose Typberatung und führt eine Kosmetikbehandlung durch.

Übungsaufgabe 110

1. 1.1 Unter Marktsegmentierung versteht man die

- Aufteilung des inhomogenen Gesamtmarktes in jeweils homogene Teilmärkte und
- die Bearbeitung dieser Teilmärkte mithilfe eines gezielt darauf abgestimmten Marketingmix.

1.2 Märkte setzen sich aus unterschiedlichen Kundengruppen mit unterschiedlichen Bedarfsstrukturen zusammen. Die Kunden eines Gesamtmarktes sind in Bezug auf ihre Struktur, ihre Bedürfnisse und ihr Verhalten sehr inhomogen. Diesen Markt mit **einem** Marketingmix zu bearbeiten, führt zu hohem Streuverlust und dazu, dass das verfügbare Marketingbudget sehr ineffizient eingesetzt wird. Es ist also die Inhomogenität des Gesamtmarktes, die die Marktsegmentierung notwendig macht.

1.3 – Die Komplexität des Marktes wird verringert und dadurch kann der Anbieter die Strukturen und die Gesetzmäßigkeiten auf dem Teilmarkt besser durchschauen.
- Prognosen über die künftigen Marktentwicklungen sind leichter zu treffen.
- Die Streuverluste (Risiko, den Falschen anzusprechen) in der Werbung sind geringer. Das Marketingbudget wird wirkungsvoller eingesetzt.
- Zwischen den Bedürfnissen der Zielgruppe und der angebotenen Leistung wird ein hohes Maß an Übereinstimmung erreicht.
- Da die Marketingaktivitäten präziser auf die Zielgruppe ausgerichtet werden können, steigt deren Zufriedenheit. Dies ist die Grundvoraussetzung für eine längerfristige Kundenbindung.

2. Individuelle Lösungen.

Beispiel für soziodemografische Segmentierung: Segment Generation 50plus

Merkmale:

- noch berufstätig,
- finanziell gut situiert,
- in Entscheidungen ungebunden (Kinder aus dem Haus),
- mobil, erlebnisorientiert,
- serviceorientiert (beansprucht produktbegleitende Dienste wie Zubringerdienst und/oder Leihwagen bei der Wartung),
- anspruchsvoll in Bezug auf Produktqualität und bereit, diese zu bezahlen,
- markentreu.

Passende Modelle: Golf plus, Passat Variant

3. Hauptziel der Marktsegmentierung ist es, einen hohen Übereinstimmungsgrad zwischen der angebotenen Marktleistung und den Bedürfnissen der Zielgruppen zu erreichen.

Übungsaufgabe 111

1. Für den Marketingerfolg ist es entscheidend, den Problemlösungsbedarf der Kunden besser als die Konkurrenz zu befriedigen. Eine Wettbewerberanalyse hat daher immer im Hinblick auf einen Vergleich der eigenen Position zu der der relevanten Konkurrenz zu erfolgen.

2. Siehe Tabelle S. 273f.

3. Die **Wettbewerberanalyse** beurteilt nur die Konkurrenzunternehmen.

Die **Analyse der Wettbewerbssituation** beurteilt die wirtschaftliche Stellung eines Unternehmens in der Branche.

Übungsaufgabe 112

1. 1.1 **Abbbildung 1:**

- Die Faktoren im **Quadranten III** sind von besonderer Bedeutung und sind durch das Unternehmen zu optimieren, da sie von hoher Wichtigkeit für den Kunden sind. In unserem Beispiel bedeutet das, dass dieses Unternehmen dringend etwas in Hinsicht auf sein Image und seine technische Kompetenz unternehmen sollte.
- Ideal für das Unternehmen hingegen sind alle Faktoren, die sich im **Quadranten IV** befinden. Service, Preis und Innovationspotenzial sind also Pfunde, mit denen unser Unternehmen wuchern kann.

Abbildung 2:

Das Unternehmen müsste sich im **Quadranten III** Gedanken über seine Rohstoffversorgung machen (ggf. alternative Möglichkeiten forciert suchen) und darüber hinaus stärkere Anstrengungen im Hinblick auf den Umweltschutz unternehmen.

Im Hinblick auf den **Quadranten IV** sollten verstärkt marketingtechnische Aktivitäten bezüglich des Exports unternommen werden, da durch sinkende Zölle und günstigere Wechselkurse die eigenen Produkte preiswerter auf ausländischen Märkten angeboten werden können.

1.2 Im Rahmen der **Stärken-Schwächen-Analyse** werden die Resultate der eigenen Leistungsanalyse (Potenzialanalyse, Ressourcenanalyse) und der Wettbewerberanalyse zusammengeführt. Sie beinhaltet die Bewertung der wesentlichen Vorteile (Stärken) und Nachteile (Schwächen) eines Unternehmens im Vergleich zu seinen wichtigsten Wettbewerbern.

1.3 Das eigene Unternehmen hat **Stärken**

- in der Unternehmenskultur,
- in der Fertigungsplanung und -steuerung,
- im Know-how und
- im Marketing.

Das eigene Unternehmen hat **Schwächen**

- im System der Mitarbeitermotivation,
- in der fertigungstechnischen Ausstattung,
- in der Einführung neuer Kommunikationstechnologien,
- im Personalbereich und
- bei den Finanzen

1.4 Die **Chancen-Risiken-Analyse** versucht, die Entwicklung der unternehmensexternen Umwelteinflüsse aufzudecken, um zu erfahren, inwieweit sie mit den Stärken und Schwächen des eigenen Unternehmens zusammentreffen. Dies ist für die Planung der Unternehmens- und Marketingstrategie von Bedeutung.

2. 2.1 Die **SWOT-Analyse** stellt sicher, dass für anstehende Marketingentscheidungen alle Daten aus Unternehmung, Markt und Umfeld erfasst werden. Sie ist ein wichtiges Instrument, um Marketingstrategien zu entwickeln.

2.2 **Strategie „Ausbauen" in der SO-Situation**

Auf der Grundlage der vorhandenen Stärken des Unternehmens ist es das Ziel, die Chancen der Umwelt wahrzunehmen. Dieser Strategietyp stellt den Idealfall der Strategien-Formulierung dar: Es liegen sowohl ausgeprägte interne unternehmerische Stärken als auch große Umweltchancen vor. Der Ausbau der Wettbewerbsposition im Sinne einer Wachstumsstrategie ist in dieser Konstellation zu empfehlen.

Strategie „Aufholen“ in der WO-Situation

In diesem Fall muss es das Anliegen des Unternehmens sein, seine internen Schwächen zu beseitigen bzw. zu reduzieren, um die Chancen des Umfelds wahrnehmen zu können. Mittelfristig sollen die Schwächen in Stärken umgewandelt werden, um die SO-Position zu erlangen. Beispielsweise könnten Defizite in bestimmten Schlüsseltechnologien durch die Bildung von Joint Ventures kompensiert werden.

Strategie „Absichern“ in der ST-Situation

Die Situation ist dadurch charakterisiert, dass ein Unternehmen versucht, die eigenen Stärken so einzusetzen, dass sich die Gefahren des Umfelds reduzieren oder umgehen lassen. Werden beispielsweise die Erfolgspotenziale in der Branche, in der ein Unternehmen aktuell tätig ist, durch neue gesetzliche Regelungen bedroht, so läge in der ST-Situation die Strategie der Diversifikation in eine andere Branche nahe. Auf diese Weise würde sich das Unternehmen in Bezug auf die gesetzlichen Risiken absichern.

Strategie „Meiden“ in der WT-Situation

In der vorliegenden Konstellation ist in doppelter Hinsicht defensives Verhalten zu präferieren: Zum einen ist es das Ziel, die internen Schwächen zu minimieren, zum anderen wird ein Unternehmen versuchen, den Gefahren des Umfelds auszuweichen.

Quelle: Nieschlag, R.; Dichtl, E.; Hörschgen, H.: Marketing, 19. Aufl., Berlin 2002, S. 116/117.

3. In diesem Beispiel ist zu erkennen, dass die Produktgruppe nur in einem Kriterium (charakteristisches Erscheinungsbild) die Erwartungen der Kunden übertrifft. Dieses Kriterium ist leider eher unbedeutend. Bei den wichtigen Kriterien „Zuverlässigkeit“, „Ausfallzeiten“ und „Lebensdauer“ entspricht die Leistung der Produktgruppe in etwa den Kundenerwartungen, während in den übrigen Bereichen, vor allem im Service, offenbar erhebliche Defizite bestehen.

4. 4.1 Benchmarking ist ein Planungsinstrument, das dazu dient, das eigene Unternehmen mit den besten Mitbewerbern (Best-practice-Unternehmen) zu vergleichen.

4.2 **Benchmarking** ist der **Spezialfall der Wettbewerberanalyse.** Er vergleicht das eigene Unternehmen nicht mit der Branche, sondern mit dem Besten. Im Einzelnen gilt:

- Beim Benchmarking werden einzelne Teilbereiche, Prozesse, Produkte usw. jeweils mit dem besten Mitbewerber verglichen und dabei gleichzeitig nach neuen Lösungen gesucht.
- Es handelt sich nicht nur um einen reinen Kennzahlenvergleich. Vielmehr wird versucht, die Gründe des Abweichens gegenüber anderen Unternehmen genauer zu hinterfragen und die dahinterliegenden Details der Abläufe festzustellen.
- Benchmarking ist ein wiederkehrender Prozess, sodass dauerhaftes Lernen von der Konkurrenz gefördert wird.

Übungsaufgabe 113

1. 1.1 Lösungshinweis siehe Lehrbuch S. 283.

Primärforschung liegt vor, wenn unmittelbar am Markt Informationen gewonnen und anschließend ausgewertet werden.

Von **Sekundärforschung** spricht man, wenn aus bereits vorhandenen Zahlenmaterialien (Daten) Erkenntnisse für die Marktanalyse, Marktbeobachtung und Marktprognose gewonnen werden.

1.2 Die **Sekundärforschung** ist kostengünstiger als die Primärforschung, weil die Daten schon vorhanden sind und ihre Erhebung keine Kosten mehr verursachen.

1.3 Sekundärerhebungen sind schneller und kostengünstiger durchführbar, da sie auf bereits vorliegenden Zahlen und Erkenntnissen beruhen.

1.4 Die Primärforschung verläuft in der Regel in vier Phasen:
- Phase der Problemfindung
- Phase der Informationsgewinnung
- Phase der Informationsverarbeitung
- Phase der Ergebnispräsentation

Beschreibung der Phasen: Individuelle Lösungen; siehe auch Lehrbuch S. 283.

1.5 Individuelle Lösungen.

1.6 **Marktpotenzial:** Maximale Aufnahmefähigkeit eines Markts für eine Sachleistung oder eine Dienstleistung bis zur Marktsättigung.

Absatzpotenzial: Maximale Absatzfähigkeit eines Unternehmens für eine Sachleistung oder eine Dienstleistung. Anteil eines Unternehmens am Marktpotenzial.

Marktvolumen: Tatsächlich von allen Anbietern in einer Periode abgesetzte Menge auf dem Markt für eine Sachleistung oder eine Dienstleistung.

Absatzvolumen: Tatsächlich von einem Unternehmen in einer Periode auf dem Markt für eine Sachleistung oder eine Dienstleistung abgesetzte Menge.

1.7 **Marktanteil:**

Prozentualer Anteil eines Unternehmens am Marktvolumen. Beispiel: individuelle Lösung.

$$\frac{\text{Absatzvolumen} \cdot 100}{\text{Marktvolumen}}$$

2. 2.1 Die **Marktforschung** beschafft systematisch Informationen über Entwicklungen und Gegebenheiten auf den Märkten. Erst wenn ausreichende Informationen z.B. über Kundenwünsche und Konkurrenzverhältnisse bekannt sind, können die verschiedenen Marketingmaßnahmen (z.B. Werbung, Preispolitik, Produktgestaltung) gezielt ergriffen werden. Die Marktforschung ist folglich Grundlage für Entscheidungen im Marketing.

2.2 **Marktforschung**

Primärforschung (Feldforschung)

Hier werden unmittelbar am Markt Informationen gewonnen und anschließend ausgewertet.

Sekundärforschung (Schreibtischforschung)

Es werden aus bereits vorhandenen Zahlenmaterialien (Daten) Erkenntnisse für die Marktanalyse, Marktbeobachtung und Marktprognose gewonnen.

2.3 Folgende Merkmale der Käsesorte könnten den Verkaufserfolg fördern:
- Die Verpackung ist ansprechend.
- Der Preis ist günstig.
- Die neue Käsesorte wird mit verschiedenen Verpackungsinhalten angeboten (z.B. 125 g, 250 g, 500 g Stück).

- Der gute Geschmack des Käses unterscheidet sich deutlich von dem der Konkurrenzprodukte.
- Das Produkt hat einen Zusatznutzen, z.B. weniger Fett, zusätzliche Vitamine, Aufbaustoffe u.Ä.

2.4 Primärforschung deshalb, weil die Käsesorte neu ist und deshalb noch kein Zahlenmaterial vorhanden ist.

2.5 Dubois S.A. muss zunächst Marktanalyse betreiben, weil es sich beim „Tête de Chèvre" um ein neu einzuführendes Produkt handelt. Marktbeobachtung ist erst möglich, wenn das Produkt längere Zeit auf dem Markt ist.

Übungsaufgabe 114

1.

	Schriftliche Befragung	Mündliche Befragung	Telefonische Befragung
Vorteile	– Ein großes räumliches Gebiet kann abgedeckt werden. – Niedrige Kosten. – Keine Beeinflussungsmöglichkeit durch Interviewer.	– Hohe Erfolgsquote. – Umfangreiche Fragen möglich. – Vielfältige Frageformen können gestellt werden. – Befragungssituation lässt sich kontrollieren. – Zusätzliche Informationen können gewonnen werden.	– Kurzfristig einsetzbar. – Geringere Kosten als bei mündlicher Befragung.
Nachteile	– Adressenkauf erforderlich. – Eventuell geringe Rücklaufquote. – Fragenumfang ist begrenzt. – Bei geringem Rücklauf ist Befragung nicht mehr repräsentativ. – Befragung kann nicht kontrolliert werden.	– Hohe Kosten. – Verzerrungsgefahr durch den Interviewereinfluss.	– Nur bestimmte Befragungsthemen möglich. – Keine Fragen mit umfangreichen Antworten möglich. – Keine optische Hilfen bei Beantwortungsschwierigkeiten möglich.

2. Die **Panelerhebung** ist eine Befragung, die einem **gleichbleibenden Kreis von Untersuchungseinheiten** (z.B. Personen, Unternehmen, Einkaufsstätten) in (regelmäßigen) **Zeitabschnitten** wiederholt und zum **gleichen Untersuchungsgegenstand** durchgeführt wird.

   Die **Befragung** möchte in der Regel **einmalig** von ausgewählten Personen Auskunft über einen vorgegebenen Sachverhalt erhalten.

3. 3.1 Die meisten Leute wissen weder auf den Hunderter genau, wie hoch ihr Jahreseinkommen ist, noch sind sie bereit, darüber genaue Angaben zu machen. Überdies sollte kein Fragebogen mit einer derart persönlichen Frage beginnen.

   3.2 Wie definieren Sie „gelegentlich" und „öfter"?

   3.3 „Angenehm" ist ein sehr dehnbarer Begriff. Kann man hier ehrliche Antworten erwarten? Außerdem – ist eine Vorgabe von „ja" oder „nein" bei dieser Frage angebracht? Warum wird diese Frage überhaupt gestellt?

   3.4 Wer kann sich daran schon erinnern?

3.5 Was bedeutet „herausragend“ und „bestimmend“? Solche Wortschöpfungen sind in jedem Falle zu vermeiden.

3.6 Diese Frage ist suggestiv. Wie soll man eine derart voreingenommen formulierte Frage beantworten?

Übungsaufgabe 115

1.

Teilprozesse	Grundlegende Aufgaben
Marketingziele formulieren	Die Formulierung der Marketingziele bildet die Ausgangsbasis für ein ganzheitliches Marketingkonzept. Sie geben Orientierung für die Marketingstrategie und ermöglichen das abschließende Controlling.
Passende **Marketingstrategie** wählen	Um diese Ziele zu erreichen, muss eine passende Marketingstrategie gewählt werden. Diese umschreibt die Verhaltensweisen, mit denen sich das Unternehmen gegenüber den Wettbewerbern und Kunden positioniert.
Abgestimmte **Marketinginstrumente** einsetzen **(Marketingmix)**	Die Umsetzung der Strategie erfolgt durch den harmonisch abgestimmten Einsatz der Marketinginstrumente innerhalb eines Marketingmix.
Marketing-Controlling durchführen	Innerhalb des Marketing-Controllings wird durch Vergleich des erreichten Ist-Zustandes mit den ursprünglichen Zielen geprüft, ob diese erreicht wurden. Gegebenenfalls müssen ▪ die Zieleformulierungen, ▪ die Marketingstrategie und/oder ▪ der Einsatz der Marketinginstrumente neu angepasst werden.

2.

Marketingziele	Eine der passenden Wettbewerbsstrategien	Begründung
Steigerung des Absatzes	Preis-Mengen-Strategie	Absatzsteigerung ist eine mengenbezogene Größe. Ist kein herausragendes Alleinstellungsmerkmal vorhanden, dann gilt es, die Preissensibilität der Kunden zu nutzen. Eine Erhöhung der Absatzmenge ist dann zu erreichen, wenn noch ein Gewinn verbleibt.
Sicherung/ Erhöhung des Marktanteils	Preis-Mengen-Strategie	In einem gesättigten Markt kann der Marktanteil nur erhöht werden, wenn dieser dem Wettbewerber genommen wird. Restliche Argumentation siehe oben.
Erhöhung des Gewinns	Präferenzstrategie	Diese Strategie geht auf, wenn der Anbieter bei seinen Produkten über ein herausragendes Alleinstellungsmerkmal verfügt, für das die Kunden bereit sind, einen deutlich höheren Preis zu bezahlen.
Steigerung des Bekanntheitsgrades	Präferenzstrategie	Diese Strategie geht auf, wenn das Alleinstellungsmerkmal auf einen solchen Nutzen abzielt, den möglichst viele Kunden als wünschenswert und gut betrachten, z. B. Qualität, Image, Originalität.
Kundenbindung	Nischenstrategie	Die besonderen Bedürfnisse der Kunden werden nur von sehr wenigen Anbietern erfüllt. In einem Nischenmarkt kennen sich die Geschäftspartner gut und es besteht in der Regel eine lang andauernde Geschäftsverbindung.

Übungsaufgabe 116

1. – **Nutzung als Planungsinstrument**: Die Konzeption zeigt die wichtigsten Aufgabenstellungen für das Marketing in jeder Zyklusphase auf und liefert Hinweise auf die wichtigsten strategischen Alternativen des Unternehmens.
   – **Nutzung als Kontrollinstrument**: Der Erfolg des gegenwärtigen Produkts kann mit dem ähnlicher, früherer Produkte verglichen werden.
   – **Nutzung als Prognoseinstrument**: Hier ist die Konzeption weniger nützlich, da die Produkt-Lebenszyklus-Entwicklung nach unterschiedlichen Mustern verlaufen kann und die einzelnen Zyklusphasen von unterschiedlicher Dauer sind.

2. Der Lebenszyklus eines Produkts kann insbesondere durch Produktvariation verlängert werden.

   Beispiel: Zu einer Stanzmaschine werden weitere Werkzeuge angeboten, um die Einsatzmöglichkeiten zu erweitern.

3. In der **Wachstumsphase** sind folgende **Marketingstrategien** angemessen:
   – Das Unternehmen verbessert die Produktqualität, entwickelt neue Ausstattungsmerkmale und verbessert das Design.
   – Das Unternehmen erweitert sein Angebot durch neue Modelle und Produktvarianten, speziell zum Flankenschutz des Hauptprodukts gegen Wettbewerbsangriffe.
   – Das Unternehmen erschließt neue Marktsegmente.
   – Das Unternehmen verlagert seine Werbung vom Aufbau der Markenbekanntheit hin zur Überzeugung des Käufers von den Produktvorteilen und hin zur Förderung des Kaufentschlusses.
   – Das Unternehmen senkt zur rechten Zeit die Preise, um so weitere Schichten preisbewusster Käufer anzusprechen.

Übungsaufgabe 117

1. Bei der **Portfolio-Methode** wird ein Unternehmen als eine Gesamtheit von sogenannten „Strategischen Geschäftseinheiten" aufgefasst. Dies ermöglicht zum einen, die strategischen Probleme eines Unternehmens gedanklich zu strukturieren und zu visualisieren. Zum anderen eignet sich die Portfolio-Methode als Denkraster zur Schaffung von Strategien. Das vornehmlich mit Tagesgeschäften beschäftigte Management soll damit angeregt werden, sich mit der Zukunft des Unternehmens auseinanderzusetzen.

2. Siehe Lehrbuch S. 301.

3. – **Lebenszyklus „Fragezeichen": Offensivstrategie.** Falls genügend Mittel zur Verfügung stehen, sollte durch Investitionen versucht werden, den Marktanteil von „Questionmarks" deutlich zu vergrößern. Insgesamt ist die Offensivstrategie nur zu empfehlen, wenn auch mittel- und langfristig finanzielle Mittel zur Verfügung stehen, d.h., von anderen SGE mit Finanzüberschüssen erwirtschaftet werden. Ist dies nicht der Fall, liegt eine Marktsituation vor, in der die Marktanteile entweder gesenkt oder das Engagement beendet werden sollte.
   – **Lebenszyklus „Sterne": Investitionsstrategie.** Aufgrund der starken Marktstellung können Stars ihren Finanzmittelbedarf selbst erwirtschaften. Die Finanzmittel müssen in die SGE reinvestiert werden, um in dem dynamischen Wachstumsmarkt die führende Position behaupten bzw. leicht ausbauen zu können.

- **Lebenszyklus „Melkkühe": Abschöpfungsstrategie.** Es werden nur Erhaltungsinvestitionen getätigt, um die erreichte Position im Markt zu stabilisieren. Dadurch lassen sich erhebliche Finanzmittel erwirtschaften (Cash-Generierungs-Strategie).
- **Lebenszyklus „Arme Hunde".** Desinvestitionsstrategie. Solange sich noch ein Netto-Cashflow erzielen lässt, kann das Engagement aufrecht erhalten werden. Gegebenenfalls lassen sich die Marktanteile noch mit Gewinn verkaufen. Bei einem ausgeglichenen oder negativen Netto-Cashflow sollte das Engagement in der fraglichen SGE beendet werden (sofern nicht ein Nachfolgeprodukt zur Verfügung steht).

4. – Es werden **drei „Questionmarks"** (1–3) unterhalten. Eventuell zu viele. Es könnte besser sein, bei einer oder zwei dieser „Questionmarks" finanziell zu „klotzen" als bei drei zu „kleckern".
- Die Chemie Leverkusen AG hat **zwei „Stars"** (4–5). Wenn Unternehmen „Stars" besitzen, so ist dieses positiv. Allerdings erfordern „Stars" Finanzmittel, um mit dem Marktwachstum Schritt zu halten.
- Die Chemie Leverkusen AG besitzt nur **eine „Melkkuh"** (6) und ist daher im Krisenfall äußerst anfällig.
- Es werden **zwei „Arme Hunde"** (7–8) betrieben – möglicherweise zwei zu viel. Die Unternehmensleitung sollte sich ernsthaft überlegen, ob sie diese Geschäftseinheit aus plausiblen Gründen weiterführt. Ein „Armer Hund" kostet das Management oft mehr Zeit als er verdient und sollte besser abgebaut bzw. eliminiert werden. Außerdem kosten „Arme Hunde" das Unternehmen in der Regel Geld.

5.

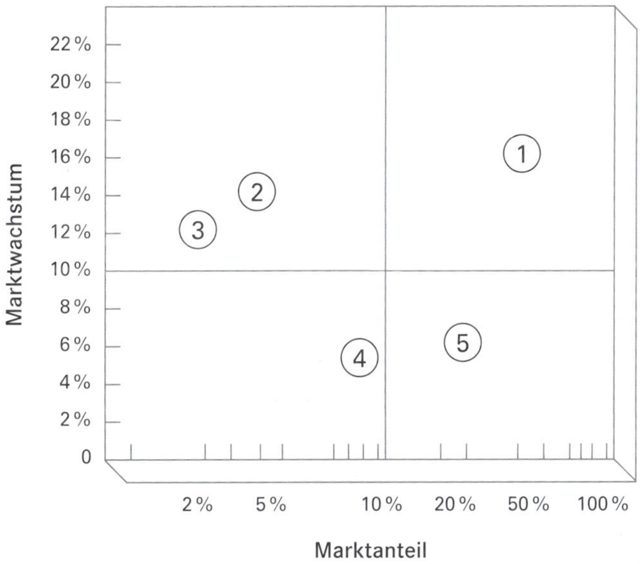

5.1 Das Limonadenwerk hat einen „Star", zwei „Fragezeichen", einen „armen Hund" und eine „Melkkuh". Das Produktprogramm ist nicht ausgewogen, denn sowohl das Zitronengetränk als auch das Orangengetränk und der Multivitaminsaft benötigen hohe finanzielle Mittel, die das Unternehmen finanziell überfordern könnten. Außerdem hat sie einen „armen Hund" (Grapefruitsaft), der über kurz oder lang eliminiert werden muss. Die Last, den finanziellen Erfolg zu sichern, liegt allein auf dem Produkt Apfelsaft („Melkkuh"). Dies kann für das Unternehmen bei einem Geschmackswandel bzw. einer Fehlernte gefährlich werden.

5.2 Das Limonadenwerk sollte sich von außen Finanzmittel beschaffen, um das Zitronengetränk in eine „Melkkuh" und das Orangengetränk sowie den Multivitaminsaft in „Stars" umzuwandeln. Der Grapefruitsaft sollte aus dem Programm genommen werden. Durch eine gezielte Werbung sollte der Absatz des Apfelsaftes abgesichert werden.

Als Marketingstrategien sind zu empfehlen: die Offensivstrategie (Zitronengetränk), die Investitionsstrategie (Orangengetränk, Multivitaminsaft) und die Desinvestitionsstrategie (Grapefruitsaft).

6. Die Theorie der Lebenszyklen eines Produkts wird durch die Portfolioanalyse ergänzt, denn die erstere ist eine **eindimensionale** Betrachtungsweise, die letztere hingegen eine **mehrdimensionale.**

Übungsaufgabe 118

1. Roter Kreis: Regalsystem „Design".

2. Das Regalsystem „Design" (roter Kreis) befindet sich in einer späten Reife- bzw. Degenerationsphase oder ist ein Flop in der Einführungsphase.

3. Das Regalsystem „Boss" hat einen relativen Marktanteil von 3,6 % und ein Marktwachstum von 1,3 %, welches weit unter dem durchschnittlichen Marktwachstum der Möbelfabrik Paaß GmbH von 3,2 % bei Regalsystemen liegt. Folglich ist dieses Regalsystem eine Cashcow und das Unternehmen wird die Abschöpfungsstrategie bei diesem Produkt wählen.

Das Regalsystem „Luxus" hat einen vergleichsweise großen relativen Marktanteil und ein Marktwachstum von 3,9 %. Es ist ein sogenannter Star (Stern), bei dem durch eine Investitionsstrategie der hohe Marktanteil gehalten oder sogar erhöht werden sollte.

Übungsaufgabe 119

1. Eine **Marke** ist dazu bestimmt, Waren und Dienstleistungen eines Unternehmens von denjenigen anderer Unternehmen (Hersteller, Händler oder Dienstleistungsunternehmen) zu unterscheiden [§ 3 I Marken G].

2.
- gleichbleibende Qualität
- technischer Fortschritt
- Werbemittel
- flächenmäßige Verfügbarkeit der Ware
- Einfluss des Herstellers auf die Preisgestaltung
- in der Regel gleiche Preise

Beispiele: adidas, suchard, nestlé usw.

3.

Aspekt / Strategietyp	Einzelmarke	Mehrmarke	Markenfamilie	Dachmarke
Merkmal	Führung eines jeden Produktes unter einer Marke	In jedem Produktbereich parallele Führung von mindestens zwei auf den Gesamtmarkt ausgerichteten Marken	Führung mehrerer Produkte unter einer Marke, unter Umständen mehrerer Markenfamilien parallel untereinander	Führung aller Produkte des Unternehmens unter einer Marke
Chancen	– Gezielte Ansprache einzelner Kundensegmente – Spezifische Markendifferenzierung durch optimale Abstimmung von Bedürfnisprofilen und Problemlösungsprofilen – Aufbau eines unverwechselbaren Produktimages – Kaum Gefahr negativer Ausstrahlungseffekte auf andere Marken – Geringerer Koordinationsbedarf bei den unterschiedlichen Marken – Realisation von Marktanteils- und Kostendegressionseffekten	– Bessere Marktausschöpfung Halten von potenziellen Markenwechslern durch Produktdifferenzierung – Erhöhte Markteintrittsbarrieren für Konkurrenzmarken – Schutz der übrigen Produkte vor Preiskampf durch Einführung von „Kampfmarken"	– Ansprache neuer Zielgruppen durch Markterweiterung – Verringerung des Floprisikos – Schnellere Akzeptanz im Handel und bei den Konsumenten – Übertragung des „Goodwill" auf Folgeprodukte – Verjüngung des Images der Muttermarke – Gegenseitige Stärkung der Marken und bessere Positionsabsicherung – Relativ geringe Kosten der Markenbildung bei Nutzung von Synergien	– Ansprache neuer Zielgruppen durch Marktausweitung – Verringerung des Floprisikos – Schnellere Akzeptanz im Handel und bei den Konsumenten – Aktualisierung des Firmenimage – Gemeinsame Übernahme des Profilierungsaufwands
Risiken	– Zurechnung der Markenkosten allein auf ein Produkt – Ungenügende Amortisation der aufgewendeten Kosten bei kurzer Lebensdauer der Einzelmarke – Trend des Markennamens zur Bezeichnung der Produktgattung und Verlust der differenzierenden Markenpersönlichkeit – Fehlende Stützung der Produktmarke durch angrenzende Marken	– Keine optimale Verwendung der finanziellen und personellen Unternehmensressourcen – Gefahr der Übersegmentierung – Gefahr, die eigene Monomarke durch gegenseitige Substitution der Marktanteile zu beschädigen	– Negative Ausstrahlungseffekte unter den Produkten der Markenfamilie bei unterschiedlichen Marketingmix-Strategien, Qualitätsniveaus, Images und fehlender Affinität – Höherer Abstimmungsbedarf zwischen den Einzelmarken der Markenfamilie – Gefahr von Substitutionsbeziehungen	– Schwächung der Dachmarke durch ungenügende Markenkompetenz – Negative Ausstrahlungseffekte unter den Produkten der Dachmarke bei unterschiedlichen Marketingmix-Strategien, Qualitätsniveaus, Images und fehlender Gemeinsamkeit – Höherer Koordinationsbedarf innerhalb der Dachmarke – Gefahr von Substitutionsbeziehungen

Quelle: Nach Weffert: Marketing, S. 860 und S. 866.

9 Speth u.a. - ISBN 978-3-8120-3576-7

Übungsaufgabe 120

1. **Produktdifferenzierung**: Ein Grundprodukt wird in verschiedener Hinsicht verändert.

   Produktinnovation: Änderung des Leistungsprogramms, d.h., Berücksichtigung technischer und modischer Neuerungen und/oder Aufnahme völlig neuer Produkte, um einen Vorsprung vor der Konkurrenz zu halten oder zu gewinnen.

   Produkteliminierung: Herausnahme von Erzeugnissen und/oder Dienstleistungen aus dem Produktprogramm, die entweder keinen Deckungsbeitrag mehr erbringen oder die zwar noch einen positiven Deckungsbeitrag leisten, jedoch durch ein Erzeugnis und/oder eine Dienstleistung mit einem höheren Deckungsbeitrag ersetzt werden können. Zweck der Produkteliminierung ist die Absatz- und Gewinnsteigerung.

2. **Horizontale Diversifikation**: Erweiterung des Produktprogramms mit solchen Produkten, die einen Zusammenhang mit anderen, schon angebotenen Produkten aufweisen. (Eine Skifabrik stellt auch Inlineskater her.)

   Vertikale Diversifikation: Das Produktprogramm wird um Leistungen erweitert, die einer vor- bzw. nachgelagerten Fertigungsstufe entsprechen (Stofffabrik kauft einen Kleiderhersteller auf.)

   Laterale Diversifikation: Zwischen neu in das Programm aufgenommenen Produkten und dem bisherigen Programm besteht kein Zusammenhang. (Ein Zigarrenhersteller produziert Fahrräder.)

3. Individuell zu beantworten.

4. **Absatzrückgang**. Produktname kommt nicht an. Konkurrenz bietet zu niedrigeren Preisen bzw. besserer Qualität an, Vögel als Haustiere kommen „aus der Mode".

Übungsaufgabe 121

1. **Produktpflege**: Durch die Produktpflege wird das Produktprogramm an die sich laufend ändernden Marktbedingungen angepasst.

   Beispiel:

   Die Nachfrage nach Biomöbeln steigt, also wird das Produktprogramm an die Nachfrageänderung angepasst.

   Produktfortschreibung: Durch die Produktfortschreibung wird der Aufbau des Produktprogramms im Wesentlichen beibehalten, um den Kundenstamm nicht zu verlieren.

   Beispiel:

   Ein Textilunternehmen hat sich auf Damenmoden spezialisiert und bleibt im Wesentlichen dabei.

   Produkterweiterung: Durch die Produkterweiterung werden zusätzliche Artikel hereingenommen und/oder eliminierte Produkte durch neue und erfolgversprechendere Produkte ersetzt.

   Beispiel:

   Zusätzlich zu einem Abflussreiniger, der sehr „agressiv" gegen die Umwelt ist, werden ein Neutralreiniger und ein Essigreiniger in das Produktprogramm aufgenommen.

2. 2.1 Der **Vorteil des breiten Produktprogramms** ist, dass den Kunden unter einem Dach ein vielfältiges Produktangebot gemacht werden kann. Die knappe Zeit der Käufer wird ausgenutzt, weil diese an Ort und Stelle ihren Bedarf decken können. Das Verkaufspersonal braucht keine besondere Fachkenntnisse; die Personalkosten sind also im Verhältnis zum Umsatz niedrig. Der hohe Umsatz macht es möglich, die Produkte zu verhältnismäßig günstigen Preisen anzubieten. Der **Nachteil** ist, dass Spezialwünsche und/oder die Wünsche einer anspruchsvolleren Kundschaft nicht befriedigt werden können.

Der **Vorteil des tiefen Produktprogramms** ist daher, dass Kunden mit speziellen und/ oder anspruchsvollen Wünschen bedient werden können. Dies macht allerdings den Einsatz eines qualifizierten und damit teuren Verkaufspersonals notwendig. Der **Nachteil** ist, dass schon allein aus diesem Grund die Produkte i.d.R. teurer sind.

2.2 Das Gestaltungsprinzip der Produktpalette der Flügge GmbH ist die Ausrichtung nach Ergänzungsgesichtspunkten, denn es liegt ein Ergänzungsprogramm (Komplementärprogramm) vor.

3. 3.1 Die Erweiterung der Angebotspalette kann man als **horizontale Diversifikation** bezeichnen.

3.2 Die zunehmende Produktvielfalt soll das Absatzrisiko verringern, indem z.B. ein Nachfragerückgang nach Plastikdübeln durch die Zunahme der Nachfrage nach Gips- oder Metalldübeln kompensiert wird.

3.3 Weitere Arten der Produktvielfalt (Diversifikation):

- laterale Diversifikation.

4. Die Nachfrage nach Gütern unterliegt einem ständigen Wandel, sodass die Unternehmensleitung laufend neue Produkte in das Produktprogramm aufnehmen sollte, um nicht am Bedarf vorbei zu produzieren. Weniger gewinnbringende Produkte müssen aus dem Programm genommen werden.

5. Die Aufgabe eines Erzeugnisses, also die Herausnahme eines Produkts aus dem Produktprogramm, ist leichter als die Aufnahme neuer Produkte, weil man im Voraus nicht mit absoluter Sicherheit sagen kann, ob die neuen Produkte in ausreichendem Umfang von den Kunden angenommen, d.h. gekauft werden. Es besteht stets ein Planungs- und Absatzrisiko.

6. 6.1 Diese Aussage ist richtig. Ein umfangreiches Serviceangebot fördert die Zufriedenheit der Kunden. Zufriedene Kunden sind wiederum eher bereit, höhere Preise für die Produkte zu bezahlen. Somit vergrößert sich der preispolitische Spielraum des Unternehmens.

6.2 Individuell zu beantworten. **Mögliche Antworten**:

- Verlängerung der Garantiezeiten.
- Weitestgehende Kulanz.
- Verbesserung der Reparaturleistungen durch gut ausgebildete Fachkräfte.
- Verbesserung der Verkaufsberatung.

Übungsaufgabe 122

1. Die **liquiditätsorientierte Preisuntergrenze** ist dadurch bestimmt, dass die Teile der fixen Kosten, die kurzfristig zu Ausgaben führen, in den Mindestpreis einbezogen werden sollten.

2. 2.1

	Erzeugnis A	Erzeugnis B
Listenverkaufserlöse	795 760,00 EUR	1 044 680,00 EUR
– Kundenrabatt	111 406,40 EUR	177 595,60 EUR
Zielverkaufspreis	684 353,60 EUR	867 084,40 EUR
– Vertreterprovision	30 795,91 EUR	56 360,49 EUR
– Kundenskonto	20 530,61 EUR	17 341,69 EUR
Nettoverkaufserlös (Barverkaufspreis)	633 027,08 EUR	793 382,22 EUR
– variable Kosten	384 160,00 EUR	771 680,00 EUR
Deckungsbeitrag	248 867,08 EUR	21 702,22 EUR
– fixe Kosten	137 900,00 EUR	
2.2 Betriebsergebnis	132 669,30 EUR	

2.3 Preisuntergrenzen: A: 392,00 EUR
B: 424,00 EUR

Übungsaufgabe 123

1. Berechnung der variablen Gesamtkosten

Materialeinzelkosten	221 000,00 EUR
+ Fertigungseinzelkosten	104 000,00 EUR
+ variable MGK	23 400,00 EUR
+ variable FGK	31 200,00 EUR
K_v	379 600,00 EUR
k_v	379 600,00 EUR : 14 = 27 114,29 EUR

Bei der kurzfristigen Preisuntergrenze decken die Erlöse die variablen Kosten in Höhe von 27 114,29 EUR je Stück.

2. Die langfristige Preisuntergrenze liegt dort, wo die Erlöse die Selbstkosten je Einheit abdecken.

$$e = \frac{78\,000}{14} + 27\,114{,}29 \text{ EUR}$$

$$e = 32\,685{,}72 \text{ EUR}$$

3. 3.1 Neue Kapazität: 16 Stück
Fixe Kosten: 105 300,00 EUR
variable Stückkosten: 80 % von 27 114,29 EUR = 21 691,43 EUR

$$k = \frac{105\,300}{16} + 21\,691{,}43 = 28\,272{,}68 \text{ EUR}$$

3.2 36 800,00 EUR – 28 272,68 = 8 527,32 EUR

3.3

Bisheriger Preis	36800,00 EUR
– 12 % Preisrückgang	4416,00 EUR
Neuer Preis	32384,00 EUR

$K_{fix} + k_v \cdot x = e \cdot x$

$105300 + 21691{,}43 \cdot x = 32384 \cdot x$

$10692{,}57\,x = 105300$

$x = 9{,}85$

Ergebnis: Ab der Herstellung von 10 Maschinen erzielt das Unternehmen Gewinn.

Übungsaufgabe 124

1. Kostenorientierte Preispolitik.

2.

Materialeinzelkosten (1000 Stück)	10060,00 EUR	
+ 5 % Materialgemeinkosten	503,00 EUR	
= Materialkosten		10565,60 EUR
Fertigungsleinzelkosten	7000,00 EUR	
+ 180 % Fertigungsgemeinkosten	12600,00 EUR	
= Fertigungskosten		19600,00 EUR
= Herstellkosten		30163,00 EUR
+ 20 % Verwaltungs- und Vertriebsgemeinkosten		6032,60 EUR
= Selbstkosten (-preis)		36195,60 EUR
+ 5 % Gewinnzuschlag		1809,781 EUR
= Barverkaufspreis		38005,38 EUR

Der Barverkaufspreis je Spielzeugauto beträgt 38,00 EUR.

3. 3.1

Kosten	
Fixe Kosten	**Variable Kosten**
– Gehälter – Miete – Nebenkosten für Heizung, Licht, Reinigung – Abschreibungen	– Roh- und Hilfsstoffkosten – Akkordlöhne – Energiekosten

3.2 Wenn Dieter Kalle den **mengenmäßigen Marktanteil** erhöhen möchte, wird er die Verkaufspreise nicht erhöhen, weil in diesem Fall der mengenmäßige Absatz von bisher 12000 Stück auf voraussichtlich 11000 Stück (um 8,33 %) sinkt.

Strebt er hingegen einen höheren **wertmäßigen Marktanteil** an, wird er die Preiserhöhung durchführen. In diesem Fall steigt nämlich der Umsatzwert von 456000,00 EUR (12000 · 38,00 EUR/Stück) auf 459800,00 EUR (11000 · 41,80 EUR).

3.3 Wenn Dieter Kalle nach dem **kurzfristigen Gewinnmaximierungsprinzip** handelt, wird er die Preiserhöhung durchführen. Durch die Preiserhöhung von durchschnittlich 38,00 EUR auf durchschnittlich 41,80 EUR würde der Gewinn von 41000,00 EUR um voraussichtlich 23800,00 EUR (um ca. 58,05 %) auf 64800,00 EUR steigen.

3.4 3.4.1 Wenn der Absatz aufgrund der Preiserhöhung um 2000 Stück zurückgeht, wird Dieter Kalle bei einer angestrebten **kurzfristigen Gewinnmaximierung** die Preiserhöhung durchführen. In diesem Fall steigt der Gewinn noch geringfügig um voraussichtlich 2000,00 EUR (ca. 4,88 %) von 41 000,00 EUR auf 43 000,00 EUR.

3.4.2 Wenn der Absatz aufgrund der Preiserhöhung um 3 000 Stück sinkt, wird Dieter Kalle bei einer angestrebten **kurzfristigen Gewinnmaximierung** keine Preiserhöhung durchführen, weil in diesem Fall der Gewinn um 19800,00 EUR (ca. 48,29 %) von 41 000,00 EUR auf 21 200,00 EUR sinkt.

3.5 In diesem Fall besteht zwischen den **Zielen** der **kurzfristigen Gewinnmaximierung** und der **wertmäßigen Vergrößerung** des **Marktanteils Zielharmonie.** Der Gewinn steigt um 23 800,00 EUR (von 41 000,00 EUR auf 64 800,00 EUR). Auch der wertmäßige Absatz erhöht sich um 3800,00 EUR geringfügig (von 456 000,00 EUR auf 459 800,00 EUR). Wenn der Betrieb hingegen seinen **mengenmäßigen Marktanteil** erhöhen will, besteht ein **Zielkonflikt.** Der Gewinn steigt zwar um 23 800,00 EUR (ca. 58,05 %), der mengenmäßige Absatz sinkt dagegen um 1000 Stück (8,33 %).

4. Nachfrageorientierte Preispolitik.

Übungsaufgabe 125

1. 1.1 Die **Preispolitik** kann sich grundsätzlich an den Kosten, an der Nachfrage oder an der Konkurrenzsituation ausrichten.

Im Sonderfall der Einführung eines neuen Produkts spielt das Problem der Preisstrategie eine wesentliche Rolle. Grundsätzlich kann das Unternehmen eine Hochpreispolitik, Niedrigpreispolitik oder eine Marktpreispolitik verfolgen.

1.2 Eine Zahncreme ist ein Massenartikel mit einer Vielzahl von Anbietern. Die Einführung einer neuen Marke wird am Markt aus der Sicht der Preispolitik nur dann vom Nachfrager wahrgenommen, wenn entweder eine Hochpreispolitik (hoher Qualitätsstand, Distribution im Reformhaus oder in der Apotheke usw.) oder eine Penetrationspolitik verfolgt wird.

2. 2.1 Auf einem **polypolistischen vollkommenen Markt** ist keine Preispolitik möglich.

Beispiel: Viele Anbieter mit einem relativ kleinen Marktanteil operieren auf dem Markt mit einem Gut, das objektiv und subjektiv absolut gleich ist. (Theoretischer Fall).

Der Preisspielraum ist beim **Oligopolisten** eingeschränkt.

Beispiel: Wenige Anbieter produzieren gleichartige Druckmaschinen zur Herstellung von Zeitungen und Zeitschriften. In diesem Fall werden alle Anbieter eine Preisanpassungsstrategie bevorzugen.

2.2 Fortbestand des Unternehmens; kurzfristige Gewinnmaximierung; maximales Absatzwachstum; maximale Marktabschöpfung; Qualitätsführerschaft.

3. **Räumliche Preisdifferenzierung.** In diesem Fall werden in verschiedenen geografischen Gebieten für gleiche Produkte unterschiedliche Preise festgelegt.

Beispiel: Das gleiche Automodell wird in Portugal zu einem anderen Preis als in Deutschland angeboten.

Zeitliche Preisdifferenzierung. Für ein bestimmtes Gut werden unterschiedliche Preise verlangt, je nach Zeitpunkt der Nachfrage.

Beispiel: Unterschiedliche Tarife im Telefonverkehr (Tag-, Nacht-, Sonn- und Feiertagstarife).

Preisdifferenzierung in Verbindung mit Produktdifferenzierung. Am Erzeugnis werden vom Kunden wahrnehmbare und teilweise prestigeträchtige Differenzierungen vorgenommen, deren Mehrkosten auf der Herstellerseite deutlich geringer sind, als die damit verbundene Preisdifferenzierung für den Arbeitnehmer.

Beispiel: Die zusätzlichen Herstellkosten für einen leistungsstärkeren Motor betragen z.B. 150,00 EUR, das zugehörige Fahrzeug wird jedoch für zusätzliche 1250,00 EUR verkauft.

4. Eine umweltorientierte Preispolitik liegt vor, wenn zwischen umweltfreundlichen und umweltschädlichen Produkten Preisdifferenzierung betrieben wird.

Übungsaufgabe 126

1. Ein **oligopolistischer Preiskrieg** schadet in aller Regel allen Oligopolisten.
   - Erhöht ein Angebotsoligopolist seine Absatzpreise, werden i.d.R. seine Konkurrenten nicht nachziehen. Der Oligopolist verliert Kunden an die Konkurrenz.
   - Senkt ein Angebotsoligopolist seine Absatzpreise, werden i.d.R. seine Konkurrenten die Preise ebenfalls senken. Der erhoffte Absatzzuwachs tritt nicht ein.
2. Das **Modell des Angebotspolypolisten** auf unvollkommenem Markt ist deswegen auch auf das unvollkommene Oligopol anwendbar, weil auch der Oligopolist mit Preisober- und Preisuntergrenzen rechnen muss. Allerdings ist es in der Regel so, dass der preispolitische Spielraum eines Anbierters (sein „monopolistischer Bereich") umso größer ist, je geringer die Zahl der Anbieter ist.
3. 3.1

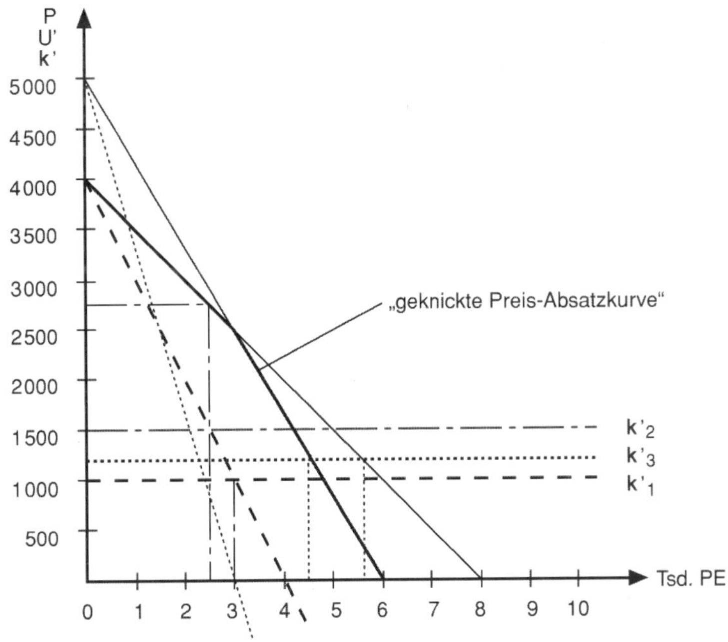

3.2 3.2.1 Reagiert der Brecht-Verlag auf Preissenkungen des Arnold-Verlags nicht, verliert er übermäßig viele Kunden an den Arnold-Verlag.

Erhöht hingegen der Arnold-Verlag seine Preise, wird der Brecht-Verlag nicht nachziehen, weil ihm dann Kunden des Arnold-Verlags zuströmen.

3.2.2 Siehe die fett gedruckte Kurve in der Abb. zu 3.1.

3.3 Der Arnold-Verlag wird seinen Absatzpreis auf 2750 GE erhöhen (neues Gewinnmaximum).

3.4 Die absolute Preisuntergrenze liegt für den Arnold-Verlag bei 1250 GE.

3.4.1 Unter der Bedingung, dass der Arnold-Verlag einen möglichst hohen Marktanteil erreichen möchte, wird er den Absatzpreis auf 1250 GE festsetzen, gleichgültig, ob der Brecht-Verlag reagiert oder nicht.

3.4.2 Wenn der Brecht-Verlag nicht reagiert, kann der Arnold-Verlag 5500 Stück absetzen.

Übungsaufgabe 127

1.

PE	P	U	U'	U'/PE	K_{fix}	K_v	K'/PE	K	Gew/Verl
0	120	–			1000	–		1100	– 1000
4	120	480	480	120	1000	120	30	1120	– 600
8	120	960	480	120	1000	240	30	1240	– 280
12	120	1440	480	120	1000	360	30	1360	80
16	110	1760	320	80	1000	480	30	1480	280
20	100	2000	240	60	1000	600	30	1600	400
24	90	2160	160	40	1000	720	30	1720	440
28	80	2240	80	20	1000	840	30	1840	400
32	70	2240	0	0	1000	960	30	1960	280
36	60	2160	– 80	– 20	1000	1080	30	2080	80
40	60	2400	240	60	1000	1200	30	2200	200
* 44	60	2640	240	60	1000	1320	30	2320	320
48	60	2880	240	60	1000	1440	30	2440	440
52	60	3120	240	60	1000	1560	30	2560	560
56	60	3360	240	60	1000	1680	30	2680	680
60	60	3600	240	60	1000	1800	30	2800	800

* Kapazitätsgrenze.

2. /3.

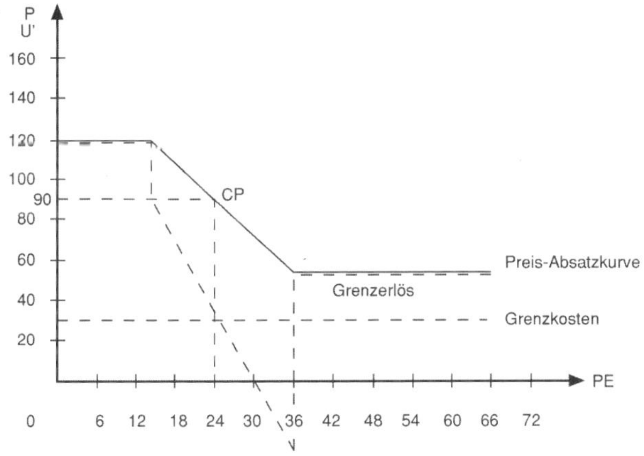

4. Falls der Polypolist nach Umsatzmaximierung strebt, wird er seine gegebene Kapazität von 44 Stück/Perirode ausnutzen. Sein Absatzpreis beträgt dann **60 GE.** Der Umsatz beläuft sich auf 2640 GE (44 · 60 GE).

5. In diesem Fall decken sich beide Unternehmensziele, weil bei Vollbeschäftigung (44 PE/Periode) zugleich der Umsatz maximiert wird (Zielharmonie). Der Absatzpreis beträgt folglich ebenfalls **60 GE.**

6. Falls der Polypolist seine Kapazität auf 60 PE/Periode ausweiten kann, wird er den Absatzpreis von **60 GE** beibehalten, weil er dann seinen Maximalgewinn von 800 GE erzielt.

7. – Kapazität,
- Höhe der unteren „Preisgrenze“,
- Höhe der Grenzkosten.

Übungsaufgabe 128

1. 1.1 Bei innovativen Produkten wird anfänglich ein hoher Preis für das neue Erzeugnis, der mit geringen Absatzmengen und hohen Stückkosten einhergeht, festgesetzt. Der Preis wird erst mit zunehmender Erschließung des Massenmarktes nach unten korrigiert. Auf diese Weise versucht man, bei Innovatoren, die bereit sind, für Neuheiten hohe Preise zu entrichten, die Konsumentenrente abzuschöpfen.

1.2
- Realisierung hoher kurzfristiger Gewinne.
- Schaffung eines (späteren) Preisspielraumes nach unten.
- Graduelle Abschöpfung der Preisbereitschaft (Konsumentenrente) wird möglich (zeitliche Preisdifferenzierung).
- Positive Prestige- und Qualitätsindikation des hohen Preises.
- Niedrige Kapazitäten.

2. Die Skimming-Strategie und die Prämienpreisstrategie sind Hochpreisstrategien. Die **Prämienpreisstrategie** versucht langfristig einen hohen Preis für die Produkte zu erzielen, indem die Produkte mit einer „Prämie“ (z. B. Qualitätsstandard) ausgestattet werden. Die **Skimming-Strategie** setzt den Einführungspreis hoch an, um die Konsumentenrente der Innovation abzuschöpfen. Der Einführungspreis wird dann jedesmal abgesenkt, wenn der Absatz zurückgeht, um jeweils die nächste Schicht preisbewusster Kunden zu gewinnen.

3. Individuelle Lösung.

   Mögliche Antwort: Da es sich um ein innovatives Produkt handelt, erscheint der Einsatz der Skimming-Strategie sinnvoller zu sein als die Penetrationspreispolitik.

4. – Verdrängung von Konkurrenten.
   – Verhinderung des Markteintritts neuer Anbieter.
   – Senkung der Stückkosten des Anbieters durch Produktion und Verkauf hoher Stückzahlen.
   – Auslastung der Kapazitäten.
   – Schaffung eines Preisimages.

5. **Beispiel 1:** Der Preis für ein Produkt wird abgesenkt, um den Markteintritt eines Konkurrenten abzuwehren.

   Beispiel 2: Die Preissenkung hat das Ziel, z. B. einen saisonal bedingten Nachfragerückgang aufzufangen (z. B. Preisabsenkung für Heizöl im Sommer).

Übungsaufgabe 129

1. Individuelle Antworten.

2. – Die Produktgestaltung erfolgt marktorientiert.
   – Es kann eine Ergebnisverbesserung als Folge von Kostensenkungsmaßnahmen erzielt werden.

3. Das Schaubild zeigt, dass die Target Costs marktorientiert festgelegt werden. Als Zielkosten setzt man entweder die Allowable Costs oder einen Kostenwert nahe den Allowable Costs an. Aus dem Vergleich der festgelegten Target Costs mit dem Drifting Costs entsteht ein Kostenreduktionsbedarf.

4. – Die gewünschte Gewinnspanne (geplante Target Profit) wird gesenkt.
   – Das Vorhaben wird neu geplant.
   – Das Vorhaben wird verworfen.

5. – Das Unternehmen produziert so teuer, dass es die Allowable Costs nicht erreichen kann.
   – Das Unternehmen möchte sich im Hochpreissegment positionieren und nimmt Produktfunktionen in das neue Produkt auf, die nur zahlungskräftige Kunden bereit sind zu zahlen.

6. Beim Target Costing geht es vor allem darum, die Erfolgsaussichten eines neu zu entwickelnden Produkts frühzeitig, d. h. möglichst noch vor dessen Entwicklungsbeginn, abzuschätzen. Dabei stehen vor allem die Anforderungen der potenziellen Kunden an eine Produktinnovation und dessen Preis im Vordergrund.

Übungsaufgabe 130

1. Nur wenn die angebotenen Leistungen heterogen sind, kann ein Anbieter Preispolitik betreiben. Der Grund: Sind die angebotenen Leistungen homogen (vollkommen gleichartig) und werden sie von den Nachfragern auch als homogen angesehen, wird dem Anbieter, der seinen Absatzpreis erhöht, die gesamte Kundschaft „weglaufen". Vorausgesetzt wird, dass die übrigen Voraussetzungen des vollkommenen Marktes erfüllt wird.

2. Die Aussage ist richtig. Gründe:

- Die Anbieter sind in der Lage, sich Informationen über die Aktionen und Reaktionen der Konkurrenten zu verschaffen.
- Die Anbieter können ihre Produkte (Sachgüter und Dienstleistungen) von denen der Konkurrenten differenzieren und dadurch Präferenzen schaffen.
- Mit abnehmender Zahl der Anbieter können die Kunden bei Preiserhöhungen eines Anbieters auf immer weniger andere Anbieter ausweichen. Beim Angebotsmonopol (Extremfall) ist ein Ausweichen überhaupt nicht mehr möglich.

3. Sobald Mitbewerber eines Anbieters auf dem Markt sind, ist der preispolitische Spielraum eingeschränkt. Die Spannweite wird durch die Preisempfindlichkeit der Abnehmer (Käufer) bestimmt.

   Erhöht ein Anbieter seinen Absatzpreis „übermäßig", wird entweder seine gesamte Kundschaft (Extremfall) oder zumindest ein großer Teil seiner Kundschaft zur Konkurrenz übergehen.

   Senkt ein Anbieter seinen Absatzpreis „übermäßig", wird er entweder die gesamte Nachfrage (Extremfall) oder einen sehr großen Teil der Nachfrage auf sich vereinigen. Durch weitere Preissenkungen kann er somit keine (oder nur eine sehr kleine Zahl) von Nachfragern gewinnen.

Übungsaufgabe 131

1. **Rechnerische Lösung:**

$$20000 + 0{,}04\,x = 0{,}09\,x \qquad x = \text{gesuchter Umsatz (kritischer Umsatzwert)}$$
$$0{,}05\,x = 20000$$
$$\underline{\underline{x = 400000}}$$

   Beim erwarteten Monatsumsatz von durchschnittlich 500000,00 EUR ist somit der Einsatz der **Handlungsreisenden** kostengünstiger. Die **Handlungsreisenden** würden bei diesem Umsatz 40000,00 EUR kosten (20000,00 EUR Fixum + 20000,00 EUR Provision = 4 % von 500000,00 EUR), während beim Einsatz der **Handelsvertreter** 45000,00 EUR (9 % Provision von 500000,00 EUR) aufgewendet werden müssten.

2. **Grafische (zeichnerische) Lösung:**

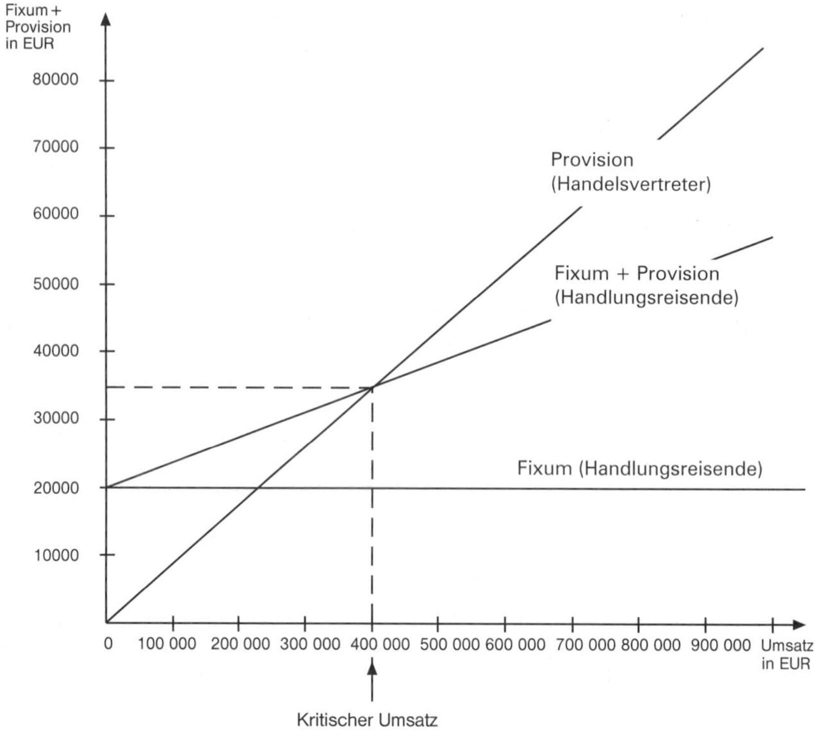

3. 3.1 Gründe für die Einstellung von **Handlungsreisenden** können sein:

- Als weisungsgebundene Angestellte stehen die Handlungsreisenden dem Betrieb ständig zur Verfügung.
- Im Rahmen ihres Arbeitsvertrags können die Reisenden bedarfsgerecht und zielgerichtet eingesetzt werden.

3.2 Gründe für den Einsatz von **Handelsvertretern** können sein:

- Handelsvertreter sind selbstständige Kaufleute und deshalb u.U. mehr an ihrer Tätigkeit interessiert als Angestellte.
- Die Kündigung eines Agenturvertrags ist mit weniger Schwierigkeiten verbunden als die Kündigung eines Arbeitsverhältnisses (z.B. kein Kündigungsschutzgesetz, keine Tarifverträge, kein Mitspracherecht des Betriebsrats).

4. 4.1 Zur Entgegennahme von Kundenreklamationen (Mängelrügen) ist „Schnell" auch ohne besondere Vollmacht berechtigt [§ 55 IV HGB]. Zur Gewährung des Preisnachlasses („Änderung des abgeschlossenen Vertrags") ist Schnell hingegen ohne besondere Vollmacht nicht berechtigt.

4.2 Schnell durfte die 850,00 EUR nicht einkassieren, weil es zur Einziehung des Kaufpreises einer ausdrücklichen Vollmacht bedarf (vgl. § 55 II HGB).

Schnell ist lediglich Abschlussreisender, der zum Abschluss von Kaufverträgen und zur Entgegennahme von Mängelrügen ermächtigt ist.

Übungsaufgabe 132

1. Der **Agenturvertrag** ist ein Vertretungsvertrag, der zwischen einem Handelsvertreter und einem Auftraggeber abgeschlossen wird [§ 84ff. BGB].

2. **Ohne Genehmigung** ihrer ständigen Auftraggeberin Pralinen-Auer KG darf die Handelsvertreterin Marie Braun nicht gleichzeitig ein Unternehmen vertreten, das im Marktwettbewerb zum Auftrag gebenden Unternehmen steht. Durch den ohne Wissen (Zustimmung) von der Pralinen-Auer KG abgeschlossenen Agenturvertrag hat Marie Braun ihre **Pflichten als Handelsvertreterin vorsätzlich aufs Gröbste** verletzt. Die Pralinen-Auer KG ist deshalb zur **fristlosen Kündigung** des Agenturvertrags berechtigt und kann von Marie Braun Ersatz des durch die Aufhebung des Agenturvertrags **entstandenen Schadens** verlangen [§ 89a HGB].

3. 3.1 Verpflichtet sich ein Handelsvertreter dazu, für die Verbindlichkeiten seiner Kunden einzustehen, erhält er hierfür eine Delkredereprovision [§ 86b HGB].

   3.2 Der Einsatz von Untervertretern ist grundsätzlich zulässig.[1]

4. 4.1 Der Auftraggeber darf die Provisionszahlungen nicht verweigern. Als **Bezirksvertreter** hat Daniel Knigge auch Provisionsansprüche für Geschäfte, die ohne seine Mitwirkung mit Personen seines Bezirks oder seines Kundenkreises während des Vertragsverhältnisses (Laufzeit des Agenturvertrags) abgeschlossen worden sind [§ 87 II HGB].

   4.2 Wenn der Auftraggeber den Agenturvertrag kündigt [§ 89 HGB], hat Daniel Knigge einen sogenannten **Ausgleichsanspruch** (siehe § 89b HGB).

5. 5.1 **Kommissionäre** sind – soweit sie nach Art oder Umfang über einen in kaufmännischer Weise eingerichteten Geschäftsbetrieb verfügen – als selbstständige Kaufleute (Istkaufleute § 1 HGB) damit betraut, gewerbsmäßig Waren oder Wertpapiere in eigenem Namen und für Rechnung eines anderen (des Kommittenten) zu kaufen **(Einkaufskommissionär)** oder zu verkaufen **(Verkaufskommissionär)** [§ 383 HGB].

   5.2 **Vor- und Nachteile aus der Sicht des Kommittenten (Auftraggebers):**

   Vorteile:

   - Verkaufskommissionäre unterhalten meistens ein Kommissionslager (im Ausland auch als Konsignationslager bezeichnet). Der Kommittent hat dadurch den Vorteil, dass er Lagerkosten spart und die Waren (Kommissionswaren) trotzdem in Kundennähe (z.B. in das Ladengeschäft eines Einzelhändlers) bringen kann.
   - Ein Vorteil kann auch sein, dass der Kommittent nach außen hin nicht in Erscheinung tritt, was z.B. aus Wettbewerbsgründen im Außenhandel von Bedeutung sein kann.
   - Handelsvertreter verfügen in der Regel über keine (großen) Lager und schließen die Verträge im fremden Namen (ihres Auftraggebers) ab, sodass der Auftraggeber bekannt wird.

   Nachteile:

   Dass der Kommittent nach außen hin nicht in Erscheinung tritt, kann jedoch auch ein Nachteil für ihn sein. Der Kommittent kann z.B. nicht mit seiner Firma werben. Will der Auftraggeber, dass der andere Vertragspartner weiß, mit wem er Verträge abschließt, ist der Einsatz von Handelsvertretern vorteilhaft.

---

1 Der Agenturvertrag kann auch bestimmen, dass keine Untervertreter oder diese nur mit Zustimmung der Pralinen-Auer KG rechtlich zulässig sind.

Weder Vorteil noch Nachteil:

Bezüglich der Absatzrisiken ergeben sich durch den Einsatz von Verkaufskommissionären statt Handelsvertretern aus der Sicht des Auftraggebers (Kommittenten) weder Vorteile noch Nachteile. Bei beiden selbstständigen Absatzmittlern trägt der Auftraggeber das Absatzrisiko.

6. 6.1 **Selbsteintrittsrecht** bedeutet, dass der Kommissionär Waren oder Wertpapiere, die er einkaufen soll, aus eigenen Beständen liefern kann. Waren und Wertpapiere, die er verkaufen soll, darf er selbst übernehmen (kaufen) [§§ 400ff. HGB].[1]

6.2 Hannes Bergmann hat von seinem Selbsteintrittsrecht Gebrauch gemacht [§§ 400ff. HGB] und hat die Pralinen von der Pralinen-Auer KG zum Preislimit von 120,00 EUR selbst übernommen. Daher verdient er den Unterschied zwischen dem höheren Verkaufspreis von 128,00 EUR je Packung und dem Preislimit von 120,00 EUR je Packung.[1]

Übungsaufgabe 133

1. $\frac{9 \cdot x}{100} = \frac{3 \cdot x}{100} + 3500$

$9x = 3x + 350000$

$6x = 350000$

$x = 58333{,}33$

Der **kritische Umsatz** beträgt 58333,33 EUR.

2. Kosten für Handelsvertreter = 90000,00 EUR/Jahr

Kosten für Handlungsreisende = 30000,00 EUR + (12 · 3500,00 EUR) = 72000,00 EUR/Jahr

Bei einem Jahresumsatz von 1 Mio. EUR ist der Einsatz von Handlungsreisenden günstiger.

3.
- Rein rechnerisch gesehen lohnt es sich nur dann, Handlungsreisende einzustellen, wenn zu erwarten ist, dass der Umsatz dauerhaft über dem kritischen Umsatz liegt.
- Es ist zu prüfen, ob bestimmte Handelsvertreter sich intensiver für den Absatz einsetzen als Handlungsreisende.
- Die Handelsvertreter sind selbstständige Kaufleute. Auf sie sind die gesetzlichen Vorschriften zum Schutz der Arbeitnehmer nicht anzuwenden, z.B. keine Lohnfortzahlung im Krankheitsfall, kein Urlaub, keine Bindung an Tarifverträge.
- Die bislang eingesetzten Handelsvertreter sind eingearbeitet und bei der Kundschaft bekannt. Die Frage ist, ob die neu einzustellenden Handlungsreisenden überhaupt die gleichen Qualifikationen aufweisen.

4. Individuelle Lösung.

1 **Anmerkung:** Das Selbsteintrittsrecht setzt voraus, dass die Pralinenpackungen einen – bei Ausführung des Selbsteintritts – tatsächlich feststellbaren **Marktpreis** haben. Dies setzt eine größere Zahl tatsächlich ausgeführter Geschäfte voraus. Der „reißende Absatz" der Pralinen lässt vermuten, dass dies der Fall ist. Auch wenn Hannes Bergmann im Recht ist, ist sein Handeln nicht klug. Die Pralinen-Auer KG kann den Kommissionsvertrag kündigen.

Übungsaufgabe 134

1. 1.1 Beim **E-Commerce** werden weltweit Produkte und Dienstleistungen über elektronische Medien präsentiert und vertrieben.

1.2 Business-to Business (B2B) liegt vor, wenn der E-Commerce zwischen Unternehmen stattfindet.

Von Business-to-Consumer (B2C) wird gesprochen, wenn es sich um Geschäfte zwischen Unternehmen und privaten Haushalten (Verbrauchern) handelt.

Beim Business-to-Public Authorities/Administration (B2A) handelt es sich um die elektronischen Beziehungen zwischen Unternehmen und öffentlichen Verwaltungen und sonstigen Institutionen.

1.3 Da im Englischen „two" (zwei) und „to" (zu) gleich ausgesprochen werden, wird statt „to" eine 2 geschrieben. Die großen B stehen für Business (Unternehmen, Geschäft), daher B2B.

1.4
- Permanente Öffnungszeiten,
- umfangreiches Angebot,
- bequem von zu Hause aus zu bestellen,
- einfache Preisvergleiche,
- preiswertes Einkaufen u.a.

1.5 **Vorteile:**
- weltweites Absatzgebiet,
- Kostenersparnisse (kein Verkaufspersonal, geringe Standortkosten u.a.),
- Kundeninformationen als Basis für CRM.

Nachteile:
- hohe Anfangsinvestitionen,
- Gefährdung der Datensicherheit durch Computerviren,
- hohe Unsicherheit.

2. 2.1 **Franchising** ist ein Vertriebssystem, weil zwischen dem Franchisegeber und Franchisenehmer ein **Vertragssystem** (Franchisevertrag) über den Vertrieb der Erzeugnisse nur über bestimmte Absatzwege (-kanäle) und/oder zu bestimmten Vertriebszeiten besteht.

Merkmale des Franchisings:
- In der Regel vertikale Kooperationen zwischen Franchisegeber und Franchisenehmer;
- die Franchisenehmer bleiben rechtlich selbstständig und handeln in eigenem Namen und auf eigene Rechnung;
- der Franchisegeber erteilt dem Franchisenehmer das Recht, gegen Entgelt seine Marke und seine Symbole, seine Marktkenntnisse und seine Waren absatzpolitisch zu verwerten;
- der Franchisenehmer verpflichtet sich, die Absatz- und Betriebsorganisationsrichtlinien des Franchisegebers zu befolgen;
- der Franchisegeber hat Kontroll- und Weisungsrechte; er verpflichtet sich andererseits, den Franchisenehmer zu beraten und zu unterstützen;
- alle Franchisenehmer treten auf dem Markt einheitlich auf, sodass der Eindruck eines Filialsystems erweckt wird.

2.2 Individuell zu beantworten.

(Als Antworten kommen infrage: Von Großmetzgereien eingerichtete Verkaufsläden, von Großbäckereien eingerichtete und belieferte Einzelhandelsgeschäfte, Systemgastronomie z. B. McDonald's.)

2.3

Franchise-Systeme nach dem Leistungsangebot

- Dienstleistungsbezogenes Franchising
- Sachleistungsbezogenes Franchising
  - Produkt-Franchising
  - Betriebs-Franchising

2.4

	Franchising		
		Vorteile	Nachteile
2.4.1	**für den Franchisegeber**	– Franchisegeber hat Kontroll- und Weisungsrechte; – er kann sich auf die Herstellung konzentrieren, weil die Franchisenehmer den Absatz übernehmen.	– Gefahr, dass Franchisenehmer auch Waren von anderen Lieferanten beziehen.
2.4.2	**für den Franchisenehmer**	– Kleinunternehmen werden zu Gruppen zusammengefasst und dadurch gestärkt; – Franchisenehmer profitieren vom „guten Namen" des Herstellers; – Kosteneinsparung z. B. durch Nutzung einer zentralen EDV-Organisation; – Franchisenehmer bleiben rechtlich selbstständig; – geringeres Risiko zum Schritt in die Selbstständigkeit, da in der Regel ein System übernommen wird, das sich am Markt bewährt hat.	– Wirtschaftliche Abhängigkeit; – Organisationsrichtlinien des Franchisegebers müssen befolgt werden.
2.4.3	**für die Kunden**	– Erhöhte Preistransparenz, weil unterschiedliche Preise für die gleichen Waren entfallen; – gleichbleibende Qualität.	– Angebot wird als uniform empfunden.

Übungsaufgabe 135

1.

Anforderungen des Unternehmens	Diesen Anforderungen entspricht der Handlungsreisende (Punkte)	Diesen Anforderungen entspricht der Handelsvertreter (Punkte)
1. Unmittelbarer Kontakt Hersteller – Einzelhändler	3	1
2. Einsatzbereitschaft	1	3
3. Möglichkeit zur Marktbeobachtung	1	3
4. Ansehen beim Kunden (Image)	1	3
5. Möglichkeit zum Vertrieb von Komplementärartikeln	0	3
6. Branchenkenntnis	2	2
7. Möglichkeit zur Tätigkeitskontrolle	3	1
8. Weisungsgebundenheit	3	0
9. Eigeninteresse am Umsatz	1	3
10. Marktausschöpfung	2	1
11. Voller Einsatz für ein Produkt	3	2
12. Gewissenhaftigkeit	2	3
Gesamtpunkte	22 Punkte	25 Punkte

2.+ 3.

	Handlungsreisender	Handelsvertreter
Umsatzerwartung in Stück	5200	4320
Preis/Stück in EUR	250,00	250,00
Erlöse in EUR	1300000,00	1080000,00
Investitionen in EUR	20000,00	40000,00
Fixkosten in EUR (3 Jahre)	30000,00	180000,00
Variable Stückkosten in EUR	468000,00	475200,00
Gesamtkosten	968000,00	695200,00
Gesamt-Stückkosten	186,15	160,93
Gewinn pro Stück in EUR	63,85	89,07
Gesamtgewinn in EUR (Erlöse – Gesamtkosten)	332000,00	384800,00

Übungsaufgabe 136

1. 1.1 Individuell zu beantworten.

Mögliche Antworten:

- Für den Ökospüler könnte in Zeitschriften geworben werden. Die Reklame sollte mit Naturfarben gedruckt werden, damit der Umworbene gleich sieht, dass es sich um einen Ökospüler handelt. Darunter der Slogan: „Noch nie wurde umweltfreundlicher gespült wie heute“.

10 Speth u.a. - ISBN 978-3-8120-3576-7

- Den Haushalten könnten Prospekte des neuen Ökospülers zugesandt werden. Der Werbeerfolg ließe sich steigern, indem die Werbung lautet: „Die ersten 1000 Käufer des Ökospülers erhalten 200,00 EUR Rabatt".
- Werbeanzeige in der Zeitung: Im Rahmen eines Kostenvergleichs zwischen einer Öko-Spülmaschine und einer traditionellen Spülmaschine wird aufgezeigt, innerhalb welcher Zeit sich die Mehrkosten der Anschaffung durch den Minderverbrauch an Wasser, Strom und Spülmittel amortisieren.

1.2

Werbegrundsätze

Wirksamkeit	Wahrheit und Klarheit	Wirtschaftlichkeit
Die Werbung muss die Motive der Umworbenen ansprechen, Kaufwünsche verstärken und letztlich zu Kaufhandlungen führen. Eine wichtige Voraussetzung für eine wirksame Absatzwerbung ist eine genaue Zielgruppenbestimmung.	Die Werbung sollte sachlich unterrichten, also nicht irreführen und nicht täuschen. Falsche Informationen (Versprechen) führen zu Enttäuschungen und längerfristig zu Absatzverlusten.	Die Aufwendungen für die Werbung finden ihre Grenzen in ihrer Wirtschaftlichkeit. Die Werbung ist dann unwirtschaftlich, wenn der auf die Werbung zurückzuführende zusätzliche Ertrag niedriger als der Werbeaufwand ist (Werbeerfolgskontrolle).
Beispiele: - Arbeit ist Kraft mal Weg. - Leistung ist Arbeit durch Zeit. - Porsche ist Leistung plus Spaß.	**Beispiele:** - Unser Wein ist restlos durchgegoren. - 100 % Baumwolle.	**Beispiele:** - Zusätzlicher Werbeaufwand 100 000,00 EUR, zusätzlicher Werbeertrag 120 000,00 EUR.

1.3 Unter **Streukreis** wird die Personen- oder Unternehmensgruppe (Branche) verstanden, die von der Werbung erfasst werden soll.

Streugebiete sind die Gebiete (z. B. Gemeinden, Kreise, Länder, Regionen), die im Werbeplan festgelegt werden, d. h. in denen geworben werden soll.

1.4
- Alleinwerbung (Einzelwerbung).
- Verbundwerbung (Sammelwerbung).
- Gemeinschaftswerbung.

1.5 Die Lorenz OHG bevorzugt die **Massenwerbung,** damit ein möglichst großer Kreis von Personen angesprochen werden kann.

Des Weiteren bevorzugt sie die **Alleinwerbung,** weil die Werbung nur die Geschirrspüler der Lorenz OHG betreffen soll.

2. 2.1 Zur Verkaufsförderung gehören das Merchandising und die Salespromotion. Im Rahmen der **Salespromotion** arbeiten Hersteller und Händler zumeist zusammen. Ziel ist es, den Verkaufsvorgang am Ort des Verkaufs (Point of Sale) zu verbessern. Die Anstrengungen richten sich daher auf das Verkaufspersonal und/oder auf die Endkunden.

Merchandising bedeutet, dass Nebenprodukte (Figur, CD, Bettwäsche, Schlüsselanhänger, Bekleidung usw.) rund um ein Hauptprodukt (Sportler, Roman- oder Filmfigur) vertrieben werden.

2.2

Salespromotion

Zielgruppe Handel	Zielgruppe Endkunde
– Schulung des Verkaufspersonals im Hinblick auf den neuen Geschirrspüler – Argumentationshilfen beim Verkaufsvorgang – Unterstützung durch Werbematerial im Verkaufsraum	– Preisausschreiben – Produktvorführungen – Umtauschaktionen

3. Steigt der gute Ruf oder das Ansehen (Image) eines Unternehmens in der Öffentlichkeit, so werden dessen Produkte auch besser verkauft, weil der Kunde die Qualität der Produkte mit dem guten Erscheinungsbild des Unternehmens in Verbindung bringt.

Öffentlichkeitsarbeit

z. B. durch

Tage der offenen Tür	**Spenden**	**Zeitungsanzeigen**
Maßnahmen, die z. B. folgenden anderen absatzpolitischen Instrumenten zugutekommen:		
Es wird der „Boden" für die **Werbung** vorbereitet. Das Unternehmen, seine Produktionsverfahren und seine Produkte sind den Umworbenen grundsätzlich bereits ein Begriff.	Der **gute Ruf** (das Ansehen, das Image) des Unternehmens nimmt zu.	Erweiterung des **preispolitischen Spielraums,** weil viele Käufer bereit sind, für ein bekanntes Produkt mehr zu bezahlen als für ein namenloses.

4. 4.1 Individuelle Lösungen.

4.2 **Information** anlässlich der feierlichen Enthüllung des „Autos des Jahres": Prospekte über das Auto, Probefahrten, Preisrätsel über das Auto mit Verlosung ...

Emotion über Musikbeiträge einer Live-Band und/oder DJ.

Aktion: Bewegungsspiele für Kinder und Erwachsene (Hüpfburg und Torwand).

Motivation: Auftreten von Personen des Show-Business oder ein populärer Sportler aus dem Motorsport.

5. Individuelle Lösungen.

4.1.4 Auftragsreichweite $= \frac{1\,257\,150 \cdot 100}{8\,670\,000} = \underline{\underline{14{,}5\,\%}}$

(Bezogen auf das Jahr entspricht dies 14,5 % von 365 Tagen = rund 53 Tage.)

4.1.5 Produktdeckungsbeitragssatz $= \frac{270\,540 \cdot 100}{1\,040\,400} = \underline{\underline{26\,\%}}$

4.1.6 Markterschließungsgrad $= \frac{8\,670\,000 \cdot 100}{11\,560\,000} = \underline{\underline{75\,\%}}$

4.2

Marketingmaßnahmen	
Marktanteil	– Präferenzen schaffen – Zusatznutzen entwickeln
Markterschließungsgrad	– Erhöhung der Serviceleistungen – Verbesserung der Lieferungs- und Zahlungsbedingungen – Erhöhung des Werbeeinsatzes
Auftragseingangsquote	– Absatzwege prüfen – Neue Produkte kundenbezogen entwickeln – Erhöhung des Werbeeinsatzes – Vertriebsmaßnahmen verbessern

Übungsaufgabe 145

Individuelle Lösungen

Übungsaufgabe 146

1. Investitionen sind die Verwendung von Kapital zur Beschaffung betrieblichen Vermögens. Verbunden mit der Investition sind größere Anschaffungsauszahlungen und langfristige Kapitalbindung.

2. Da nicht alle Zahlungsmittel laufend investiert werden und andererseits laufend durch Umformung von Sachgütern in Geld dem Unternehmen Zahlungsmittel zufließen, setzt sich der Vermögensbereich aus zwei Teilbereichen, dem **Investitionsbereich** und dem **Zahlungsbereich** zusammen.

3. Unter **Desinvestition** versteht man die Freisetzung von investiertem Kapital über die Verkaufserlöse, sofern der Wertverlust der Investition (Abschreibung) kostendeckend in die Verkaufspreise einkalkuliert ist.

4. Sofern sich das Unternehmen lediglich als Gönner betätigen will und keine direkten oder indirekten Vorteile für die Betriebsziele erwartet (z. B. Werbewirkung, Imagegewinn), liegt keine Investition vor.

5.

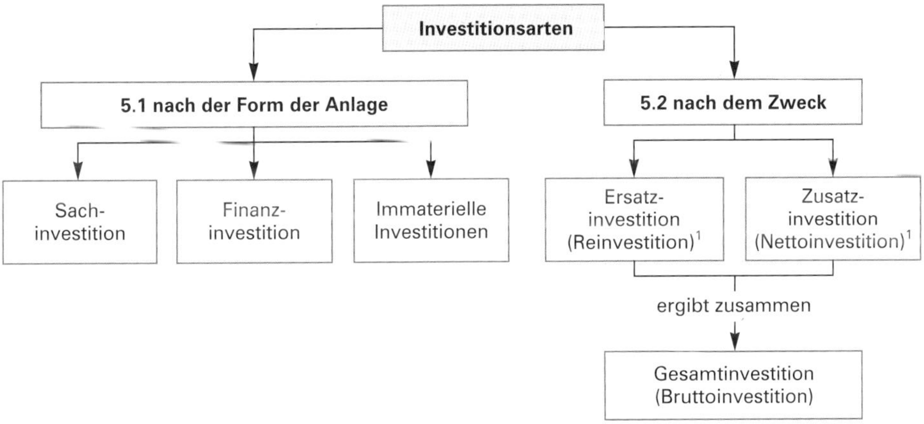

6. 6.1

Investitionsbegriffe	Investition in Stück	Investition in EUR
Reinvestition	7	1 120 000,00
+ Nettoinvestition	3	480 000,00
Bruttoinvestition	10	1 600 000,00

6.2 Bei der Berechnung von Brutto-, Netto- und Reinvestition werden konstante (gleichbleibende) Preise unterstellt, damit überhaupt ein Vergleich möglich ist.

Beispiel:

Ein Unternehmen schafft im Jahr 09 fünf Maschinen zu je 140 000,00 EUR an, die im Jahr 15 durch fünf gleichartige Maschinen zum Preis von je 150 000,00 EUR ersetzt werden. Wird die Preissteigerung nicht berücksichtigt, liegt scheinbar eine Zusatzinvestition (Nettoinvestition) in Höhe von 50 000,00 EUR vor. Nur wenn mit konstanten Preisen gerechnet wird, ist zu erkennen, dass lediglich eine Ersatzinvestition vorgenommen wurde.

7. 7.1 **Argumente dafür:**

- bei voller Kapazitätsauslastung i. d. R. kostengünstigere Produktion möglich,
- geringerer Einfluss hoher Lohnkosten und Lohnkostensteigerungen,
- hoher, konstanter Qualitätsstandard.

Argumente dagegen:

- bei Unterbeschäftigung hohe Fixkosten,
- Krisenanfälligkeit und geringe Anpassungsfähigkeit an neue Produkte, die der Markt fordert,
- Vernichtung von Arbeitsplätzen.

7.2 Investitionsart: Erweiterungsinvestition
Investitionsziel: Kostensenkung

8. 8.1 Ersatzinvestition

8.2 Rationalisierungsinvestition, Erweiterungsinvestition

8.3 Gründungsinvestition

8.4 Rationalisierungsinvestition

1 Ersatz- und Zusatzinvestitionen sind in vielen Fällen zugleich Rationalisierungsinvestitionen.

Übungsaufgabe 147

1. Individuelle Lösungen

2. Bei der industriellen Herstellung von Gütern müssen die Ressourcen der Umwelt genutzt werden, indem z.B. Rohstoffe der Erde entnommen werden, Energie verbraucht wird, Emissionen in Luft, Boden und Wasser geleitet und Produktionsrückstände entsorgt werden. Auch die anschließende Verwendung der hergestellten Güter durch die Verbraucher ist zumeist nicht möglich ohne Beeinträchtigung der Umwelt.

3. Ökonomie strebt nach Wachstum, Ökologie will Stabilität. Ökonomisches Wachstum nimmt die Umwelt in Anspruch und stört damit die Stabilität.

4. Externe Effekte entstehen dann, wenn die Kosten für die Beanspruchung der Umwelt nicht vom Verursacher bezahlt werden, sondern z.B. in Form von Umweltschäden der Allgemeinheit aufgebürdet werden. Beispiele: CO_2-Belastung des Straßenverkehrs schädigt die Wälder. Die Kosten tragen die Waldbesitzer bzw. die Allgemeinheit.

5. 5.1 Die Betriebe betreiben Global Sourcing, d.h., sowohl der Rohstoffeinkauf als auch die Fertigung erfolgt weltweit bei den günstigsten Anbietern.

   5.2 Global Sourcing:
   - **Ökonomische Auswirkungen:** Weltweite Arbeitsteilung, Kosteneinsparung, Verlagerung der Arbeitsplätze, Know-how-Transfer.
   - **Ökologische Auswirkungen:** Umweltbelastung durch zusätzliche Transporte, Produktion bei geringeren Umweltstandards.
   - **Soziale Auswirkungen:** Arbeitslosigkeit in Deutschland, Verdienstmöglichkeiten in den Entwicklungsländern, Sozial-Dumping.

6. Das **Prinzip der Nachhaltigkeit** verlangt, dass die Generationen von Morgen, im Norden und Süden eine intakte Umwelt vorfinden und ihre Bedürfnisse befriedigen können.

   Die **Agenda 21** fordert Entwicklungskonzepte zu schaffen, die zu einer Integration von ökologischem Gleichgewicht, ökonomischer Sicherheit und sozialer Gerechtigkeit führen („Magisches Dreieck der Nachhaltigkeit").

7. 7.1 Im Rahmen des Herstellungsprozesses kann das Unternehmen darauf achten, dass
   - die Teile montagegerecht konstruiert werden;
   - flexible Werkzeugmaschinen anstelle von Spezialmaschinen eingesetzt werden;
   - die Fertigungsprozesse energieeffizient gestaltet werden (Nutzung der Restwärme usw.);
   - neue Fertigungsstrukturen entwickelt werden, die die Nachteile der Massenproduktion überwinden und effizient, flexibel und Ressourcen schonende Fertigung erlauben.

   7.2 Bereits bei der Entwicklung der Produkte kann das Unternehmen darauf achten, dass im Rahmen der Nutzung
   - die Emissionen in die Luft verringert werden (Katalysatoren, Partikelfilter);
   - die Lärmbelastung sinkt (Dämmung);
   - das Unfallrisiko und die Verletzungsgefahr für die Menschen verringert werden (Sicherheitssysteme wie ABS usw.);
   - zielgerichtete, werterhaltende Wartung möglich ist (Auto-Diagnose-Speicherung);
   - der Rohstoffeinsatz geschont wird (durch hohe Recyclingquote, sortenreine Kunststoffe);

- der Energieverbrauch verringert wird (Fahrer-Informationssysteme, Start-Stopp-Automatik).

8. Schülerindividuelle Lösungen.

9. Schülerindividuelle Lösungen

10. Es handelt sich um die Darstellung eines Investitionsplanungs- und Entscheidungsprozesses. Zur Erläuterung siehe Lehrbuch S. 397ff.

Übungsaufgabe 148

1. **Vergleich der Gesamtkosten**

	Angebot 1	Angebot 2
Fixe Kosten	41600,00 EUR	101400,00 EUR
Variable Kosten	237120,00 EUR	185120,00 EUR
Gesamtkosten	278720,00 EUR	286520,00 EUR

2. $41600{,}00 + 11{,}40\,x = 101400{,}00 + 8{,}90\,x$

$$2{,}5\,x = 59800{,}00$$
$$x = 23920{,}00$$

Ergebnis: 1. Die kritische Menge beträgt 23920 Stück.

2. Werden weniger Stücke produziert, lohnt sich unter Kostengesichtspunkten das Angebot 1, werden mehr Stücke produziert, lohnt sich das Angebot 2.

3. **Gewinnvergleichsrechnung**

	Angebot 1	Angebot 2
Verkaufserlöse	295360,00 EUR	295360,00 EUR
– Gesamtkosten	278720,00 EUR	286520,00 EUR
= Jahresgewinn	16640,00 EUR	8840,00 EUR

Ergebnis: Unter dem Gesichtspunkt der Gewinnsituation hat das Angebot 1 einen Gewinnvorteil von 7800,00 EUR.

Rentabilitätsvergleichsrechnung

	Angebot 1	Angebot 2
Rentabilität	$\frac{16640 \cdot 100}{65000} = 25{,}6\,\%$	$\frac{8840 \cdot 100}{182000} = 4{,}85\,\%$

Ergebnis: Unter dem Gesichtspunkt der Rentabilität ist das Angebot 1 anzunehmen.

4.

	Angebot 1	Angebot 2
Amortisationszeit	$\frac{130000}{16640 + 21667} = 3{,}39$ Jahre	$\frac{364000}{8840 + 45500} = 6{,}7$ Jahre

Ergebnis: Die Amortisationszeit von Angebot 1 ist deutlich geringer als die des Angebots 2.

5. Siehe Ausführungen im Lehrbuch S. 410 und S. 413.

Übungsaufgabe 149

1.

	I_1	I_2	I_3
Anschaffungskosten	115 000,00	230 000,00	140 000,00
Liquidationserlös	15 000,00	30 000,00	20 000,00
Nutzungsdauer	10	10	10
Leistung je Periode (Teile)	20 000	24 000	24 000
kalk. Abschreibung (linear) kalk. Zinsen (10 %) sonstige fixe Kosten	10 000,00 6 500,00 250,00	20 000,00 13 000,00 500,00	12 000,00 8 000,00 400,00
Summe fixe Kosten	16 750,00	33 500,00	20 400,00
Lohnkosten Materialkosten sonstige variable Kosten	27 000,00 2 500,00 3 900,00	11 200,00 3 000,00 1 800,00	24 000,00 3 000,00 3 000,00
Summe variable Kosten	33 400,00	16 000,00	30 000,00
variable Kosten pro Leistungseinheit	1,67	0,67	1,25
Gesamtkosten	50 150,00	49 500,00	50 400,00

Investitionsobjekt 2 ist wegen den geringsten Gesamtkosten am vorteilhaftesten.

2. 2.1

	alte Druckmaschine	neue Anlage
Laufende Betriebskosten	10 000,00	8 000,00
Verringerung des Liquidationserlöses durch Weiternutzung	10 000,00	
Ø kalk. Zinsen durch Weiternutzung $\frac{20\,000 + 10\,000}{2} \cdot \frac{10}{100}$	1 500,00	
Abschreibung neue Anlage $\frac{100\,000 - 10\,000}{10}$		9 000,00
Ø kalk. Zinsen der neuen Anlage $\frac{100\,000 + 10\,000}{2} \cdot \frac{10}{100}$		5 500,00
Gesamtkosten	21 500,00	22 500,00

2.2 Der Ersatz der alten Druckmaschine durch die neue Anlage im laufenden Geschäftsjahr ist noch nicht sinnvoll, da die Gesamtkosten der alten Druckmaschine unter denen der neuen Anlage liegen. Der Kostenvergleich ist im nächsten Geschäftsjahr mit neuen Daten durchzuführen.

Übungsaufgabe 150

1. 1.1 **Ermittlung der Werte für Anlage 1**

$$\text{Kalkulatorische Abschreibung} = \frac{\text{Wiederbeschaffungswert} - \text{Restwert}}{\text{Nutzungsdauer}} = \frac{720\,000{,}00 - 30\,000{,}00}{5}$$

$$= \underline{\underline{138\,000{,}00 \text{ EUR}}}$$

$$\text{Kalkulatorische Zinsen} = \frac{\text{Anschaffungswert} + \text{Restwert}}{2} \cdot \frac{\text{Zinssatz}}{100}$$

$$= \frac{600\,000{,}00 + 30\,000{,}00}{2} \cdot \frac{10}{100}$$

$$= \underline{\underline{31\,500{,}00 \text{ EUR}}}$$

$$\text{Gesamte Fixkosten} = 138\,000{,}00 \text{ EUR} + 31\,500{,}00 \text{ EUR} + 16\,000{,}00 \text{ EUR}$$

$$= \underline{\underline{185\,500{,}00 \text{ EUR}}}$$

Summe variable Kosten bei 100 %

$$= 450\,000{,}00 \text{ EUR} + 360\,000{,}00 \text{ EUR} + 5\,400{,}00 \text{ EUR}$$

$$= \underline{\underline{815\,400{,}00 \text{ EUR}}}$$

$$\text{Variable Stückkosten} = \frac{815\,400{,}00}{60\,000} = \underline{\underline{13{,}59 \text{ EUR/Stück}}}$$

$$\text{Gesamtkosten bei } 50\,000 = 185\,500{,}00 \text{ EUR} + 13{,}59 \text{ EUR} \cdot 50\,000$$

$$= \underline{\underline{865\,000{,}00 \text{ EUR}}}$$

$$\text{Stückkosten bei } 50\,000 = \frac{865\,000{,}00}{50\,000} = \underline{\underline{17{,}30 \text{ EUR}}}$$

Ermittlung der Werte für Anlage 2

$$\text{Kalkulatorische Abschreibung} = \frac{\text{Wiederbeschaffungswert} - \text{Restwert}}{\text{Nutzungsdauer}} = \frac{920\,000{,}00 - 35\,000{,}00}{5}$$

$$= \underline{\underline{177\,000{,}00 \text{ EUR}}}$$

$$\text{Kalkulatorische Zinsen} = \frac{\text{Anschaffungswert} + \text{Restwert}}{2} \cdot \frac{\text{Zinssatz}}{100}$$

$$= \frac{750\,000{,}00 + 35\,000{,}00}{2} \cdot \frac{10}{100}$$

$$= \underline{\underline{39\,250{,}00 \text{ EUR}}}$$

$$\text{Gesamte Fixkosten} = 177\,000{,}00 \text{ EUR} + 39\,250{,}00 \text{ EUR} + 18\,000{,}00 \text{ EUR}$$

$$= \underline{\underline{234\,250{,}00 \text{ EUR}}}$$

Summe variable Kosten bei 100 %

$$= 511\,000{,}00 \text{ EUR} + 385\,000{,}00 \text{ EUR} + 5\,900{,}00 \text{ EUR}$$

$$= \underline{\underline{901\,900{,}00 \text{ EUR}}}$$

$$\text{Variable Stückkosten} = \frac{901\,900{,}00}{80\,000} = \underline{\underline{11{,}27 \text{ EUR/Stück}}}$$

$$\text{Gesamtkosten bei } 50\,000 = 234\,250{,}00 \text{ EUR} + 11{,}27 \text{ EUR} \cdot 50\,000$$

$$= \underline{\underline{797\,750{,}00 \text{ EUR}}}$$

$$\text{Stückkosten bei } 50\,000 = \frac{797\,750{,}00}{50\,000} = \underline{\underline{15{,}96 \text{ EUR}}}$$

1.2 Die kritische Produktionsmenge ist dann erreicht, wenn beide Anlagen Kosten in gleicher Höhe verursachen.

$$\text{Gesamtkosten}_{\text{Anlage 1}} = \text{Gesamtkosten}_{\text{Anlage 2}}$$

$$185.500{,}00 + x \cdot 13{,}59 \text{ EUR} = 234\,250{,}00 + x \cdot 11{,}27 \text{ EUR}$$

$$x \cdot (13{,}59 - 11{,}27) = 234\,250{,}00 - 185\,500{,}00$$

$$x \cdot 2{,}32 = 48\,750{,}00$$

$$x = \frac{48\,750{,}00}{2{,}32} = \underline{\underline{21\,013 \text{ Stück}}}$$

Probe:

Anlage 1 185 500,00 + 21 013 · 13,59 = 471 066,67 EUR
Anlage 2 234 250,00 + 21 013 · 11,27 = 471 066,51 EUR

1.3

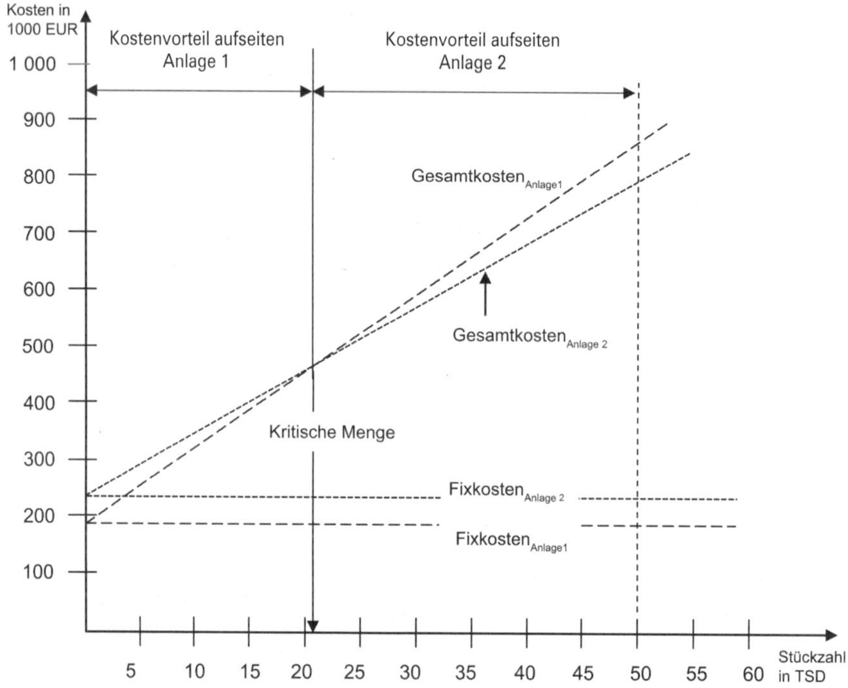

1.4 Bei einer angenommenen Produktionsmenge von 50 000 Stück arbeitet die Anlage 2 kostengünstiger. Unterhalb einer Produktionsmenge von 21013 Stück wäre die Anlage 1, oberhalb davon die Anlage 2 kostengünstiger. Als weiteres Argument für Anlage 2 gilt, dass sie ihre Kapazitätsgrenze erst bei 80 000 Stück erreicht, und damit für eine erhöhte Nachfrage noch erhebliche Reserven vorhanden sind. Bei Anlage 1 wäre jenseits von 60 000 Stück eine Erweiterungsinvestition erforderlich.

2. 2.1 $\text{Gesamtgewinn}_{\text{Anlage1}} = \text{Erlöse}_{\text{Anlage 1}} - \text{Kosten}_{\text{Anlage 1}}$

$= 50000 \cdot 28{,}00 - 865000{,}00$

$= 1400000{,}00 - 865000{,}00 = \underline{\underline{535000{,}00 \text{ EUR}}}$

$\text{Stückgewinn}_{\text{Anlage 1}} = \underline{\underline{10{,}70 \text{ EUR}}}$

$\text{Gesamtgewinn}_{\text{Anlage2}} = \text{Erlöse}_{\text{Anlage 2}} - \text{Kosten}_{\text{Anlage 2}}$

$= 50000 \cdot 26{,}00 = 797750{,}00$

$= 1300000{,}00 - 797750{,}00 = \underline{\underline{502250{,}00 \text{ EUR}}}$

$\text{Stückgewinn}_{\text{Anlage 2}} = \underline{\underline{10{,}05 \text{ EUR}}}$

2.2 Gewinnschwelle ist dann erreicht, wenn die Erlöse und die Kosten gleich hoch sind.

$\text{Erlöse}_{\text{Anlage1}} = \text{Kosten}_{\text{Anlage 1}}$

$28{,}00 \cdot x = 185500{,}00 + 13{,}59 \cdot x$

$(28{,}00 - 13{,}59) \cdot x = 185500{,}00$

$x = 185500{,}0028{,}00 - 13{,}59$

$x = \frac{185500{,}00}{14{,}41} = \underline{\underline{12873 \text{ Stück}}}$

Probe:

$\text{Gewinn} = \text{Erlös} - \text{Kosten}$

$= 12873 \cdot 28{,}00 - 185500{,}00 - 12873 \cdot 13{,}59$

$= 360444{,}00 - 185500{,}00 - 174944{,}00 = 0$

$\text{Erlöse}_{\text{Anlage 2}} = \text{Kosten}_{\text{Anlage 2}}$

$26{,}00 \cdot x = 234250{,}00 + 11{,}27 \cdot x$

$(26{,}00 - 11{,}27) \cdot x = 234250{,}00$

$x = \frac{2348250{,}00}{26{,}00 - 11{,}27}$

$x = \frac{234250{,}00}{14{,}73} = \underline{\underline{15903 \text{ Stück}}}$

Probe:

$\text{Gewinn} = \text{Erlös} - \text{Kosten}$

$= 15903 \cdot 26{,}00 - 234.250{,}00 - 15.903 \cdot 11{,}27$

$= 413478{,}00 - 234250{,}00 - 179227{,}00 = 1{,}00 \text{ EUR} \sim 0$

11 Speth u.a. - ISBN 978-3-8120-3576-7

2.3

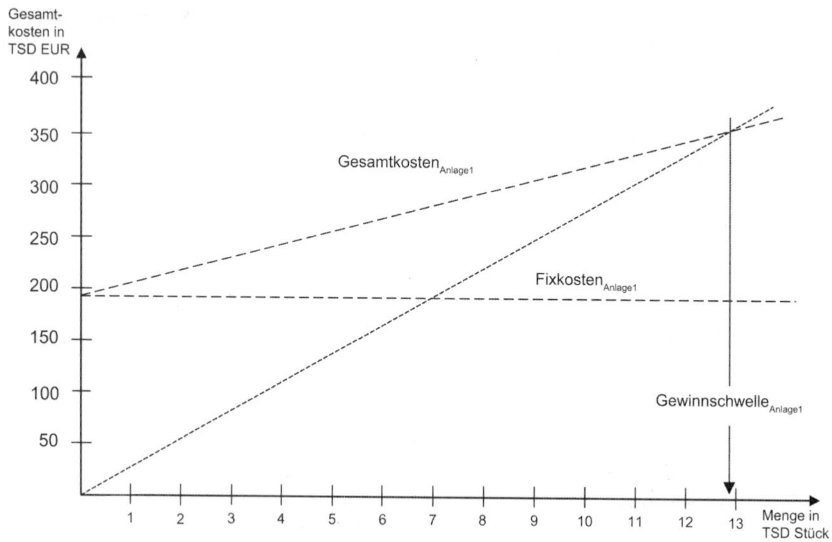

2.4 Die Investitionsentscheidung hat nicht nur Auswirkungen auf die Kosten sondern auch auf die Erlöse. Die Attraktivität der auf Anlage 1 hergestellten Produkte wird vom Nachfrager honoriert. Dadurch wird mit dieser Anlage trotz höherer Kosten ein größerer Gewinn erzielt. Dieses Ergebnis toppt die Entscheidung unter reinen Kostengesichtspunkten, daher ist Anlage 1 vorzuziehen.

3. 3.1

	Kopierer 1	Kopierer 2
Erlöse	20000,00 EUR	24000,00 EUR
Abschreibung	4000,00 EUR	4800,00 EUR
Zins v. durchschnittl. Kapital	800,00 EUR	960,00 EUR
Betriebskosten	8000,00 EUR	10000,00 EUR
Durchschnittl. jährl. Gewinn	**7200,00 EUR**	**8240,00 EUR**

3.2 Durchschnittlicher Kapitaleinsatz:

Kopierer 1 = 20000,00/2 = 10000,00 EUR

Kopierer 2 = 24000,00/2 = 12000,00 EUR

3.3

	Kopierer 1	Kopierer 2
Durchschnittl. jährl. Gewinn	7200,00 EUR	8240,00 EUR
+ Zins	800,00 EUR	960,00 EUR
= Durchschnittl. jährl. Gewinn vor Steuern	8000,00 EUR	9200,00 EUR
Durchschnittlicher Kapitaleinsatz	10000,00 EUR	12000,00 EUR
Rentabilität	**80 %**	**76,67 %**

3.4 Kopierer 1 erzielt die höhere Rentabilität und ist daher vorzuziehen.

4. In der Lösung zur Aufgabe 3.3 wurde bereits der durchschnittliche Gewinn ermittelt. Auf diesen Wert greifen wir zurück.

		Kopierer 1	Kopierer 2
	Durchschnittl. jährlicher Gewinn	7200,00 EUR	8240,00 EUR
	+ Abschreibung	4000,00 EUR	4800,00 EUR
4.1	= Durchschnittl. jährlicher Mittelzufluss	11200,00 EUR	13040,00 EUR
	Kapitaleinsatz	20000,00 EUR	24000,00 EUR
4.2	Amortisationszeit (Pay-off-Period)	**1,786 Jahre**	**1,84 Jahre**

4.3 Die Alternative 1 hat die kürzere Amortisationszeit und erhält somit den Vorzug.

Übungsaufgabe 151

1. 1.1

	Einzahlungen	923000,00 EUR
–	Auszahlungen	848000,00 EUR
	Überschuss	75000,00 EUR

1.2

Jahr	Einzahlungen	Auszahlungen	Einzahlungs-überschüsse	Abzinsungs-faktor	Barwert
1.	138000,00	85000,00	53000,00	0,901	47753,00
2.	155000,00	105000,00	50000,00	0,812	40600,00
3.	165000,00	140000,00	25000,00	0,731	18275,00
4.	150000,00	130000,00	20000,00	0,659	13180,00
5.	135000,00	125000,00	10000,00	0,593	5930,00
6.	180000,00	25000,00	155000,00	0,535	82925,00
Summe					208663,00
– Anschaffungsauszahlung					238000,00
= Kapitalwert					– 29337,00

Trotz des unter 1. errechneten Überschusses in Höhe von 75000,00 EUR ist die Investition nicht lohnend, weil sich bei einer Abzinsung auf den Zeitpunkt der Investition ein negativer Kapitalwert ergibt, d.h., die Ausgaben sind bei einer Diskontierung höher als die Einnahmen.

1.3 In den finanzmathematischen Investitionsrechnungen gelangt man wie bei den einfachen Kostenvergleichsrechnungen zu rechnerisch klaren Ergebnissen. Die eigentlichen Fehlerquellen liegen aber bereits einen Schritt früher: in der Festlegung der Daten für die Berechnung. Die zukünftigen Einzahlungen/Auszahlungen beruhen nur zu einem geringen Teil auf objektiven Informationen. Der größere Teil liegt im Ermessen des Entscheidenden. Selbst bei der Auswahl der Informationen spielt bereits eine subjektive Komponente herein. Nicht in der angewandten Methode, sondern in der Unsicherheit der Prognose liegen die Grenzen der Anwendung der Investitionsrechnung. Der Fehler in der Datenerfassung wird umso größer, je weiter die Investitionsrechnung in die Zukunft reicht. Dies ist ein weiterer Grund, warum sich viele Unternehmen mit Kostenvergleichsrechnungen begnügen.

1.4 **Vorteile der dynamischen Investitionsrechnung gegenüber der Kostenvergleichsrechnung:**

- Berücksichtigung der Veränderung der Kosten- und Leistungsstruktur des Investitionsobjekts innerhalb der Nutzungsperiode.
- Langfristige Betrachtungsweise.
- Zeitlicher Zusammenhang zwischen Einzahlungen und Auszahlungen der jeweiligen Rechnungsperiode bleibt gewahrt.
- Investitionsobjekte mit unterschiedlichen Einzahlungen können verglichen werden.

2. 2.1 Fixkosten

Kalk. Abschreibung (6400000/8)	800000,00 EUR
Übrige Fixkosten/Jahr	580000,00 EUR
Summe Fixkosten	1380000,00 EUR
Variable Kosten	
VK/Std. · Laufzeit (1500,00 · 1900)	2850000,00 EUR
Summe Kosten	4230000,00 EUR
Erlöse (1900 · 20 · 130,00)	4940000,00 EUR
Gewinn	710000,00 EUR

$$\text{Amortisationszeit} = \frac{6000000}{710000 + 800000} = 3{,}97 \text{ Jahre}$$

Investition muss abgelehnt werden.

2.2 In 3,5 Jahren muss insgesamt ein Rückfluss von 6000000,00 EUR erreicht werden. Dies verlangt einen jährlichen Rückfluss von (6000000,00/3,5) 1714286,00 EUR. Der Anteil des Gewinns am Rückfluss beträgt daher (1714286,00 – 800000,00) 914286,00 EUR.

Daraus ergibt sich eine Zielgröße für die Erlöse von (914286,00 + 4230000,00) 5144286,00 EUR.

Diese sind zu erreichen bei einem Erlös pro m^3 (5144286/(1900 · 20) von 135,38 EUR.

2.3 2.3.1

Jahr	Einzahlungen in EUR	Auszahlungen in EUR	Einzahlungsüberschüsse in EUR	Abzinsungsfaktor	Barwerte
1	4940000,00	4199000,00	741000,00	0,926	686166,00
2	5187000,00	4408950,00	778050,00	0,857	666789,00
3	5446350,00	4629398,00	816952,00	0,794	648660,00
4	5718668,00	4860867,00			
		160000,00	697801,00	0,735	512884,00
5	6004601,00	4503451,00	1501150,00	0,681	1022283,00
6	6304831,00	4728623,00	1576208,00	0,630	993011,00
7	6620073,00	5296058,00	1324015,00	0,583	771901,00
8	6951077,00	5560861,00	1390216,00	0,540	750717,00
Barwertsumme					6052411,00
– Anschaffungsauszahlung					6000000,00
+ Liquidationserlös (15000,00)				0,540	8100,00
= Kapitalwert					60511,00

Kapitalwert ist positiv; die Investition lohnt sich.

2.3.2 Der abgezinste Einnahmeüberschuss von 60511,00 EUR erlaubt höhere Aufwandsausgaben am Ende des 4. Jahres in Höhe von 82327,89 EUR (60511,00 /0,735). Um diesen Betrag dürfte sich der Einbau der Filteranlage verteuern, damit der Kapitalwert der gesamten Investition gerade den Wert 0 erreicht.

Übungsaufgabe 152

1.

Jahr	Einzahlungen	Auszahlungen	Überschuss	Investitionsprojekt I		Investitionsprojekt II	
				Abzinsungsfaktor 9 %	Barwerte	Abzinsungsfaktor 14 %	Barwerte
2016	2640000	2160000	480000	0,917	440160,00	0,877	420960,00
2017	2640000	2280000	360000	0,842	303120,00	0,769	276840,00
2018	3060000	2160000	900000	0,772	694800,00	0,675	607500,00
2019	3060000	2160000	900000	0,708	637200,00	0,592	532800,00
2020	3120000	2280000	840000	0,650	546000,00	0,519	435960,00
2021	3120000	2160000	960000	0,596	572160,00	0,456	437760,00
Summe					3193440,00		2711820,00
– Anschaffungsauszahlung					2960000,00		2740000,00
+ Liquidationserlös (16500,00 EUR)						0,456	7524,00
= Kapitalwert					233440,00		– 20656,00

Eine Investition ist vorteilhaft, wenn der Kapitalwert positiv ist. Ist der Kapitalwert negativ, so ist dies ein Zeichen dafür, dass die Kapitalkosten nicht gedeckt werden können. Im vorliegenden Fall ist der Unternehmensleitung das Investitionsprojekt I zu empfehlen.

Ein Kapitalvergleich in der vorgegebenen Form ist **wenig sinnvoll,** da mit einem **unterschiedlichen Kapitaleinsatz** gerechnet wird.

2. Der Vergleich ist nur sinnvoll, wenn entweder eine **Differenzinvestition in Höhe von 220000,00 EUR berücksichtigt** wird oder wenn die Differenzbeträge beim Kapitaleinsatz und bei den Rückflüssen während der Nutzungsperioden zum **Kalkulationszinsfuß der Investitionsobjekte** angelegt werden.

3. – Fehler bei der Wahl des Kalkulationszinsfußes
   – Prognosefehler bei der Schätzung zukünftiger Daten
   – Die Einzahlungen und Auszahlungen können den einzelnen Investitionsprojekten nicht genau zugeordnet werden.

4. Von Bedeutung können sein
   – der gegenwärtige Zinssatz am Kapitalmarkt zuzüglich eines Risikozuschlags,
   – eine vom Investor vorgegebene Mindestverzinsung.

5. 5.1 Das Konkurrenzunternehmen schätzt eventuell das Risiko der Investition höher ein oder es erwartet einen Anstieg des allgemeinen Zinsniveaus.

   5.2 Der Kapitalwert sinkt, da die anfallenden Einzahlungsüberschüsse sowie der Liquidationserlös mit dem höheren Kalkulationszinsfuß abgezinst werden und daher mit einem niedrigeren Barwert in die Rechnung eingehen.

6. Auszahlungen:	Fertigungslöhne	180 000,00 EUR
	Gehälter	85 00,00 EUR
	Fertigungsmaterial	220 000,00 EUR
	sonst. variable Kosten	45 000,00 EUR
	fixe Kosten	370 000,00 EUR
	Kosten	900 000,00 EUR
	– Abschreibungen	225 000,00 EUR
	Summe	675 000,00 EUR
Einzahlungen:		850 000,00 EUR

Jahr	Einzahlungen in EUR	Auszahlungen in EUR	Einzahlungsüberschüsse in EUR	Abzinsungsfaktor	Barwert in EUR
1	850 000,00	675 000,00	175 000,00	0,926	162 050,00

Übungsaufgabe 153

1. 1.1 1.1.1 Zinsfuß = 7 %

K_0 = – 450 000,00
+ 60 000,00 · 0,935
+ 75 000,00 · 0,873
+ 80 000,00 · 0,816
+ 90 000,00 · 0,763
+ 95 000,00 · 0,713
+ 90 000,00 · 0,666
+ 85 000,00 · 0,623
+ (80 000,00 + 20 000,00) · 0,582

K_0 = – 450 000,00
+ 56 100,00
+ 65 475,00
+ 65 280,00
+ 68 670,00
+ 67 735,00
+ 59 940,00
+ 52 955,00
+ 58 200,00

K_0 = – 450 000,00 + 494 355,00 = + 44 355,00 EUR

Die Investition lohnt sich, da der Kapitalwert der gesamten Investition positiv ist.

1.1.2 Zinsfuß = 10 %

$$K_0 = -450\,000{,}00 + 60\,000{,}00 \cdot 0{,}909 + 75\,000{,}00 \cdot 0{,}826 + 80\,000{,}00 \cdot 0{,}751 + 90\,000{,}00 \cdot 0{,}683 + 95\,000{,}00 \cdot 0{,}621 + 90\,000{,}00 \cdot 0{,}564 + 85\,000{,}00 \cdot 0{,}513 + (80\,000{,}00 + 20\,000{,}00) \cdot 0{,}467$$

$$K_0 = -450\,000{,}00 + 54\,540{,}00 + 61\,950{,}00 + 60\,080{,}00 + 61\,470{,}00 + 58\,995{,}00 + 50\,760{,}00 + 43\,605{,}00 + 46\,700{,}00$$

$$K_0 = -450\,000{,}00 + 438\,100{,}00 = -11\,900{,}00 \text{ EUR}$$

Die Investition lohnt sich nicht, da sie zu einem negativen Kapitalwert führt.

1.2

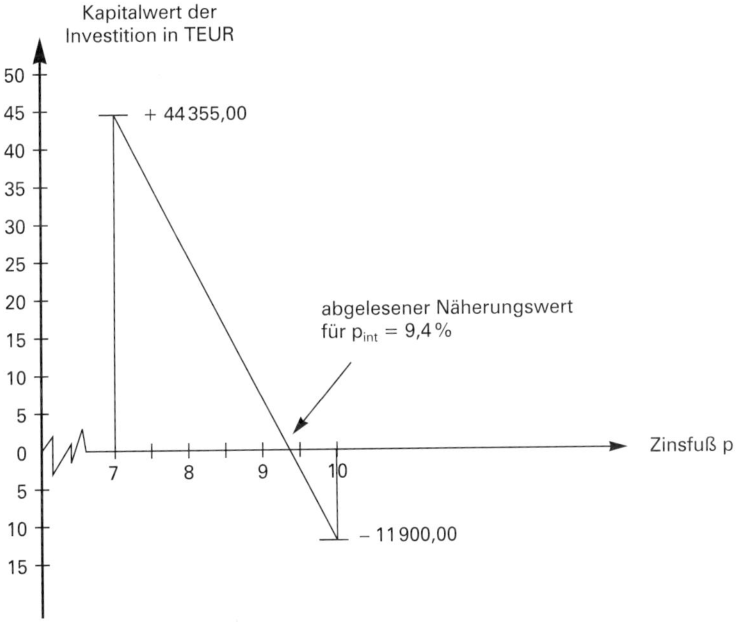

Berechnung mithilfe des Strahlensatzes (dabei wird Linearität des Verlaufes unterstellt).

x = Strecke von 7 bis zum Schnittpunkt bei p_{int}

$$\frac{x}{44\,355{,}00} = \frac{3 - x}{11\,900{,}00}$$

$11\,900{,}00 \cdot x = (3 - x) \cdot 44\,355{,}00$
$11\,900{,}00 \cdot x = 133\,065{,}00 - 44\,355{,}00 \cdot x$
$56\,255{,}00 \cdot x = 133\,065{,}00$
$x = 133\,065{,}00 / 56\,255{,}00$
$x = 2{,}365$

$p_{int} = 7 + x = 7 + 2{,}365 = \mathbf{9{,}365\,\%}$

2. 2.1 **Alternative 1:** $K_0 = -\,500\,000{,}00$ EUR
Alternative 2: $K_0 = -\,80\,000{,}00 \cdot (1 + 0{,}926 + 0{,}857 + 0{,}794 + 0{,}735 + 0{,}681 + 0{,}630 + 0{,}583 + 0{,}540 + 0{,}500)$
$K_0 = -\,80\,000{,}00 \cdot 7{,}246$
$K_0 = -\,579\,680{,}00$

Fazit: Alternative 1 ist für Herrn Schnabel die günstigere Lösung.

2.2 Lösungsstrategie: Herr Schnabel fasst die alternativen Entscheidungen als eine Einheit auf (indem er auf Alternative 1 verzichtet [–], gewinnt er die Alternative 2 [+] und berechnet getrennt einmal für 8 % und dann für 12 %.

Lösung für 8 %
$K_0 = -\,500\,000{,}00 + 579\,680{,}00$
$K_0 = +\,79\,680{,}00$

Lösung für 12 %
$K_0 = -\,500\,000{,}00 + 80\,000{,}00 \cdot$ (1 + Summe der ersten 9 Abzinsungsfaktoren für 12 %)
$K_0 = -\,500\,000{,}00 + 80\,000{,}00 \cdot 6{,}329$
$K_0 = -\,500\,000{,}00 + 506\,320{,}00$ EUR
$K_0 = +\,6\,320{,}00$

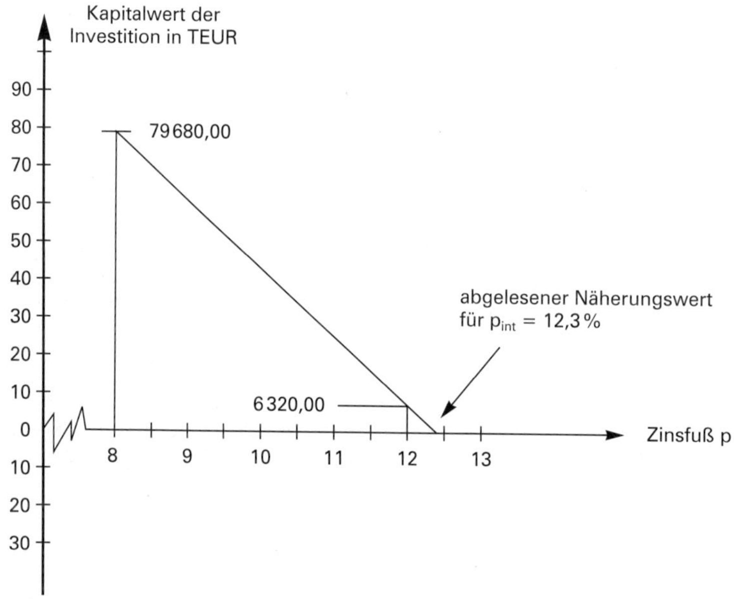

Da beide %-Sätze zu positiven Kapitalwerten führen, muss der interne Zinsfuß eben durch grafische **Extra**polation ermittelt werden.

Mathematische Berechnung über Strahlensatz

$$\frac{x}{79680{,}00} = \frac{(x-4)}{6320{,}00}$$

$$6320{,}00 \cdot x = (x-4) \cdot 79680{,}00$$
$$6320{,}00 \cdot x = 79680{,}00 \cdot x - 318720{,}00$$
$$73360{,}00 \cdot x = 318720{,}00$$
$$\underline{\underline{x = 4{,}34}}$$

$p_{int} = 8 + x = \mathbf{12{,}34\,\%}$

3. 3.1 **Alternative 1:** $K_0 = -5000000{,}00 + 1500000 \cdot$ Summe der ersten 10 Abzinsungsfaktoren

$K_0 = -5000000{,}00 + 1500000 \cdot 6{,}144$

$K_0 = -5000000{,}00 + 9216000{,}00$

$\underline{\underline{K_0 = 4216000{,}00 \text{ EUR}}}$

Alternative 2: $K_0 = -7000000{,}00 + 3000000{,}00 \cdot 3{,}79$

$K_0 = -7000000{,}00 + 11370000{,}00$

$\underline{\underline{K_0 = 4370000{,}00 \text{ EUR}}}$

Fazit: Die Zusatzinvestition in Höhe von 2 Mio. lohnt sich, da sie zu einem höheren Kapitalwert der Gesamtinvestition führt.

3.2 $K_0 = -7000000{,}00 + 3000000{,}00 \cdot 2{,}99$

$K_0 = -7000000{,}00 + 8970000{,}00$

$\underline{\underline{K_0 = 1970000{,}00 \text{ EUR}}}$

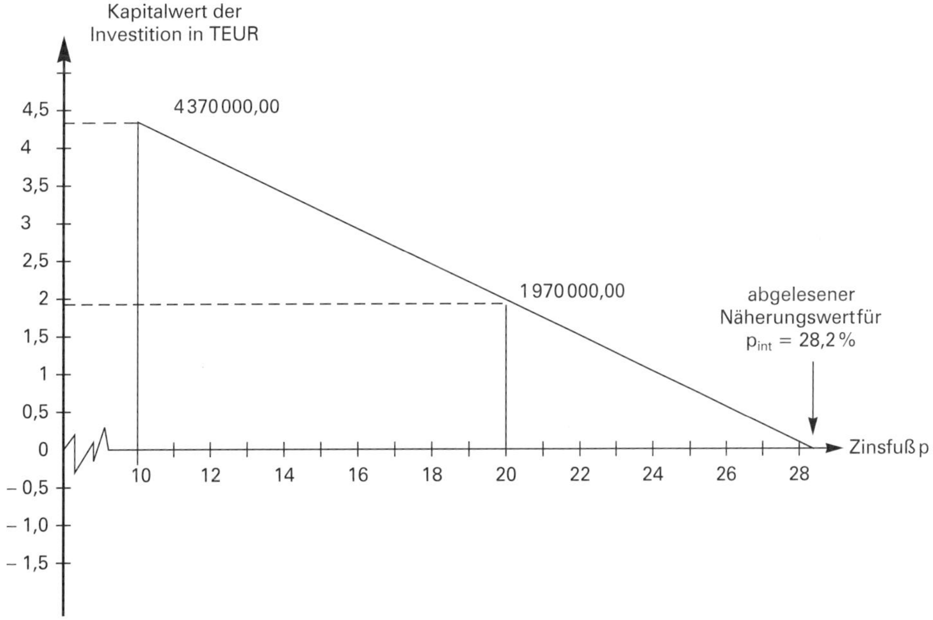

Da beide %-Sätze zu positiven Kapitalwerten führen, muss der interne Zinsfuß eben durch grafische **Extra**polation ermittelt werden.

Mathematische Berechnung über Strahlensatz

$$\frac{x}{4\,370\,000{,}00} = \frac{(x-10)}{1\,970\,000{,}00}$$

$$1\,970\,000{,}00 \cdot x = (x-10) \cdot 4\,370\,000{,}00$$
$$1\,970\,000{,}00 \cdot x = 4\,370\,000{,}00 \cdot x - 43\,700\,000{,}00$$
$$2\,400\,000{,}00 \cdot x = 43\,700\,000{,}00$$
$$\underline{\underline{x = 18{,}21}}$$

$p_{int} = 10 + x =$ **28,21 %**

4. 4.1 **Berechnung mit 8 %**

$K_0 = -\ 200\,000{,}00 - 250\,000{,}00 \cdot 0{,}926 - 300\,000{,}00 \cdot 0{,}857 - 350\,000{,}00 \cdot 0{,}794 - 400\,000{,}00 \cdot -0{,}735 + 750\,000{,}00 \cdot (0{,}583 + 0{,}540 + 0{,}500)$

$K_0 = -\ 200\,000{,}00 - 231\,500{,}00 - 257\,100{,}00 - 277\,900{,}00 - 294\,000{,}00 + 750\,000{,}00 \cdot 1{,}623$

$K_0 = -\ 1\,260\,500{,}00 + 1\,217\,250{,}00$

$\underline{\underline{K_0 = -\ 43\,250{,}00 \text{ EUR}}}$

Die Investition lohnt sich bei einem Kalkulationszinsfuß von 8% nicht, da dann die Summe der Barwerte aller Ausgaben größer ist als die Summe aller Barwerte der künftigen Einnahmen.

Berechnung mit 7 %

$K_0 = -\ 200\,000{,}00 - 250\,000{,}00 \cdot 0{,}935 - 300\,000{,}00 \cdot 0{,}873 - 350\,000{,}00 \cdot 0{,}816 - 400\,000{,}00 \cdot -0{,}763 + 750\,000{,}00 \cdot (0{,}623 + 0{,}582 + 0{,}544)$

$K_0 = -\ 200\,000{,}00 - 233\,750{,}00 - 261\,900{,}00 - 285\,600{,}00 - 305\,200{,}00 + 750\,000{,}00 \cdot 1{,}749$

$K_0 = -\ 1\,286\,450{,}00 + 1\,311\,750{,}00$

$\underline{\underline{K_0 = +\ 25\,300{,}00 \text{ EUR}}}$

4.2

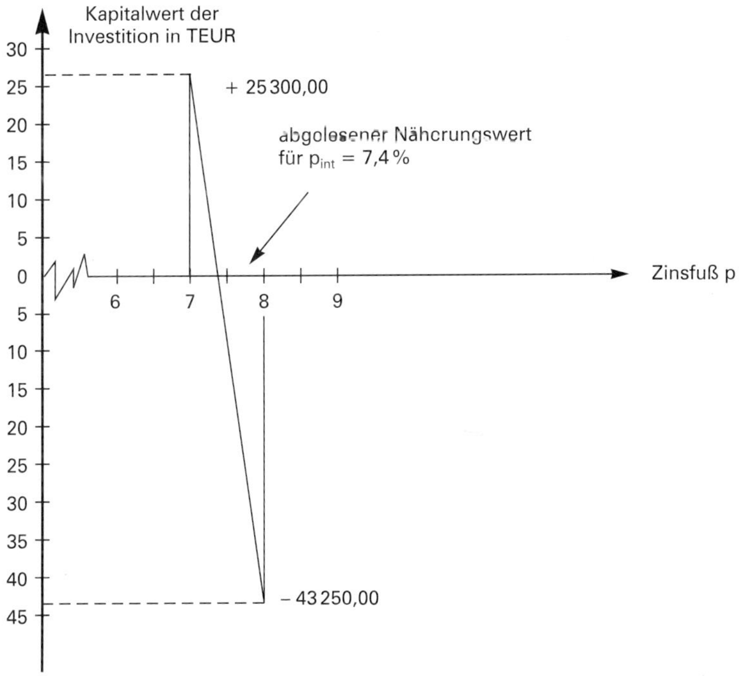

Berechnung mithilfe des Strahlensatzes (dabei wird Linearität des Verlaufes unterstellt).
x = Strecke von 6 bis zum Schnittpunkt bei p_{int}

$$\frac{x}{25\,300{,}00} = \frac{(1 - x)}{43\,250{,}00}$$

$$\begin{aligned}
43\,250{,}00 \cdot x &= (1 - x) \cdot 25\,300{,}00 \\
43\,250{,}00 \cdot x &= 25\,300{,}00 - 25\,300{,}00 \cdot x \\
68\,550{,}00 \cdot x &= 25\,300{,}00 \\
x &= 25\,300{,}00 / 68\,550{,}00 \\
\underline{\underline{x}} &\underline{\underline{= 0{,}34}}
\end{aligned}$$

$p_{int} = 7 + x = 7 + 0{,}34 =$ **7,34 %**

Übungsaufgabe 154

1. 1.1/1.2

Jahre	Abzinsungsfaktor	Investitionsobjekt I		Investitionsobjekt II		Differenzinvestition	
		Einzahlungsüberschüsse in EUR	Barwert in EUR	Einzahlungsüberschüsse in EUR	Barwert in EUR	Einzahlungsüberschüsse in EUR	Barwert in EUR
1	0,926	42000,00	38892,00	25000,00	23150,00	28000,00	25928,00
2	0,857	56000,00	47992,00	25000,00	21425,00	14000,00	12250,00
3	0,794	42000,00	33348,00	25000,00	19850,00	14000,00	11116,00
4	0,735	28000,00	20580,00	25000,00	18375,00	14000,00	10290,00
5	0,681	28000,00	19068,00	25000,00	17025,00	14000,00	9534,00
Barwertsumme			159880,00		99825,00		69118,00
– Anschaffungsauszahlung			140000,00		84000,00		56000,00
+ Liquidationserlös		12000,00	8172,00	0,00	0,00	0,00	0,00
					15825,00		13118,00
= Kapitalwert			28052,00		28943,00		

1.3 Für die AuWe AG ist es günstiger, sich für das Investitionsobjekt II zu entscheiden, da die Summe der Kapitalwerte von Investitionsobjekt II und der Ergänzungsinvestition um 891,00 EUR höher als der Kapitalwert des Investitionsobjekts I ist.

2. 2.1/2.2

Jahre	Abzinsungsfaktor	Investitionsobjekt I		Investitionsobjekt III		Differenzinvestition	
		Einzahlungsüberschüsse in EUR	Barwert in EUR	Einzahlungsüberschüsse in EUR	Barwert in EUR	Einzahlungsüberschüsse in EUR	Barwert in EUR
1	0,926	42000,00	38892,00	60000,00	55560,00		
2	0,857	56000,00	47992,00	60000,00	51420,00		
3	0,794	42000,00	33348,00	60000,00	47640,00		
4	0,735	28000,00	20580,00			60000,00	44100,00
5	0,681	28000,00	19068,00			60000,00	40860,00
Barwertsumme			159880,00		154620,00	(Ende des	84960,00
– Anschaffungsauszahlung			140000,00		140000,00	3. Jahres)	111160,00
+ Liquidationserlös		12000,00	8172,00	0,00	0,00	50000,00	34050,00
					14620,00		7850,00
= Kapitalwert			28052,00		22470,00		

2.3 In diesem Fall ist es für die AuWe AG günstiger, sich für das Investitionsobjekt I zu entscheiden. Der Kapitalwert dieses Investitionsobjekts ist um 5582,00 EUR höher als die Summe der Kapitalwerte von Investitionsobjekt III und der Differenzinvestition.